La vía rápida hacia nuevas competencias

La vía rápida hacia nuevas competencias

Programas cortos de educación superior en América Latina y el Caribe

María Marta Ferreyra, Lelys Dinarte Díaz, Sergio Urzúa y Marina Bassi

1 2 3 4 24 23 22 21

La presente obra fue publicada originalmente por el Banco Mundial en inglés en 2021, con el título *The Fast Track to New Skills: Short-Cycle Higher Education Programs in Latin America and the Caribbean* in 2021. En caso de discrepancias, prevalecerá el idioma original.

ISBN (impreso): 978-1-4648-1708-3
ISBN (electrónico): 978-1-4648-1734-2
DOI: 10.1596/978-1-4648-1708-3

Imagen de portada: © Creative Images/Shutterstock. Reproducción con el permiso de Creative Images/Shutterstock. Es responsabilidad del usuario obtener un permiso para la reutilización.
Diseño de portada: Sergio Andres Moreno Tellez, Banco Mundial
Traducción al castellano: Sara Horcas-Rufián

Número de control de la Biblioteca del Congreso de Estados Unidos: 2021938887

Contenidos

Cuadros

Gráficos

Mapa

Tablas

Prólogo

La pandemia del COVID-19 ha desencadenado una crisis sin precedentes en América Latina y el Caribe (ALC) —un duro golpe para una región que apenas había conseguido recuperar el equilibrio tras el colapso de los precios de los productos primarios en 2013—. La crisis ha repercutido gravemente sobre el empleo agregado y la producción, y ha empujado a millones de personas a la pobreza. Sin embargo, aunque la crisis ha destruido muchos puestos de trabajo y empresas, también ha creado otros. En el último año, las máquinas y las plataformas electrónicas han sustituido a los trabajadores en algunos sectores, pero también se ha comprobado que a las personas con habilidades analíticas les ha ido bien durante la pandemia. Aunque estas tendencias ya eran manifiestas antes de la pandemia, se han acentuado aún más a lo largo del último año.

En este contexto, invertir en habilidades para los puestos de trabajo del futuro se ha convertido en una necesidad crítica y urgente. Ya es evidente que los mercados laborales superarán la pandemia con cambios irreversibles. Es posible que muchos de los puestos de trabajo que han desaparecido no vuelvan a crearse. Cuando las empresas comiencen a contratar, muchas buscarán nuevas habilidades. La readaptación profesional y la formación complementaria de la población serán fundamentales —no solo para la recuperación y la transformación económica, sino también para la equidad y la inclusión—.

El desarrollo de capital humano calificado es una función fundamental de los sistemas de educación superior. ¿Están preparados los sistemas de ALC para afrontar este desafío en el contexto actual? ¿Están en condiciones de acompasar la transformación estructural en curso y satisfacer las necesidades del nuevo mercado laboral, o seguirán manteniendo su orientación hacia el mercado laboral del pasado? ¿Pueden adaptarse con flexibilidad y rapidez o necesitarán muchos años?

Este estudio sostiene que los programas de ciclo corto (PCC) —un tipo de programa de educación superior— son especialmente adecuados para superar dichos retos. Estos programas, que han pasado relativamente desapercibidos para investigadores y autoridades responsables del diseño de las políticas, tienen un claro enfoque en los mercados laborales y en ayudar a los estudiantes a conseguir un empleo. Además, una de sus principales ventajas es que desarrollan capital humano calificado en solo dos o tres años.

Los datos presentados en este libro demuestran que, en promedio, estos programas producen buenos resultados académicos y laborales. Además, sus proveedores se adaptan rápidamente a las necesidades de los mercados laborales locales, y muchos PCC adoptan prácticas específicas que contribuyen a los buenos resultados de los estudiantes. Aunque no todos los PCC son igual de buenos, el desarrollo de políticas claras y contundentes puede mitigar las deficiencias de los PCC y permitir que concreten su potencial.

Un estudio anterior sobre la educación superior en la región —*Momento decisivo: la educación superior en América Latina y el Caribe*—, publicado en 2017 por el Banco Mundial, ya remarcó que la educación superior se enfrentaba a un momento decisivo porque el modelo imperante no estaba logrando lo que la región deseaba y necesitaba: una educación con capacidad para promover el crecimiento, la innovación y la inclusión.

Ahora que la región se propone crear sistemas de educación superior mejores y más adecuados, este informe aboga por nuevas acciones e ideas respaldadas por datos empíricos, no solo para superar la crisis actual, sino también para sentar las bases de una economía más productiva y una sociedad más equitativa.

Los resultados de este estudio pueden contribuir a crear un entorno en el que se ofrezcan buenos programas para que los estudiantes puedan cursarlos en toda la región, lo cual es fundamental, dada la urgencia de ALC por dotar a su población de habilidades, readaptación profesional y formación complementaria. Los PCC pueden ser sumamente valiosos: están orientados al mercado laboral y a habilidades u ocupaciones específicas, y sus proveedores son flexibles y se adaptan con facilidad a las nuevas realidades. Además, el costo total y el tiempo de dedicación por estudiante es menor que el de programas universitarios.

A medida que ALC emerge de la pandemia del COVID-19, la región tendrá la oportunidad de trazar un nuevo futuro hacia un crecimiento económico más equitativo y sostenido. La creación de un capital humano con las habilidades necesarias para los empleos del futuro será clave. Este informe aporta nuevos datos e ideas sobre cómo pueden contribuir los PCC a alcanzar este objetivo.

Carlos Felipe Jaramillo
Vicepresidente Región de América Latina y el Caribe
Grupo Banco Mundial

Agradecimientos

Este informe ha sido elaborado por un equipo dirigido por María Marta Ferreyra. El equipo principal también estuvo integrado por Lelys Dinarte, Sergio Urzúa y Marina Bassi, y contó con un excelente apoyo a la investigación por parte de Andrea Franco, Manuela Granda, Angélica Sánchez y Gabriel Suárez. El trabajo contó con la orientación general de Martín Rama, actual economista jefe para la región de América Latina y el Caribe (ALC) del Banco Mundial, y Carlos Végh, execonomista jefe para ALC del Banco Mundial, así como importantes aportaciones de Rita Almeida, exgerente de la Práctica Mundial de Educación del Banco Mundial para ALC, y Emanuela Di Gropello, actual gerente de la Práctica Mundial de Educación del Banco Mundial para ALC.

La preparación del libro se nutrió de una serie de documentos de referencia. Entre los autores de estos documentos de referencia que no han sido nombrados anteriormente se encuentran Juan Esteban Carranza, Stephanie Cellini, Camila Galindo, Ana Gazmuri, Hernando Grueso, Macarena Kutscher y Tatiana Melguizo. El trabajo empírico para el libro se sustentó en una extensa encuesta a directores de programas de ciclo corto en ALC —la Encuesta de Programas de Ciclo Corto del Banco Mundial (EPCCBM)—, desarrollada por el equipo y administrada por SIMO Consulting con la dirección de Mayra Benítez y Azucena Cháidez. El equipo agradece a Diego Angel-Urdinola, Ciro Avitabile, Marcelo Becerra, Sebastián Burgos, Pedro Cerdán, Veronica Díaz, Eric Jardim, Ildo Lautharte, Andre Loureiro, Carlos Medina, Rafael Santos y Alexandria Valerio, quienes facilitaron la comunicación con organismos gubernamentales y aportaron información institucional. El equipo agradece al Ministerio de Educación de Brasil, Colombia y Perú, al Ministerio de Economía, Planificación y Desarrollo de la República Dominicana, y a la Secretaría de Educación Superior, Ciencia, Tecnología e Innovación (SENESCYT) de Ecuador por el acceso a la información administrativa y el apoyo prestado a la EPCCBM. El Servicio Nacional de Aprendizaje (SENA) de Colombia proporcionó datos administrativos. El *Instituto Nacional de Estudos e Pesquisas Educacionais Anísio Teixeira* (INEP) de Brasil proporcionó acceso a datos restringidos, que sirvieron para que Renato Vieira hiciera una estimación *in situ*.

El equipo tuvo la suerte de recibir un excelente asesoramiento y orientación de tres distinguidos revisores: Omar Arias, Nina Arnhold y Kevin Stange. Aunque el equipo principal está muy agradecido por la orientación recibida, estos revisores no son responsables de los errores, omisiones o interpretaciones subsistentes. Asimismo, el equipo agradece las aportaciones de Matías Busso, Jean-François Houde, Renata Lemos, Hugo Ñopo, Juan Esteban Saavedra, Di Xu y otros asistentes a un taller en línea celebrado los días 27, 29 y 30 de octubre de 2020.

Durante la preparación de este libro, el equipo recibió valiosos comentarios de Susan Ambrose, Martin Borchardt, Anthony Carnevale, Ruth Graham, Karen Kelly, C.J. Libassi, Armando Mendoza, Angélica Natera, Juan Carlos Navarro, Christopher Neilson, Ricardo Paredes, Lino Pujol, Grant Taylor, Daniel Toro y Jaime Torrado. Igualmente, se reconocen con gratitud los comentarios de Andrés Bernasconi y Pablo Landoni; los participantes de la conferencia del CACES en Guayaquil (noviembre de 2019); y los participantes de los eventos en línea de APICE y Laspau-Banco Mundial (noviembre y diciembre de 2020, respectivamente). El equipo agradece el apoyo y las ideas aportadas por la alta dirección de la Práctica Mundial de Educación del Banco Mundial, incluyendo a Reema Nayar, pero también a Jaime Saavedra, director general, y a Luis Benveniste, director regional.

Sandra Gain editó el manuscrito. Patricia Katayama (editora de adquisiciones), Mary Fisk (editora de producción) y Deborah Appel-Barker (coordinadora de impresión) del Programa de Publicaciones Formales del Banco Mundial se encargaron del diseño, la composición tipográfica y la impresión del libro. Carlos Molina, Shane Kimo Romig y Gonzalo Villamizar contribuyeron al diseño y la comunicación. Sara Horcas-Rufián tradujo el volumen al español, y Leonardo Padovani lo tradujo al portugués. Por último, pero no por ello menos importante, el equipo desea expresar su agradecimiento a Jacqueline Larrabure por su infalible apoyo administrativo.

Quiénes son los autores

Marina Bassi es economista sénior en la Práctica Mundial de Educación del Banco Mundial para África oriental y meridional. Antes de incorporarse al Banco Mundial en 2017, trabajó en el Banco Interamericano de Desarrollo, donde se dedicó a labores operativas y analíticas sobre la educación en ALC. Su trabajo ha sido publicado en revistas y libros sobre áreas como las prácticas de enseñanza, la brecha de género en la educación, las habilidades y la evaluación del impacto de los programas educativos. Asimismo, Marina es coautora de *Disconnected: Education, Skills and Employment in Latin America* (Banco Interamericano de Desarrollo, 2012). Tiene un doctorado en economía de la Universidad de California, Los Ángeles.

Lelys Dinarte Díaz es economista investigadora adscrita al equipo de Desarrollo Humano del Grupo de Investigaciones para el Desarrollo del Banco Mundial. Sus principales áreas de investigación son la economía del desarrollo y la economía de la educación y la delincuencia. Una de sus líneas de investigación, que combina enfoques experimentales y no experimentales, estudia las intervenciones educativas practicadas en los países en vías de desarrollo que pueden modificar el rendimiento de las personas jóvenes en situación de riesgo, incluidos el rendimiento académico, las habilidades socioemocionales y las conductas violentas. Lelys también investiga los factores que determinan la calidad de la educación superior en ALC. Su actividad de investigación actual incluye proyectos en varios países de América Latina, como El Salvador, Guatemala, Honduras, Jamaica, México y Perú. Tiene un doctorado y máster en economía de la Pontificia Universidad Católica de Chile.

María Marta Ferreyra es economista sénior en la Oficina del Economista Jefe de la Oficina Regional de América Latina y el Caribe (ALC) del Banco Mundial. Su investigación se especializa en la economía de la educación. Sus trabajos de investigación han versado sobre la elección de centros educativos, la rendición de cuentas y la financiación de la educación primaria y secundaria en Estados Unidos; los mercados de cuidado infantil en Estados Unidos; la educación superior en ALC; y las ciudades en ALC. Su trabajo se ha publicado en revistas como *American Economic Review*, *Journal of Public Economics*, y *American Economic Journal: Economic Policy*. María Marta es la autora principal de *At a Crossroads:*

Higher Education in Latin America and the Caribbean (Banco Mundial, 2017), y coautora de *Raising the Bar for Productive Cities in Latin America and the Caribbean* (Banco Mundial, 2018). Antes de incorporarse al Banco Mundial, fue miembro del claustro profesoral de la Tepper School of Business de Carnegie Mellon University. Tiene un doctorado en economía de la Universidad de Wisconsin-Madison.

Sergio Urzúa es profesor titular en el Departamento de Economía de la Universidad de Maryland, donde enseña economía laboral y econometría aplicada. También ha sido nombrado miembro investigador internacional en el Centro Latinoamericano de Políticas Económicas y Sociales de la Universidad Católica de Chile (Clapes UC), investigador asociado en la Oficina Nacional de Investigación Económica (NBER) de Estados Unidos, miembro investigador de IZA —el Instituto de Economía Laboral de Alemania—, y director de Investigación del Instituto de Investigación para el Desarrollo, el Crecimiento y la Economía (RIDGE) de Uruguay. Su trabajo de investigación se centra en la economía laboral, el desarrollo y la econometría aplicada. Sergio ha publicado ampliamente en las principales revistas científicas revisadas por pares (más de 40 publicaciones) y ha sido editor-jefe de *Economía*. Asimismo, ha publicado tres libros; entre ellos, *At a Crossroads: Higher Education in Latin America and the Caribbean*. En la actualidad, coordina la Red de Trabajo de la Asociación de Economía de América Latina y el Caribe (LACEA). También ha sido miembro del comité directivo de NBER *Program on Children* y del comité ejecutivo de LACEA. Se doctoró en la Universidad de Chicago en el año 2007.

Abreviaturas

AAC	Acreditación de alta calidad
ALC	América Latina y el Caribe
APICE	Asociación Panamericana de Instituciones de Crédito Educativo
BID	Banco Interamericano de Desarrollo
CACES	Consejo de Aseguramiento de la Calidad de la Educación Superior (Ecuador)
Cedefop	Centro Europeo para el Desarrollo de la Formación Profesional
CEDLAS	Centro de Estudios Distributivos, Laborales y Sociales
CEFET	Centros federales de educación tecnológica (*Centros Federais de Educação Tecnológica*) (Brasil)
CFT	Centros de formación técnica (Chile)
CINDA	Centro Interuniversitario de Desarrollo
CINE	Clasificación Internacional Normalizada de la Educación
CPC	Concepto preliminar de curso (*Conceito Preliminar de Curso*) (Brazil)
CTIM	Ciencia, tecnología, ingeniería y matemáticas
ENADE	Examen nacional de desempeño de estudiantes (*Exame Nacional de Desempenho dos Estudantes*) (Brasil)
ENEM	Examen nacional de educación secundaria (*Exame Nacional de Ensino Médio*) (Brasil)
EPCCBM	Encuesta de Programas de Ciclo Corto del Banco Mundial
FIES	Fondo de financiamiento estudiantil (*Fundo de Finaciamiento Estudantil*) (Brasil)
FUNDAPEC	Fundación Acción Pro Educación y Cultura [APEC] de Crédito Educativo (República Dominicana)
ICETEX	Instituto Colombiano de Crédito Educativo y Estudios Técnicos en el Exterior (Colombia)
IES	Institución de educación superior
IF	Instituto federal (*Instituto Federal*) (Brasil)

IGC	Índice general de cursos (*Indice Geral de Cursos*) (Brasil)
IMR	Imágenes por resonancia magnética
INEP	Instituto Nacional de Estudios Educativos e Investigación (*Instituto Nacional de Estudos e Pesquisas Educacionais Anísio Teixeira*) (Brasil)
IP	Instituto profesional (Chile)
LASSO	Operador de selección y contracción mínima absoluta (*Least absolute shrinkage and selection operator*)
MESCyT	Ministerio de Educación Superior, Ciencia y Tecnología (República Dominicana)
nini	Ni estudia ni trabaja
OLE	Observatorio Laboral para la Educación (Colombia)
PAA	Prueba de aptitud académica (República Dominicana)
PCC	Programa de ciclo corto
PET	Población en edad de trabajar
PIB	Producto interno bruto
POMA	Prueba de orientación y medición académica (República Dominicana)
PPA	Paridad del poder adquisitivo
PRONABEC	Programa Nacional de Becas y Crédito Educativo (Perú)
SABER	Enfoque Sistémico para Lograr Mejores Resultados en la Educación (*Systems Approach for Better Education Results*)
SEDLAC	Base de datos socioeconómicos para América Latina y el Caribe (*Socio-Economic Database for Latin America and the Caribbean*)
SENA	Servicio Nacional del Aprendizaje (Colombia)
SENATI	Servicio Nacional de Adiestramiento en Trabajo Industrial (Perú)
SENESCYT	Secretaría de Educación Superior, Ciencia, Tecnología e Innovación (Ecuador)
SIES	Servicio de Información de la Educación Superior (Chile)
SIGETI	Sistema de Gestión de Títulos (Perú)
SNIES	Sistema Nacional de Información de la Educación Superior (Colombia)
SP	São Paulo (Brasil)
TAG	Tiempo adicional para graduarse
UNESCO	Organización de las Naciones Unidas para la Educación, la Ciencia y la Cultura

Resumen

Tras el colapso de los precios de los productos primarios a principios de los años 2010, los países de América Latina y el Caribe (ALC) han buscado nuevos motores de crecimiento que, además de aumentar la productividad, conserven y mejoren las ganancias de capital logradas durante la década anterior. La educación superior podría convertirse en un formidable motor de progreso económico y social si desarrolla capital humano calificado.

Hay un tipo específico de programa de educación superior que forma capital humano calificado relativamente rápido: los llamados programas de ciclo corto (PCC). A diferencia de los programas universitarios (que suelen durar entre cinco y seis años en ALC), los PCC son cortos (entre dos y tres años), eminentemente prácticos, y tienen un objetivo claro de formar a estudiantes para trabajar en un periodo de tiempo relativamente corto. Los PCC son similares a los cursos post-secundarios de formación técnica y profesional en su enfoque práctico, pero son diferentes en que, al ser un tipo de educación superior, son más largos (al menos dos años de duración) y brindan una formación más amplia.[1] Los PCC reciben distintos nombres en toda la región, como programas técnicos y tecnológicos, carreras técnicas, tecnicaturas, carreras terciarias, carreras de nivel técnico superior, cursos tecnológicos, cursos técnico-profesionales, carreras profesionales, y cursos superiores de tecnología. Algunos PCC se centran en áreas de conocimiento tradicionales como la publicidad, la hostelería, la fisioterapia, la logística, el diseño gráfico, y la electrónica. Otros se centran en áreas más recientes e innovadoras, como el diseño de aplicaciones, la animación digital, la inteligencia de datos, el diseño web, la ciberseguridad, y las redes sociales.

Los PCC resultan atractivos para una amplia variedad de personas. Entre ellas se incluyen aquellas que no pueden cursar un programa universitario debido a otras responsabilidades o a una deficiente preparación académica; aquellas que podrían cursar un programa universitario, pero no están dispuestas a invertir el tiempo y los recursos necesarios; y aquellas que ya tienen un título universitario pero están buscando una formación corta y específica en su área de conocimiento (por ejemplo, una especialista en computación interesada en aprender animación por computador) o en otra diferente (por ejemplo, un historiador interesado en *marketing*). En términos más generales, los PCC pueden permitir que las personas mejoren sus habilidades para desempeñar una ocupación similar («formación complementaria») o adquirir nuevas habilidades para una ocupación diferente («readaptación profesional»).

Dado que las empresas y la economía necesitan una variedad de habilidades —las de ingenieros, así como de técnicos y economistas, y de especialistas en *marketing*—, a través de los PCC el sistema de educación superior puede brindar una mayor variedad de opciones, además de las correspondientes a programas universitarios.

El amplio atractivo de los PCC contrasta con la opinión predominante en la región, donde los PCC cargan con el estigma de ser el tipo de educación superior menos importante. Si están bien diseñados, los PCC tienen el potencial de convertirse en una herramienta fundamental para el desarrollo de la fuerza de trabajo en el nuevo mundo laboral, donde es posible que las personas puedan cambiar de ocupación —y tal vez de profesión— varias veces a lo largo de su vida, y donde la formación debe ser rápida, eficiente y estar estrechamente relacionada con el mercado laboral.

Aunque ALC ha necesitado capital humano calificado durante los últimos años —particularmente desde el final de su «década dorada»—, la necesidad se ha vuelto claramente apremiante después de la pandemia del COVID-19.[2] Incluso antes de la pandemia, las máquinas habían empezado a sustituir a las personas en tareas rutinarias mediante la automatización; internet había sustituido la interacción personal a través de plataformas electrónicas; y la productividad y el valor de mercado de los trabajadores que producen valor agregado intangible —como investigadores, programadores y diseñadores— ya estaba en alza. En lugar de crear nuevas tendencias, la pandemia simplemente ha acelerado las ya existentes.[3]

Aunque la pandemia ha perjudicado el empleo agregado y la producción, no todas las empresas y trabajadores se han visto afectados por igual. Se han destruido muchos puestos de trabajo y empresas, pero se han creado otros. Al mismo tiempo, es poco probable que se recuperen los puestos de trabajo que han desaparecido. Para reincorporarse al trabajo, las personas tendrán que adquirir habilidades relevantes para el nuevo mundo laboral a efectos de realizar tareas no rutinarias y complejas que no pueden ser automatizadas o desempeñadas por plataformas electrónicas. La recuperación de la crisis del COVID-19 dependerá fundamentalmente de la formación complementaria y la readaptación profesional de la mano de obra para sustentar la transformación económica.

Dado que los Gobiernos se enfrentan a severas limitaciones presupuestarias, el desarrollo de la mano de obra apenas dispone de recursos adicionales. Por su naturaleza, los PCC deberían poder responder a las necesidades de habilidades de forma rápida y eficaz, pero solo en la medida en que puedan ofrecer una formación de alta calidad y responder de forma flexible a las necesidades del mercado. Por ello, este estudio investiga los resultados, la calidad y la oferta de los PCC en ALC. Esta atención a los PCC es novedosa, ya que ni las autoridades responsables del diseño de las políticas ni los estudios de investigación les han prestado demasiada atención anteriormente.

El estudio demuestra que los PCC tienen varias fortalezas, pero también algunas carencias. En promedio, los PCC obtienen buenos resultados académicos y en el mercado laboral, y muchos incluyen prácticas o tienen insumos que se asocian con buenos resultados. Además, el mercado de los PCC es dinámico y los proveedores responden con agilidad a las necesidades del mercado laboral. Sin embargo, los resultados y las prácticas de los PCC varían mucho entre distintos programas, y los proveedores a veces ofrecen programas de bajo costo y valor.

En cierta medida, dichas carencias podrían deberse a políticas deficientes. Un diseño de políticas cuidadoso y una aplicación rigurosa podrían mitigarlas, lo que permitiría concretar el potencial de los PCC en estos momentos de gran necesidad. Como muestra un estudio reciente sobre la educación superior en ALC[4], la educación superior se encuentra en una encrucijada en la que las autoridades políticas, las instituciones, las empresas y los estudiantes buscan un tipo nuevo y más eficaz de educación superior, que se ajuste a las realidades actuales y promueva el crecimiento, la innovación y la inclusión. Para lograr este nuevo tipo de educación superior, es preciso adoptar nuevas acciones. Los datos que se presentan en este estudio pueden servir para fundamentar las nuevas y ambiciosas actuaciones que demanda esta encrucijada.

El resto de este resumen describe los nuevos datos recopilados para responder a las novedosas preguntas del estudio y describe el panorama general de los PCC en ALC, tanto desde una perspectiva institucional como económica. Asimismo, resume varias medidas de los resultados y la calidad de los PCC, y describe aspectos de la oferta de PCC, como la creación de nuevos programas, la competencia y el diseño de los mismos. También presenta los principales resultados del trabajo analítico que trata de identificar las características, los insumos y las prácticas de los programas que contribuyen a los buenos resultados académicos. Por último, se exponen algunas consideraciones políticas.

Nuevos datos para responder nuevos interrogantes

Considérese un programa que es «bueno», en el sentido de que produce buenos resultados, tras considerar las características de los estudiantes. ¿Qué hace que el programa sea bueno? ¿Qué prácticas específicas emplea? Por ejemplo, ¿mantiene una comunicación fluida con las empresas locales para evaluar las necesidades de habilidades, actualiza el plan de estudios de acuerdo con la información facilitada por las empresas o contrata a docentes con experiencia en el sector privado?

Adentrarse en la «caja negra» de la calidad de los programas es fundamental para el diseño y la reproducción de programas de alta calidad. Sin embargo, la posibilidad de hacerlo está muy limitada por las bases de datos estándar, que no reflejan las prácticas de los programas. Con el fin de superar esta limitación, el estudio diseñó y administró la Encuesta de Programas de Ciclo Corto del Banco Mundial (EPCCBM) en Brasil (en los estados de São Paulo y Ceará), Colombia, la República Dominicana, Ecuador y Perú (para programas con licencia).

Estos cinco países aglutinan el 54 % de todos los estudiantes de PCC en ALC. La encuesta se llevó a cabo por teléfono, en línea y en persona y obtuvo una tasa de respuesta inusualmente alta (70 % en promedio), para un total de aproximadamente 2.100 entrevistas.

La encuesta abarca un amplio abanico de temas, como los datos demográficos de los estudiantes y su preparación para el programa; los requisitos de admisión y graduación; las características, la contratación y la evaluación del plantel docente; el plan de estudios y la formación práctica; la infraestructura; la enseñanza en línea; los costos y la financiación; la supervisión y regulación; la gobernanza institucional; la interacción con el sector privado; el apoyo a la búsqueda de empleo; la competencia; y los resultados académicos y del mercado laboral.

A juicio de los autores, se trata del primer intento de explorar las prácticas y características de los PCC de forma sistemática, en ALC o en otros lugares. La gran cantidad de información recopilada permitió caracterizar el sector de los PCC con mucha más profundidad de la que fue posible en ocasiones anteriores y ahondar en los aspectos que hacen que un programa sea bueno.

Panorama general de los PCC en ALC

En el nuevo milenio, la educación superior en ALC ha experimentado una amplia y rápida expansión, con tasas brutas de matrícula que han crecido de un 23 % a un 52 % en menos de 20 años (gráfico O.1, panel a). Sin embargo, en el transcurso de esta expansión, la matrícula ha aumentado más rápidamente en los programas universitarios que en los PCC. En consecuencia, la participación actual de estudiantes de PCC en la matrícula de educación superior es menor en ALC —con un 9 %— que en la mayoría de las demás regiones (gráfico O.1, panel b).

Los PCC son una incorporación relativamente tardía al panorama de la educación superior en ALC, y la participación de su matrícula varía mucho entre países (gráfico O.2, panel a). Los países también varían en cuanto a los tipos de instituciones autorizadas a ofrecer PCC (universitarias, no universitarias o ambas). En promedio, cerca de la mitad (48 %) de estudiantes de PCC está matriculada en instituciones de educación superior (IES) privadas en ALC, aunque la participación de estudiantes en instituciones privadas varía mucho en la región (gráfico O.2, panel b).

Los PCC suelen depender del Ministerio de Educación nacional, que autoriza la oferta de programas y se encarga de la garantía de la calidad (acreditación). Aunque muchos de los PCC formalmente ofrecen itinerarios académicos (o créditos) para obtener títulos más avanzados, en realidad, no son eficaces y son pocos los estudiantes de PCC que obtienen títulos más largos. Esta condición de «callejón sin salida» de los PCC puede haber contribuido a su estigma.

En promedio, los estudiantes de PCC son más desfavorecidos y menos tradicionales que los de programas universitarios (tabla O.1). Los estudiantes de PCC son ligeramente mayores, proceden de hogares de ingresos más bajos y es más probable que se hayan casado y trabajen al mismo tiempo que estudian.

Gráfico O.1 En ALC, la matrícula de educación superior ha crecido rápidamente, pero hay relativamente pocos estudiantes de PCC

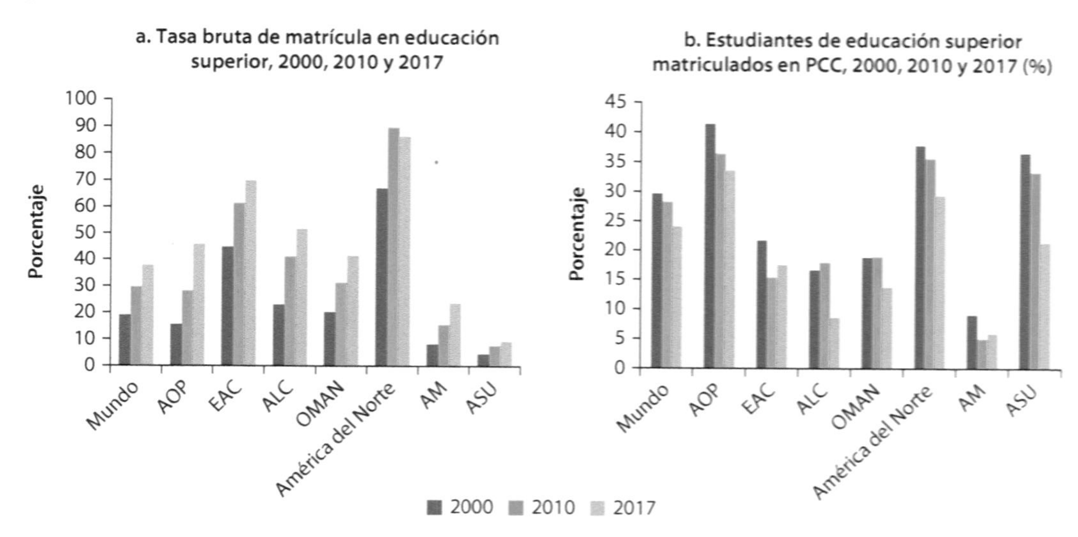

Fuente: Indicadores de Desarrollo Mundial, basados en datos de la Organización de las Naciones Unidas para la Educación, la Ciencia y la Cultura, y el Centro Nacional de Estadísticas de Educación de Estados Unidos (2000 y 2010).
Nota: En el panel a, la tasa bruta de matrícula es el número de estudiantes matriculados en educación superior con respecto a la población total en la franja de edad correspondiente (normalmente, entre 18 y 23 años). El panel b muestra la participación de estudiantes de PCC con respecto a todos los estudiantes de educación superior. En cada panel, el indicador a nivel de región es un promedio ponderado en todos los países de la región. ALC = América Latina y el Caribe; AM = Asia meridional; AOP = Asia oriental y el Pacífico; ASU = África subsahariana; EAC = Europa y Asia central; OMAN = Oriente Medio y África del Norte.

Gráfico O.2 La participación de matrícula en PCC y la intervención del sector privado varían ampliamente entre los países de ALC

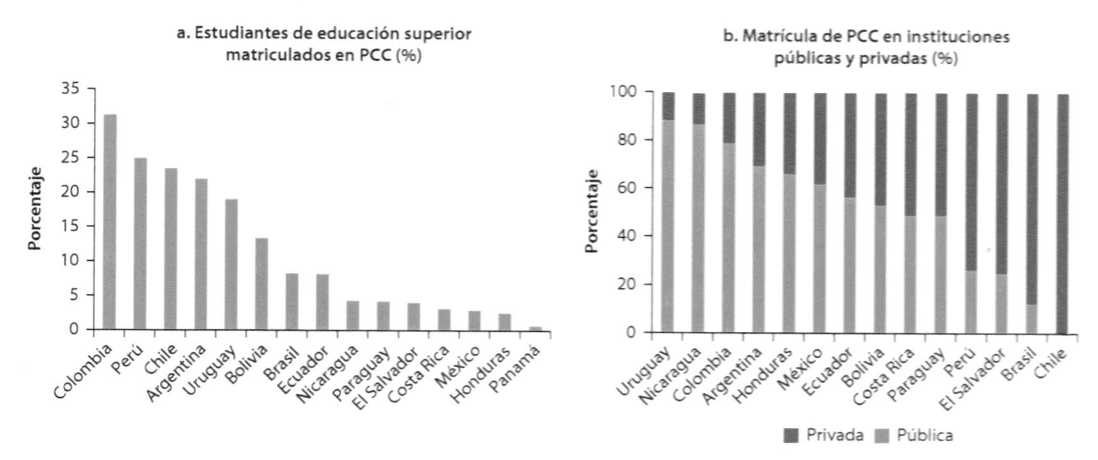

Fuente: Cálculos del Banco Mundial, basados en la base de datos socioeconómicos para América Latina y el Caribe (SEDLAC, por su sigla en inglés), y datos administrativos para Brasil y Colombia (véase el anexo 1A de este libro).
Nota: El panel a muestra el porcentaje de personas de entre 18 y 24 años que están matriculadas en PCC con respecto a todas las personas de entre 18 y 24 años matriculadas en programas de educación superior, *circa* 2018. El panel b muestra el porcentaje de todos los estudiantes de PCC, independientemente de su edad, matriculados en IES públicas o privadas, *circa* 2018. Para Colombia, «públicas» incluye el Servicio Nacional de Aprendizaje (SENA). ALC = América Latina y el Caribe; IES = institución de educación superior; PCC = programa de ciclo corto.

Tabla O.1 En ALC, los estudiantes de PCC son más desfavorecidos, menos tradicionales que los de programas universitarios

	Estudiantes de programas universitarios	*Estudiantes de programas de ciclo corto*
Mujeres (%)	54,4	63,1
Edad (años)	24,0	24,9
Zona urbana (%)	90,3	80,8
Con cónyuge (%)	14,5	22,6
Empleo (%)	41,8	43,6
Ingresos Q1 (%)	8,9	14,4
Ingresos Q2 (%)	13,1	17,0
Ingresos Q3 (%)	19,0	23,5
Ingresos Q4 (%)	23,9	25,9
Ingresos Q5 (%)	35,0	19,3

Fuente: Cálculos del Banco Mundial, basados en la base de datos socioeconómicos para América Latina y el Caribe (SEDLAC).
Nota: La tabla muestra los promedios de las características de los estudiantes matriculados en programas universitarios y PCC, independientemente de la edad. Se muestran promedios simples sobre los países de ALC. «Zona urbana» indica el porcentaje de estudiantes que residen en zonas urbanas. «Empleo» indica si los estudiantes trabajan a tiempo completo o parcial. Un trabajador a tiempo parcial (a tiempo completo) trabaja menos de (al menos) 40 horas a la semana. «A tiempo completo» indica el porcentaje de estudiantes que trabajan a tiempo completo, en caso de tener empleo. «Ingresos Q1» indica el porcentaje de estudiantes en el quintil 1 de la distribución de ingresos (20 % inferior), y de igual forma para los quintiles restantes. Los quintiles de la distribución de ingresos corresponden a los ingresos totales de los hogares (ingreso total familiar). Las diferencias en las características promedio entre los estudiantes de programas universitarios y de PCC son significativamente diferentes de cero. ALC = América Latina y el Caribe; Entre los países, se incluyen: Argentina, Bolivia, Chile, Costa Rica, Ecuador, El Salvador, Honduras, México, Nicaragua, Panamá, Perú y Uruguay.

Los estudiantes se incorporan a la mayoría de los PCC con importantes carencias en matemáticas, lectura y escritura. Por ello, la gran mayoría de los PCC contemplan actividades de nivelación.

A pesar de sus desventajas, los estudiantes de PCC obtienen, en promedio, resultados académicos y laborales favorables. Desde el punto de vista académico, se gradúan en mayor proporción que los estudiantes de programas universitarios (57 % frente al 46 %, respectivamente; véase el gráfico O.3). En cuanto al mercado laboral, aunque ganan salarios más bajos que los graduados de programas universitarios —como cabría esperar—, obtienen mejores resultados que los *desertores* de programas universitarios (gráfico O.4). Su tasa de desempleo es menor (3,8 % frente a un 6,1 %), su tasa de empleo formal es mayor (82 % frente a un 67 %) y sus salarios son más altos (en un 13 %). Dado que los desertores de programas universitarios representan, en promedio, un abrumador 49 % de todos los estudiantes de educación superior, estos resultados favorables de los programas de PCC son un punto de partida prometedor para el análisis más detallado que se presenta en las siguientes secciones.

Los costos de los programas para los estudiantes son un elemento importante del panorama de los PCC. Las autoridades responsables del diseño de las políticas subsidian a las IES públicas —tanto a PCC como a programas universitarios —, lo que permite que los costos promedio de matrícula se sitúen muy por debajo del costo real (gráfico O.5, panel a). En cambio, no conceden financiación a las

Gráfico O.3 En ALC, los PCC tienen tasas de graduación más altas que los programas universitarios

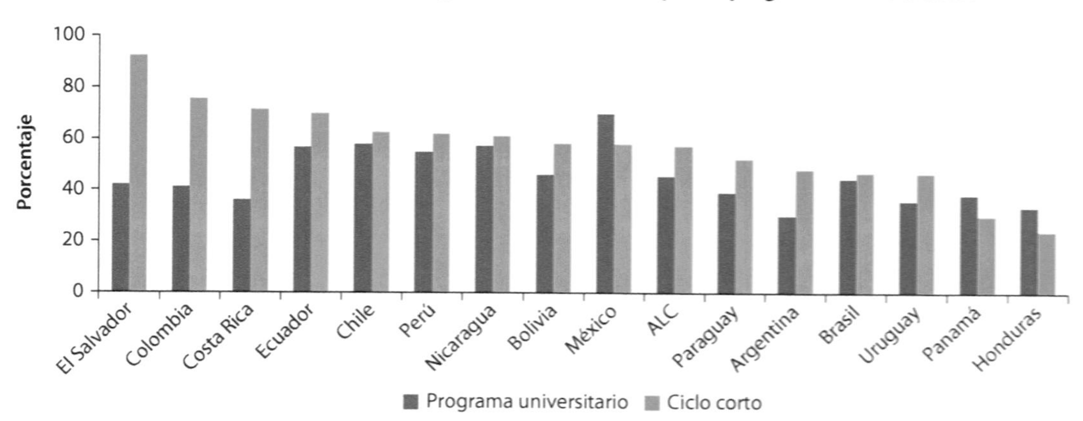

Fuente: Cálculos del Banco Mundial, basados en la base de datos socioeconómicos para América Latina y el Caribe (SEDLAC), y datos administrativos para Brasil y Colombia.
Nota: Para cada país, el gráfico muestra las tasas de graduación de estudiantes matriculados en programas universitarios y programas de ciclo corto (PCC), *circa* 2018. Las tasas de graduación se estiman como la proporción de personas de entre 25 y 29 años egresadas de un programa de educación superior por personas de entre 25 y 29 años que se matricularon en un programa de educación superior. Para cada país, la diferencia entre las dos tasas de graduación es significativamente diferente de cero. Para Colombia y Brasil, las tasas de graduación de los programas universitarios son la proporción de número promedio de graduados en 2014, 2015 y 2016 por número de estudiantes que iniciaron sus estudios en 2010; las tasas de graduación de los PCC son la proporción de número promedio de graduados en 2012, 2013 y 2014 por número de estudiantes que iniciaron sus estudios en 2010. ALC indica el promedio simple sobre todos los países que figuran en el gráfico.

Gráfico O.4 En ALC, los graduados de PCC logran mejores resultados en el mercado laboral que los desertores de programas universitarios

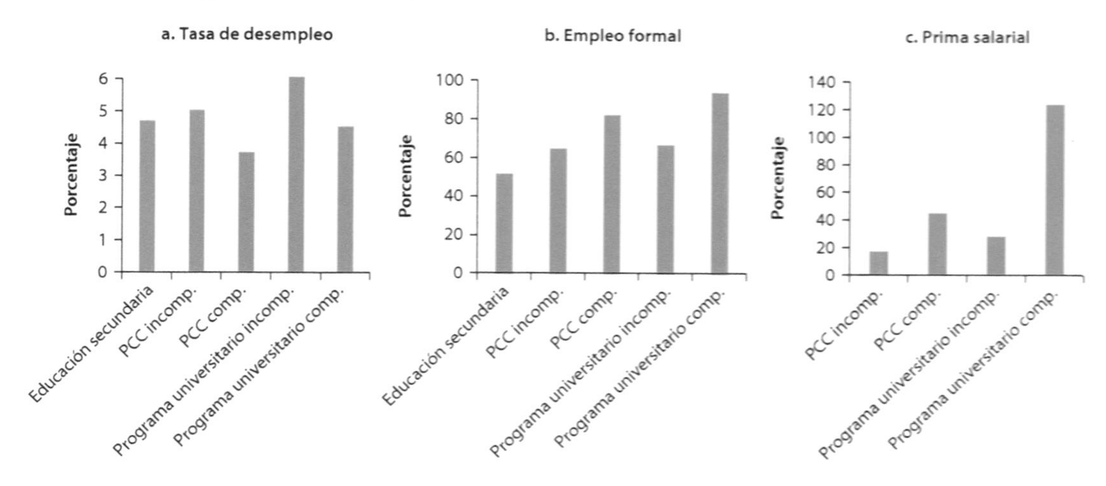

Fuente: Cálculos del Banco Mundial, basados en la base de datos socioeconómicos para América Latina y el Caribe (SEDLAC).
Nota: Los gráficos muestran los resultados promedio del mercado laboral, *circa* 2018, para la población activa, definida como personas de entre 25 y 65 años, dados los niveles de educación. Programa universitario completo incluye a personas con títulos de postgrado. Para cada nivel de educación, la barra correspondiente muestra el resultado promedio simple sobre los países. El cuadro a muestra la tasa de desempleo (porcentaje de personas desempleadas con respecto a la población activa). El panel b muestra el porcentaje de personas que tienen un empleo formal. Los trabajadores informales incluyen trabajadores asalariados en empresas con hasta cinco empleados, trabajadores por cuenta propia con, como máximo, un nivel de educación secundaria y trabajadores sin ingresos. En el panel c, la prima de cada categoría refleja el porcentaje por el que el salario promedio (por hora) de dichas categorías supera el salario promedio (por hora) de los graduados de educación secundaria. La diferencia entre los resultados de los PCC completos y los programas universitarios no completos es significativamente diferente de cero en los paneles a, b y c. La diferencia entre los resultados de los PCC completos y los programas universitarios completos es significativamente diferente de cero en el panel c, pero no en los paneles a o b. ALC = América Latina y el Caribe; Comp. = completo; Incomp. = incompleto; PCC = programa de ciclo corto.

IES privadas ni a sus estudiantes. Algunas autoridades responsables del diseño de las políticas proporcionan, garantizan o subsidian préstamos estudiantiles, pero solo cubren una pequeña fracción de los estudiantes en la gran mayoría de los países. En consecuencia, los estudiantes pagan la matrícula principalmente de su propio bolsillo. Además, los subsidios para un estudiante de PCC son menores que para un estudiante de un programa universitario (gráfico O.5, panel b), aunque el primero sea más desfavorecido. La diferencia es aún mayor si se considera el subsidio total por estudiante, ya que los programas universitarios duran más que los PCC.

Los PCC son relativamente asequibles en algunos países, pero lo son menos en otros (gráfico O.6 paneles a, b). Para una persona que gana el salario mínimo mensual, la matrícula promedio es inferior al 15 % del salario anual en la República Dominicana y Ecuador, pero supera el 50 % en Perú y Brasil, donde la oferta pública es relativamente reducida. No es de extrañar que el 75 % de los directores de programas que respondieron a la EPCCBM informaran de que el principal motivo de deserción de los estudiantes son las dificultades económicas (gráfico O.6, panel c). Incluso cuando la matrícula es relativamente asequible, las dificultades económicas —y la vulnerabilidad en general— de estos estudiantes y sus familias son un gran obstáculo para la acumulación de capital humano.

Gráfico O.5 Los subsidios públicos para estudiantes de PCC son menores que para estudiantes de programas universitarios en los países de ALC

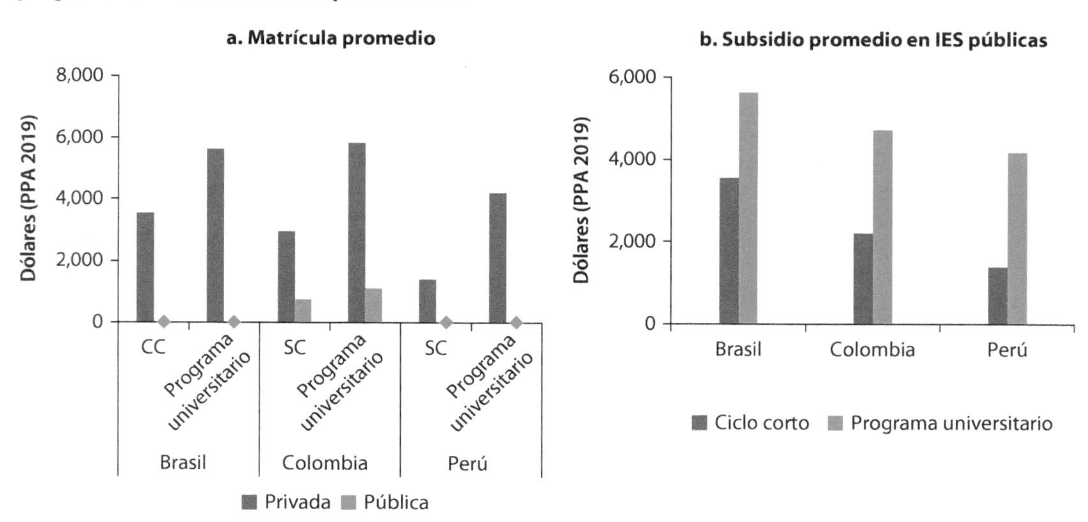

Fuente: Información administrativa de los países (véase el anexo 1A de este libro).
Nota: Todos los promedios son promedios simples sobre los programas. En el panel a, los rombos de color anaranjado indican la matrícula promedio con valor cero. En el caso de Colombia, la matrícula promedio en las instituciones públicas incluye los programas del Servicio Nacional de Aprendizaje (SENA), que no tiene costo de matrícula. En el panel b, para un país determinado, el subsidio promedio para programas universitarios en las IES públicas es igual a la matrícula promedio en las IES privadas —matrícula promedio en IES públicas, y de manera similar para los PCC—. El gráfico incluye todos los estados de Brasil y todos los programas (con y sin licencia) de Perú. Todos los valores monetarios figuran en dólares estadounidenses (PPA 2019). ALC = América Latina y el Caribe; CC = programa de ciclo corto; IES = institución de educación superior; PCC = programa de ciclo corto; PPA = paridad del poder adquisitivo.

Gráfico O.6 Los costos promedio de matrícula en los PCC varían según los países de ALC, pero las dificultades económicas son el principal motivo de deserción en todos los países

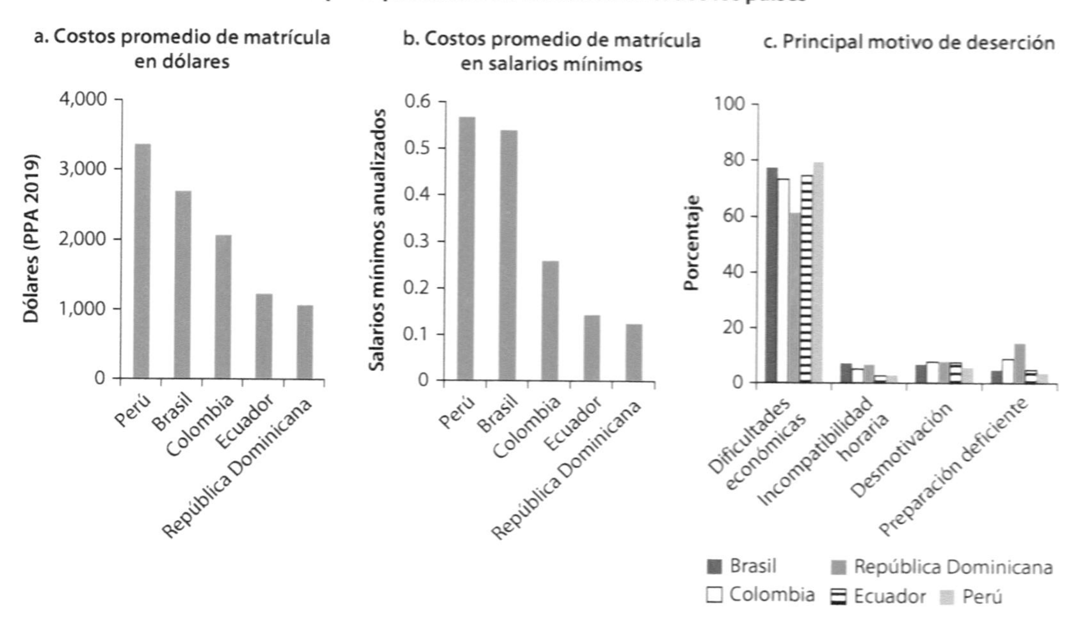

Fuente: Datos administrativos para los paneles a y b (véase el anexo 1A de este libro). Encuesta de Programas de Ciclo Corto del Banco Mundial para el panel c.
Fuente: El gráfico muestra los costos promedio de matrícula (simple) a nivel de programa, expresados en dólares estadounidenses (PPA 2019) (panel a), o como una proporción del salario mínimo anual nacional, que equivale a 12 veces el salario mínimo mensual (panel b). El panel c muestra el porcentaje de directores de programas que señalan cada motivo como el más importante para la deserción estudiantil («otros motivos» se omiten en el gráfico). La EPCCBM solo incluye São Paulo y Ceará para Brasil, y los programas con licencia para Perú. PPA = paridad del poder adquisitivo.

Resultados del mercado laboral de los graduados de PCC

Los resultados favorables de los PCC en el mercado laboral descritos anteriormente podrían no deberse a los propios programas, sino a las características y el esfuerzo de los mismos estudiantes. Después de tener en cuenta las características observadas de los estudiantes, los resultados favorables en el mercado laboral se mantienen: en promedio, los graduados de PCC en ALC ganan un 60 % más que los graduados de educación secundaria (gráfico O.7, panel a) y un 25 % más que los desertores de programas universitarios (gráfico O.7, panel b). Estos retornos (mincerianos) han disminuido desde principios de los años 2000 para los programas universitarios, pero han aumentado para los PCC en más de la mitad de los países.

Además de los retornos mincerianos, otras medidas de calidad de los PCC revelan una narrativa similar: en promedio, los retornos de los PCC son positivos y relativamente altos, pero su variación —entre áreas de conocimiento, instituciones, estudiantes y regiones— también es elevada. Para una estudiante con poca información, dicha variación supone un riesgo considerable. Si se tienen en cuenta los costos (los costos directos, como la matrícula, y los costos indirectos

Gráfico O.7 Los PCC tienen una prima adicional distinta, generalmente positiva, en los países de ALC

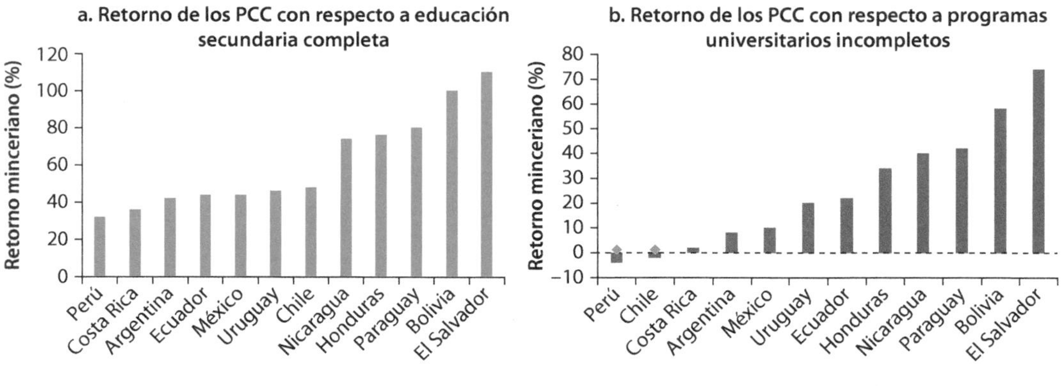

a. Retorno de los PCC con respecto a educación secundaria completa

b. Retorno de los PCC con respecto a programas universitarios incompletos

Fuente: Kutscher y Urzúa 2020, documento de referencia para este libro, basado en la base de datos socioeconómicos para América Latina y el Caribe (SEDLAC).

Nota: El panel a presenta los retornos mincerianos de un título de ciclo corto con respecto a la alternativa de un título de educación secundaria a finales de los años 2010. Los retornos se calculan mediante coeficientes de regresión, que representan la diferencia promedio de los ingresos mensuales (ln) entre trabajadores con un título de ciclo corto y trabajadores con un título de educación secundaria, al controlar el género, la edad y su cuadrado, los indicadores de zona urbana y los indicadores regionales por país. A continuación, los retornos se computan como la función exponencial del coeficiente menos 1. La estimación considera el impacto potencial de la autoselección sobre el empleo. El panel b presenta los retornos mincerianos de un título de ciclo corto con respecto a un programa universitario incompleto; la estimación es similar a la del panel a. Los rombos sobre las estimaciones de Perú y Chile en el panel b indican que no son significativamente diferentes de cero. ALC = América Latina y el Caribe; PCC = programa de ciclo corto.

de los ingresos no percibidos), los PCC tienen, en promedio, un retorno neto positivo a lo largo de la vida con respecto a un título de graduado de educación secundaria. En otras palabras, permiten obtener salarios más altos a lo largo de la vida que un título de educación secundaria. Los retornos netos a lo largo de la vida varían mucho entre los PCC y los programas universitarios (entre distintas áreas de conocimiento y dentro de ellas), y abarcan desde retornos positivos y altos hasta retornos negativos (gráfico O.8). En consecuencia, algunos PCC ofrecen retornos superiores que muchos programas universitarios. Por tanto, parte del estigma de los PCC podría deberse a la falta de información que reciben los estudiantes sobre su rentabilidad.

Del mismo modo, los PCC varían mucho en cuanto a su valor agregado; es decir, su contribución a los resultados de los estudiantes en el mercado laboral, independientemente de la contribución de los estudiantes o de sus pares (gráfico O.9). El valor agregado a nivel de programa varía entre áreas de conocimiento, pero varía mucho más dentro de las mismas, dependiendo, por ejemplo, de las características de la institución y del propio programa.

Además, los retornos de los PCC varían entre los estudiantes, dependiendo de lo que elegirían si no se matricularan en un PCC (es decir, su alternativa o segunda mejor opción) y de sus características personales. En el caso de estudiantes hombres con escasa preparación académica, procedentes de familias desfavorecidas de municipios pequeños o medianos, los PCC proporcionan mejores resultados laborales y salariales que la alternativa de un programa universitario.

Gráfico O.8 A pesar de los buenos promedios, los retornos netos de los PCC en ALC varían mucho entre programas, así como varían los de programas universitarios

Retornos netos a lo largo de la vida en Chile (%)

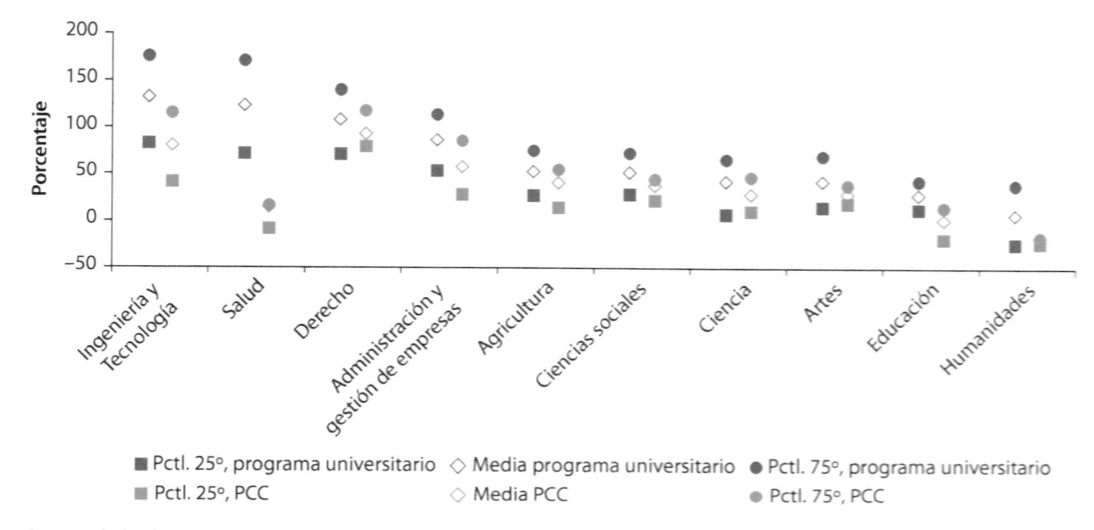

Fuente: Cálculos del Banco Mundial basados en datos individuales del Ministerio de Educación de Chile, Servicio de Información de Educación Superior (SIES) y Mi futuro.

Nota: El gráfico muestra el promedio, el percentil 25° y el percentil 75° de la distribución de retornos netos (promedio) de los programas por área de conocimiento. «Pctl.»: percentil. Retorno neto del programa a lo largo de la vida = [(valor presente descontado de los ingresos a lo largo de la vida como graduado de un programa, neto de costos de matrícula / valor presente descontado de los ingresos a lo largo de la vida como graduado de educación secundaria) – 1] * 100. ALC = América Latina y el Caribe; PCC = programa de ciclo corto.

En el caso de estudiantes mujeres de familias numerosas y desfavorecidas, los PCC ofrecen mejores resultados en el mercado laboral que la alternativa de no cursar estudios de educación superior. En otras palabras, al brindar una variedad de ofertas de calidad, inclusives los PCC, así como programas universitarios, un sistema de educación superior permite que las personas encuentren su mejor opción formativa, la más productiva, al tiempo que satisface las necesidades de los empleadores.

Los graduados de PCC tienen una gran demanda con respecto a los graduados de programas universitarios, tal como ilustran las vacantes publicadas en portales en línea (tabla O.2). No obstante, la demanda de graduados de PCC varía según los sectores económicos y las zonas geográficas. Los mismos dos sectores de la economía concentran la mayor parte de las vacantes para graduados de PCC y programas universitarios: gestión, empresas, finanzas e informática, ingeniería y ciencias. Esto podría indicar que hay mercados laborales segmentados en los que, por ejemplo, una especialista en computación y un especialista en mantenimiento de redes desempeñan tareas diferentes en función de sus distintas habilidades. No obstante, también podría indicar que, en un momento de elevado desempleo, la estructura jerárquica de puestos podría desvirtuarse: una especialista en computación, por ejemplo, podría ser asignada al mantenimiento de redes. Además, la zona más grande (más poblada) de cada país concentra las

Gráfico O.9 Los PCC varían ampliamente en su contribución a los resultados de los estudiantes en LAC, especialmente dentro de las áreas de conocimiento

Contribución del valor agregado de los programas a los salarios en Colombia, por área de conocimiento

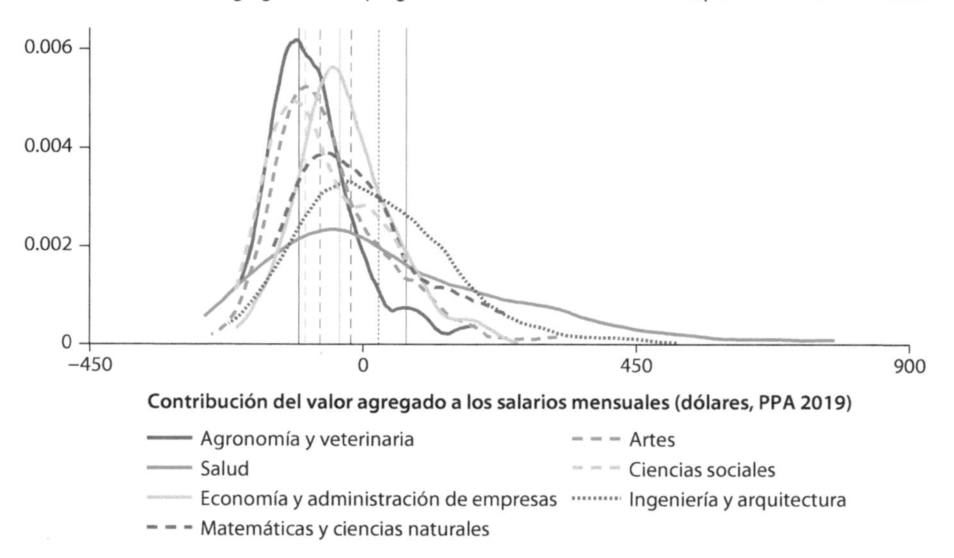

Fuente: Ferreyra *et al.* (2020), documento de referencia para este libro.

Nota: El gráfico muestra la distribución del valor agregado a los salarios a nivel de programa, por área de conocimiento. Los salarios se expresan en dólares estadounidenses (PPA 2019). Las contribuciones a nivel de programa son los efectos fijos del valor agregado del programa, ajustados por las características de los estudiantes y de otros programas similares, que se estiman en la regresión que figura en el cuadro 2.4 de este libro. Su promedio general es cero. Se incluyen los PCC impartidos por el Servicio Nacional de Aprendizaje (SENA). ALC = América Latina y el Caribe; PCC = programa de ciclo corto; PPA = paridad del poder adquisitivo.

Tabla O.2. En ALC los graduados de PCC son empleables y tienen una alta demanda

Nivel educativo mínimo exigido según las vacantes en línea, por país

Nivel de educación mínimo exigido	*Argentina*	*Chile*	*Colombia*	*México*	*Perú*
Primaria	0,03	0,02	0,03	0,04	0,01
Título de graduado de educación secundaria	0,40	0,60	0,56	0,58	0,53
Título de CC	0,20	0,14	0,26	0,08	0,25
Título universitario	0,12	0,07	0,04	0,09	0,04
Título de postgrado	0	0	0,01	0,01	0,01
Sin datos	0,25	0,15	0,11	0,20	0,16
Número de vacantes	580.820	1.148.359	1.896.277	2.032.132	1.290.437

Fuente: Galindo, Kutscher y Urzúa (2021), documento de referencia para este libro, basado en la base de datos del Proyecto Vacantes de Trabajo de la Asociación Económica de América Latina y el Caribe (LACEA) y el Banco Interamericano de Desarrollo (BID).

Nota: La tabla muestra, para cada país, la proporción de vacantes totales publicadas en línea según el nivel de educación mínimo exigido. Las proporciones suman 1 (100 %) por país. ALC = América Latina y el Caribe; CC = ciclo corto; PCC = programa de ciclo corto.

Gráfico O.10 Dentro de ALC, las demandas y ofertas nacionales de PCC varían —y puede que no coincidan— por ubicación

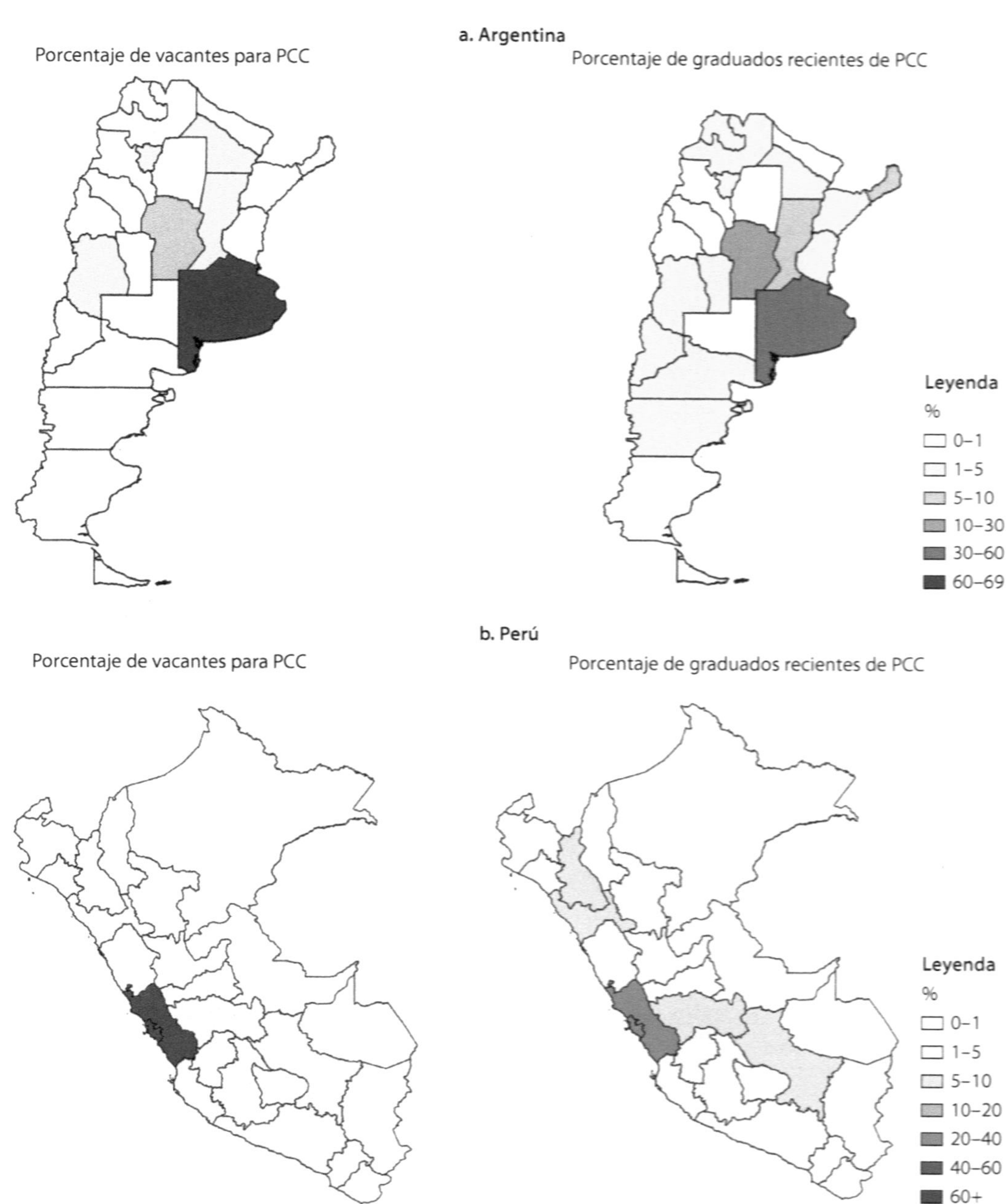

Fuente: Galindo, Kutscher y Urzúa (2021), documento de referencia para este libro, basado en la base de datos del Proyecto Vacantes de Trabajo de la Asociación Económica de América Latina y el Caribe (LACEA) y el Banco Interamericano de Desarrollo (BID), anuarios estadísticos de la educación superior de Argentina (2018), y base de datos de títulos registradas de Perú (2019), sistema de gestión tributaria (SIGETI).
Nota: En el panel a, para Argentina, el gráfico muestra el porcentaje de vacantes publicadas por empresas de cada zona geográfica que solicitan títulos de PCC (mapa izquierdo) y el porcentaje de personas de cada ubicación que se graduaron de PCC en 2017-2018 (mapa derecho). Ambos porcentajes son relativos al país en su conjunto. La zona geográfica es la división administrativa de nivel 1. El panel b presenta información similar para Perú. ALC = América Latina y el Caribe; CC = ciclo corto; PCC = programa de ciclo corto.

mayores participaciones de vacantes y graduados de PCC recientes (la demanda y oferta de graduados de PCC, respectivamente; véase el gráfico O.10). Sin embargo, la demanda está más concentrada que la oferta. En otras palabras, es posible que no haya suficientes graduados de PCC en las zonas más grandes, mientras que es posible que haya demasiados en las más pequeñas. En consecuencia, es posible que muchos graduados de PCC de zonas menos pobladas no encuentren un puesto de trabajo adecuado a sus habilidades, y que las empresas que buscan graduados de PCC en las zonas más pobladas no encuentren candidatos adecuados.

En general, los datos sobre los resultados de los PCC indican que, en promedio, los PCC pueden mejorar el capital humano de las personas y satisfacer las necesidades de los empleadores, aunque no siempre en la misma medida. Por tanto, en el contexto actual, únicamente merece la pena mantener, ampliar o emular algunos de los PCC existentes.

Oferta de PCC

Si el objetivo de los PCC es desarrollar habilidades para el contexto actual y futuro, es fundamental que los programas respondan de forma ágil y rápida a las necesidades del mercado laboral. En ALC, la oferta de PCC, de hecho, es más dinámica que la de programas universitarios, ya que los PCC aparecen y desaparecen de la oferta educativa (es decir, «rotan») con más frecuencia que los programas universitarios (tabla O.3). A la hora de decidir si se oferta un nuevo programa en un lugar y un área de conocimiento determinados, las IES responden a las condiciones económicas locales, como el nivel de actividad en diversos sectores de la economía y la demanda de graduados en las áreas de conocimiento (gráfico O.11, panel a). Sin embargo, no todas las IES tienen la misma capacidad de respuesta. Las IES privadas y las IES no universitarias son las que más se adaptan (gráfico O.11, paneles b y c). En términos generales, la capacidad de los PCC para responder a los mercados laborales locales sugiere que pueden adaptarse ágilmente a las necesidades actuales.

Tabla O.3 Los PCC tienen una oferta dinámica en ALC, con mucha «rotación» entre programas

	Colombia		*Chile*	
	PCC	*Programas universitarios*	*PCC*	*Programas universitarios*
Antigüedad promedio de los programas (años)	7,5	13,7	11,3	19,6
Nuevos programas por año (%)	20,8	7,2	12,0	5,9
Programas que se suspenden por año (%)	18,0	5,5	10,3	4,7

Fuente: Carranza *et al.* (2021), documento de referencia para este libro, basado en el Servicio de Información de Educación Superior (SIES), de 2005 a 2018 para Chile, y el Sistema Nacional de Información de la Educación Superior, de 2003 a 2017 para Colombia.
Nota: La tabla muestra los promedios a nivel de país para las variables enumeradas en las filas; los promedios corresponden a los programas y años.

Gráfico O.11 La oferta de PCC obedece a la economía local en los países de ALC

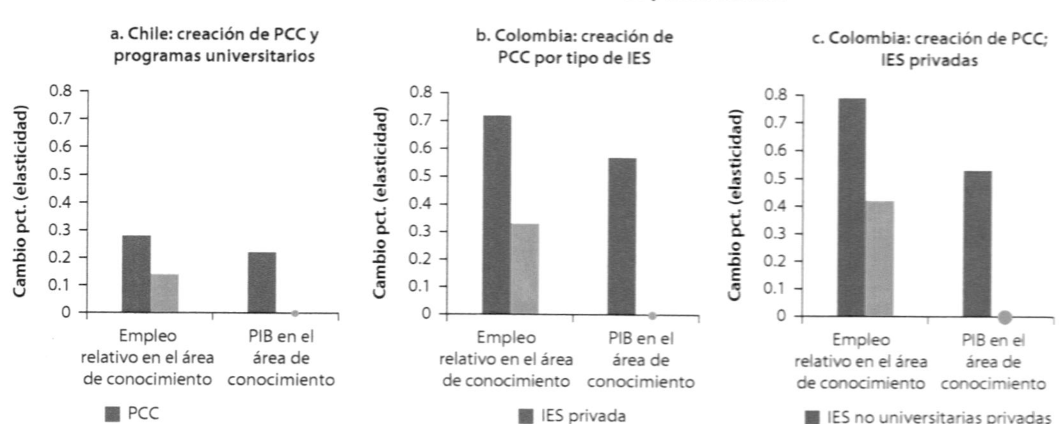

Fuente: Cálculos del Banco Mundial, basados en Carranza *et al.* (2021), documento de referencia para este libro.
Nota: El gráfico muestra el cambio porcentual promedio en la probabilidad de que una IES ofrezca al menos un nuevo programa en su zona geográfica (departamento para Colombia, región para Chile) en un área de conocimiento determinada. La probabilidad se asocia con un aumento de 1 % en el PIB del área de conocimiento (con rezago) o en la participación del empleo del área de conocimiento para dicha zona y área de conocimiento. Un punto en el eje horizontal indica que la estimación correspondiente no es significativamente diferente de cero. El panel a compara la creación de PCC y programas universitarios en Chile. El panel b compara la creación de PCC en IES públicas y privadas de Colombia (las IES públicas no incluyen el Servicio Nacional de Aprendizaje, SENA). El panel c compara la creación de PCC en IES privadas (universidades e IES no universitarias). El PIB del área de conocimiento es la porción del PIB de la zona geográfica que se asocia con el área de conocimiento; la asociación es proporcional a la participación del empleo en el área de conocimiento por sector económico; a continuación, se obtiene el total sobre los sectores. La participación del empleo del área de conocimiento es la participación de graduados de PCC empleados que se graduaron de un programa en el área de conocimiento, con respecto a todos los graduados de PCC empleados. ALC = América Latina y el Caribe; IES = institución de educación superior; PCC = programa de ciclo corto; PIB = producto interno bruto.

Las instituciones también consideran los costos cuando deciden crear nuevos programas, agregar programas en áreas de conocimiento que ya ofertan u ofrecer programas de bajo costo. Los costos son particularmente relevantes para las IES privadas, que dependen casi por completo de los ingresos de las matrículas. En cambio, las transferencias gubernamentales permiten que las IES públicas ofrezcan programas relativamente costosos, como los programas en computación o tecnología. Es más probable que las instituciones creen nuevos programas si disfrutan de un mayor poder de mercado debido a un menor número de programas competidores o a una mayor participación de matrículas en el mercado local del área de conocimiento. Desde el punto de vista de las políticas públicas, preocupa que algunas IES puedan ofrecer programas de poco valor simplemente porque son rentables.

Los PCC no se distribuyen por igual en el espacio, ya que la oferta de programas de educación superior es mucho más amplia en las ciudades grandes que en las pequeñas. Los programas a distancia y en línea han mitigado recientemente esta desigualdad al diversificar las opciones en las ciudades pequeñas, al margen de los programas presenciales. Sin embargo, sigue preocupando que los mercados de PCC de ciudades pequeñas son menos competitivos que los de ciudades grandes porque las ciudades pequeñas tienen menos proveedores y es posible que sus estudiantes estén menos familiarizados con la educación superior.

La presencia de instituciones públicas subsidiadas en algunos países configura de manera decisiva la estructura de mercado, sobre todo con instituciones que son grandes y tienen cobertura nacional (por ejemplo, el Servicio Nacional de Aprendizaje de Colombia, SENA). Aunque las IES privadas difícilmente pueden competir con las IES públicas en términos de matrícula, pueden diferenciar su producto de otras formas, como el contenido del programa, la cobertura geográfica, las competencias que enseñan, los servicios para estudiantes, y, en general, el «diseño del producto».

La EPCCBM ofrece una gran cantidad de datos para investigar el diseño de dichos productos. En la EPCCBM, el programa promedio tiene 222 estudiantes. De acuerdo con su dinamismo, los proveedores de PCC son instituciones de reciente fundación; la mayoría se han establecido durante los últimos 30 o 40 años. Los programas son recientes y se actualizan con frecuencia. En promedio, los programas tienen características deseables, pero también manifiestan una gran variación (tabla O.4). En su mayoría, imparten un plan de estudios fijo con poco espacio para optativas, lo que es preferible a uno más flexible, como ha demostrado la experiencia de los colegios comunitarios estadounidenses (en inglés,

Tabla O.4 En promedio, los PCC en ALC tienen buenos planes de estudios, infraestructura y plantel docente, pero con mucha variación

Características de los programas	*Media*	*D.E.*
El plan de estudios es fijo	70,19	45,75
Enseña competencias cognitivas	79,34	40,49
Enseña competencias socioemocionales	94,69	22,42
Ofrece clases de nivelación durante el programa	57,55	49,44
Porcentaje de tiempo asignado a la formación práctica	46,70	16,86
Prácticas externas a la institución obligatorias	57,75	49,41
Número de estudiantes por laboratorio o taller	59,43	133,25
Antes de la pandemia no enseñaba clases en línea	65,64	47,50
Proporción de estudiantes por docente	13,30	23,28
Porcentaje de docentes a tiempo parcial	61,54	30,28
Porcentaje de docentes con +5 años de experiencia	55,74	33,12
Porcentaje de docentes que trabaja en el sector privado	42,13	30,92
Porcentaje de docentes con título universitario	82,11	29,50
Evaluación docente al menos una vez al año	86,32	34,37
Casi todo/todo el plantel docente recibió formación profesional el año anterior	54,83	49,78
La IES tiene un órgano de gobierno además del rectorado o decanato	89,13	31,13

Fuente: Encuesta de Programas de Ciclo Corto del Banco Mundial (EPCCBM).
Nota: La tabla muestra la media y la desviación estándar de algunas características de los programas relacionadas con el plan de estudios y la formación, la infraestructura, el plantel docente y la gobernanza, según informan los directores de los programas. La EPCCBM solo incluye São Paulo y Ceará para Brasil, y los programas con licencia para Perú. ALC = América Latina y el Caribe; D.E. = desviación estándar; IES = institución de educación superior; PCC = programa de ciclo corto.

community college)[5]. Enseñan tanto competencias cognitivas como socioemocionales y ofrecen clases de nivelación, antes o durante el programa. En promedio, hacen mucho hincapié en la formación práctica. Por lo general, incluyen prácticas obligatorias y tienen una buena infraestructura en cuestión de talleres y laboratorios. No obstante, un 66 % de los programas no impartía clases en línea antes de la pandemia del COVID-19 y, entre los programas en línea, la calidad es dispar: es mayor, por ejemplo, en los programas de enseñanza en tiempo real. Por tanto, la adaptación a la enseñanza en línea puede haber supuesto un reto importante para los programas de la región.

En general, los programas tienen una baja proporción de estudiantes por docente. La mayoría de los instructores están contratados a tiempo parcial, y tienen una amplia experiencia en el sector privado y buenas calificaciones académicas. La mayoría son evaluados al menos una vez al año en función de múltiples criterios, como la evaluación por los estudiantes, la evaluación por pares (por el plantel docente) y la evaluación de la programación didáctica. Aproximadamente la mitad de los programas ofrecieron formación profesional a todo o casi todo el plantel docente durante el año anterior. La mayoría de los programas se imparten en IES que tienen un órgano de gobierno, además de rectorado o decanato, que representa a múltiples partes interesadas, como el plantel docente, los estudiantes y las empresas.

En promedio, los programas colaboran con el sector privado y ayudan a los estudiantes a buscar empleo (gráfico O.12). Asignan a una persona específica (miembro de la junta, director del programa o personal) para entablar relación con las empresas. Suelen tener convenios de prácticas con empresas privadas, que a menudo facilitan equipamiento para las prácticas, forman al plantel docente, colaboran en el diseño del plan de estudios o en la evaluación de los estudiantes, y tienen acuerdos para contratar a graduados del programa. Los programas se comunican con las empresas para conocer sus necesidades y solicitar información sobre las últimas contrataciones del programa.

Los programas apoyan la búsqueda de empleo de los estudiantes de múltiples formas, aunque la más común es relativamente pasiva: proporcionan información sobre el mercado laboral. Los servicios que tienen una utilidad más inmediata son menos comunes, como organizar entrevistas de trabajo, convocar a posibles empleadores en el campus o preparar a los estudiantes para la búsqueda de empleo. Asimismo, aunque la gran mayoría de los programas evalúan el rendimiento de los estudiantes y del plantel docente más de una vez al año, los programas participan con menos frecuencia en actividades relacionadas con los resultados de los estudiantes en el mercado laboral, como obtener la opinión de las empresas sobre sus graduados, consultar las necesidades de las empresas en materia de habilidades o recopilar datos sobre la inserción laboral y el empleo de los graduados.

Los PCC de los países encuestados tienden a creer que a los estudiantes les importa, sobre todo, la calidad de la formación (gráfico O.13, panel a), lo que podría explicar el hecho de que los programas parecen prestar más atención al plan de estudios, al plantel docente y a la formación práctica que a la búsqueda

Gráfico O.12 En promedio, los PCC en ALC colaboran con el sector privado y ayudan a los estudiantes en la búsqueda de empleo

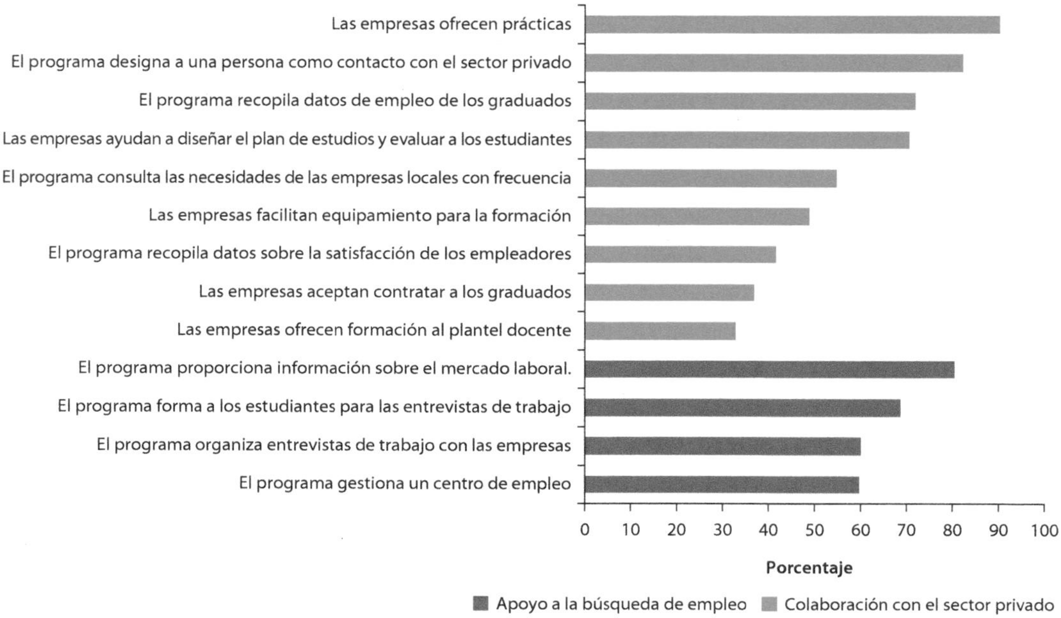

Las empresas ofrecen prácticas
El programa designa a una persona como contacto con el sector privado
El programa recopila datos de empleo de los graduados
Las empresas ayudan a diseñar el plan de estudios y evaluar a los estudiantes
El programa consulta las necesidades de las empresas locales con frecuencia
Las empresas facilitan equipamiento para la formación
El programa recopila datos sobre la satisfacción de los empleadores
Las empresas aceptan contratar a los graduados
Las empresas ofrecen formación al plantel docente
El programa proporciona información sobre el mercado laboral.
El programa forma a los estudiantes para las entrevistas de trabajo
El programa organiza entrevistas de trabajo con las empresas
El programa gestiona un centro de empleo
0 10 20 30 40 50 60 70 80 90 100
Porcentaje
Apoyo a la búsqueda de empleo
Colaboración con el sector privado

Fuente: Encuesta de Programas de Ciclo Corto del Banco Mundial (EPCCBM).
Nota: El gráfico muestra la media de la muestra para algunas características de los programas relacionadas con la participación del sector privado y el apoyo a la búsqueda de empleo de los estudiantes, según los directores de los programas. «Con frecuencia» significa más de una vez al año. La EPCCBM solo incluye São Paulo y Ceará para Brasil, y los programas con licencia para Perú. ALC = América Latina y el Caribe; PCC = programa de ciclo corto.

de empleo y a los resultados en el mercado laboral de los estudiantes. Tal vez por esta razón, los programas tienden a considerarse mejores que sus competidores en cuanto a la calidad de la formación, pero no en cuanto a los resultados en materia de empleo (gráfico O.13, panel b). Esto sugiere que, aunque los PCC responden a la economía local e intentan, en promedio, ofrecer una buena formación, podrían necesitar incentivos para poner un mayor énfasis en los resultados de los estudiantes en el mercado laboral.

¿Qué hace que un programa sea «bueno»?

Los exhaustivos datos recopilados a través de la EPCCBM permiten identificar las prácticas de los PCC (por ejemplo, la relación entre el programa y el sector privado), los insumos (por ejemplo, los laboratorios para la formación práctica) y las características (por ejemplo, la antigüedad del programa) que se asocian con los buenos resultados de los estudiantes, una vez que se tienen en cuenta las características de los estudiantes. El análisis se centra en cuatro resultados: la tasa de deserción, el tiempo transcurrido hasta la obtención del título, el empleo formal y los salarios de los graduados. Los factores condicionantes de la calidad se

Gráfico O.13 El empleo podría no ser la principal prioridad para los estudiantes o proveedores de PCC en ALC

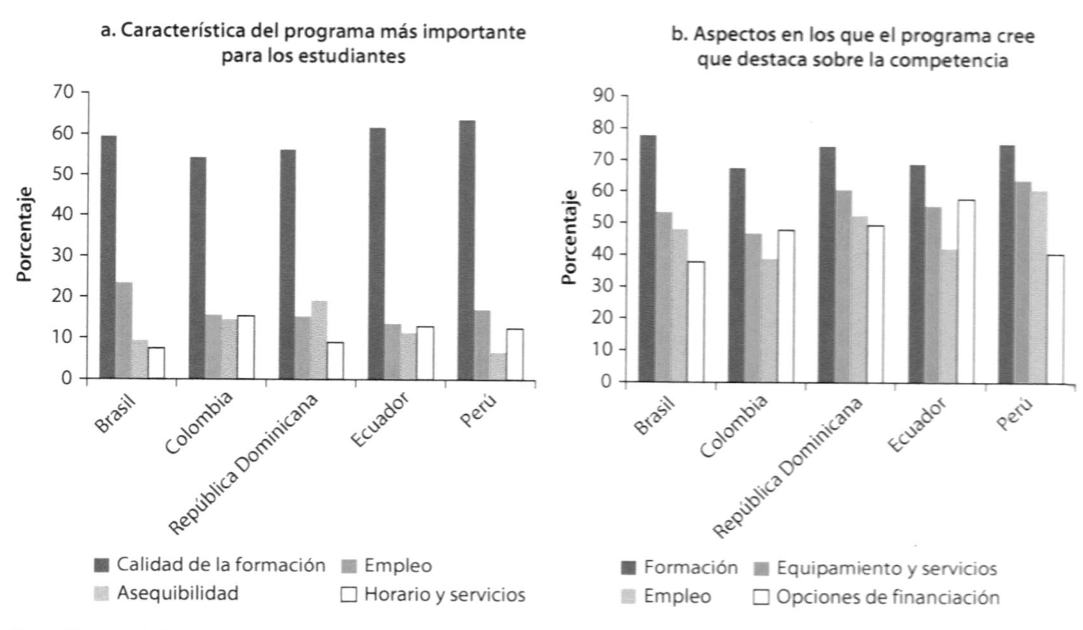

Calidad de la formación | Empleo | Asequibilidad | Horario y servicios

Formación | Equipamiento y servicios | Empleo | Opciones de financiación

Fuente: Encuesta de Programas de Ciclo Corto del Banco Mundial (EPCCBM).

Nota: El panel a muestra el porcentaje de programas que manifiestan que cada característica es la más importante para sus estudiantes. Las características son la calidad de la formación, la asequibilidad, el horario y los servicios prestados a los estudiantes, y el empleo. El panel b muestra el porcentaje de programas que se consideran mejores que otros PCC similares en cada una de las siguientes categorías: formación, empleo, equipamiento y servicios, y opciones de financiación. La «calidad de la formación» incluye la calidad del plantel docente, la formación práctica y la calidad académica; la «asequibilidad» incluye el costo del programa y la ayuda económica de la IES; el «horario y los servicios» incluye el horario de las clases y la calidad de los servicios prestados a los estudiantes; el «empleo» incluye las perspectivas de empleo después de la graduación, las oportunidades de prácticas, el apoyo a la búsqueda de empleo y los vínculos de la IES con posibles empleadores; el «equipamiento y los servicios» incluye la infraestructura y los servicios académicos para estudiantes. Los programas pueden percibirse a sí mismos como mejores que sus competidores en más de un aspecto. Solo se incluyen São Paulo y Ceará para Brasil, y los programas con licencia para Perú. ALC = América Latina y el Caribe; PCC = programa de ciclo corto.

agrupan en seis áreas: infraestructura; plan de estudios y formación; costo y financiación; colaboración entre el programa y el sector privado (incluido el apoyo a la búsqueda de empleo); plantel docente; y prácticas relacionadas con la admisión, la graduación y la gobernanza. Aunque los datos no permiten afirmar que existe causalidad, las asociaciones de los factores condicionantes de la calidad con los resultados son, no obstante, informativas.

Según el análisis estadístico, la tasa de deserción y el tiempo transcurrido hasta la obtención del título son menores en los programas que imparten un plan de estudios fijo, evalúan a su plantel docente mediante evaluación por pares y contratan a docentes con experiencia en el sector privado (gráfico O.14). El empleo formal y los salarios son más elevados en los programas que cuentan con una infraestructura adecuada para la formación práctica, facilitan el acceso a internet *in situ*, enseñan competencias numéricas, proporcionan clases de nivelación durante el programa, gestionan un centro de empleo, cuentan con docentes con experiencia en el sector privado y ofrecen becas de la IES a los

Gráfico O.14 Los PCC con buenos resultados tienen insumos, prácticas y características específicas

Categorías	*Factores condicionantes de la calidad*	*Tasa de deserción*	*Duración del programa*	*Empleo formal*	*Salarios*
Infraestructura	Internet disponible para plantel docente y estudiantes			Verde	
	Tiene suficientes materiales para prácticas			Verde	Verde
Formación y plan de estudios	El plan de estudios es fijo	Verde			
	Enseña competencias numéricas				Verde
	Ofrece créditos para títulos más largos				Verde
	Ofrece clases de nivelación durante el programa			Verde	Verde
	La tesina o el proyecto de investigación es un requisito para graduarse		Rojo		
Costos	Matrícula anual	Verde			Verde
	Al menos algunos estudiantes reciben becas IES			Verde	
Vínculo con el sector privado	La IES gestiona un centro de empleo			Verde	Verde
	El sector privado presta/facilita equipamiento para la formación de los estudiantes			Rojo	
	Acuerdos con empresas para contratar graduados				Rojo
Plantel docente	Evaluación por pares para evaluar al plantel docente	Verde			
	La programación didáctica es muy importante en la evaluación docente			Verde	
	Porcentaje de docentes que trabajan en el sector privado	Rojo			
	Porcentaje de docentes mujeres		Verde		
	Porcentaje de docentes con +5 años de experiencia		Verde	Verde	
	Porcentaje de docentes <40 años			Rojo	
Otras prácticas	La admisión está condicionada a una prueba de conocimiento general o específica		Verde		Verde
	El proceso de admisión incluye una entrevista			Verde	
	La IES tiene un órgano de gobierno, además del rectorado o decanato	Verde		Verde	

Fuente: Cálculos del Banco Mundial, basados en Dinarte *et al.* 2021, documento de referencia para este informe.
Nota: La tabla presenta un resumen de las correlaciones entre los factores que condicionan la calidad y los resultados académicos y del mercado laboral del programa (estimación descrita en el capítulo 4 de este libro); los factores condicionantes de la calidad a nivel de programa y los resultados promedio del mercado laboral fueron identificados por los directores de programas. Verde (rojo) indica que la característica mejora (empeora) el resultado. IES = institución de educación superior; PCC = programa de ciclo corto.

estudiantes. Hacer una prueba de admisión y tener una junta directiva, además de rectorado o decanato, también se asocian con mejores resultados académicos y laborales, al igual que tener una matrícula más alta, que podría presionar a los estudiantes para que se gradúen o podría proporcionar mejores insumos. Al mismo tiempo, algunas prácticas parecen perjudicar los resultados de los estudiantes. Por ejemplo, la exigencia de una tesina para la graduación la retrasa, y ciertos tipos de participación del sector privado (por ejemplo, los acuerdos que permiten que las empresas faciliten equipamiento o contraten a los graduados) parecen perjudicar los salarios.

Naturalmente, las prácticas y los insumos varían significativamente entre los programas (tabla O.4, columna «D.E.»). Estos resultados sugieren que algunos programas podrían mejorar los resultados de los estudiantes mediante la adopción de prácticas e insumos que se asocian con buenos resultados. Al hacerlo, podrían ayudar a reducir la gran y preocupante variación de calidad entre programas —la brecha existente entre los «buenos» y los «malos» programas—.

Hay que hacer una observación importante. Para medir los resultados, el análisis se basa en los resultados promedio de los programas que los directores de los PCC facilitaron por medio de la EPCCBM. Lo ideal sería que el análisis se basara en datos administrativos a nivel de estudiante: características personales, PCC completado y resultados en el mercado laboral. En la mayoría de los países de ALC, este tipo de datos no existe o no se pone a disposición de los equipos de investigación. Por lo tanto, aunque la EPCCBM contribuyó a indagar en lo que hace que un programa sea «bueno», la falta de datos impide lograr un mayor progreso. Facilitar estos datos sería de ayuda no solo para los equipos de investigación sino para *todas las partes* interesadas, como se señala a continuación.[6]

Políticas para concretar el potencial de los PCC

En conjunto, los resultados de este estudio indican que, aunque los PCC parecen prometedores, también adolecen de ciertas deficiencias. En cierta medida, las deficiencias de las políticas podrían ser responsables de estas. Por ejemplo, puede que a las autoridades reguladoras les parezca que algunos programas se aprovechan de los estudiantes, pero es posible que no dispongan de la información necesaria para identificar tales programas o de la voluntad para tomar medidas. Puede que las autoridades reguladoras crean que los estudiantes no deben elegir programas de bajo retorno, pero es posible que no recopilen ni difundan la información que los estudiantes necesitan para tomar buenas decisiones. Asimismo, puede que las autoridades reguladoras sean conscientes de las dificultades económicas de los estudiantes, pero no estén dispuestas a reasignar financiación pública para quienes más la necesitan. Puede que estén a favor del reconocimiento de créditos de los PCC para la obtención de títulos universitarios, pero no hacer un seguimiento de su actividad en la práctica. Quizá respalden la noción de itinerarios académicos flexibles entre varios títulos, pero los regulen mediante normativas demasiado rígidas.

En lugar de desechar o relegar los PCC —como ha sido la tendencia en el pasado—, las autoridades responsables del diseño de las políticas pueden abordar las deficiencias políticas que explican las flaquezas de los PCC y crear un entorno en el que las instituciones ofrezcan buenos programas, los estudiantes elijan con conocimiento de causa y se satisfagan las necesidades de las personas, las empresas y la economía. En este momento crítico, dada la urgente necesidad de habilidades que manifiesta la región, desarrollar el potencial de los PCC surge como una cuestión política fundamental.

El estudio se centra en cuatro categorías de políticas: información, financiación, supervisión y regulación, e itinerarios académicos para el desarrollo de habilidades. La opción de utilizar un único instrumento político no es viable; se necesitan múltiples instrumentos para hacer frente a las múltiples deficiencias, complementar las fortalezas de dichos instrumentos y mitigar los posibles efectos no deseados que pueda tener un determinado instrumento.

La información a nivel de programa es necesaria para las autoridades responsables del diseño de las políticas —que deben regular el sector y exigir responsabilidades a los PCC— y para los estudiantes —que deben elegir con conocimiento de causa—. Esta información debe incluir los salarios promedio de los graduados y las tasas de empleo formal, así como los costos, las opciones de financiación y los requisitos académicos. También debe ser de fácil acceso: por ejemplo, en un sitio web. Sin embargo, los datos existentes indican que la mera provisión de información no es suficiente para influir en las decisiones de los estudiantes. Por el contrario, hay que involucrar a los estudiantes directamente (por ejemplo, por medio de orientación o sitios web interactivos) para garantizar que reciben y procesan información relevante, oportuna y útil.

Hay que corregir las desigualdades de financiación, tanto para restaurar la equidad en el acceso a la educación superior como para acercar la economía a su nivel y composición de habilidades óptimos. Dadas las actuales limitaciones presupuestarias, este objetivo puede lograrse mediante la redistribución de la financiación entre estudiantes de diferentes ingresos, tipos de programas (primer ciclo y PCC) y tipos de instituciones (IES públicas y privadas), con el objetivo de brindar más ayuda a los estudiantes que más la necesitan. Dado que la financiación pública podría no ser suficiente, los préstamos condicionados a los ingresos, cuidadosamente diseñados y otorgados por instituciones públicas o privadas, podrían ser una opción viable para obtener recursos adicionales. En última instancia, la financiación de los PCC —y, en general, el desarrollo de habilidades— podría considerarse un componente anticíclico del sistema de protección social, que aumenta durante las recesiones para ayudar a las personas a recuperar el empleo.

La supervisión y regulación son fundamentales para eliminar los programas de menor calidad y promover un entorno en el que únicamente se ofrezcan buenos programas. La autoridad reguladora competente debe establecer unos estándares de rendición de cuentas basados en resultados; por ejemplo, una norma de «no perjudicar» según la cual los resultados de los estudiantes en el mercado laboral sean suficientes como para que, en promedio, no pierdan dinero con el programa. La autoridad reguladora también debe supervisar la creación de nuevos programas y autorizar solo aquellos que tengan expectativas de obtener buenos resultados; asimismo, debe inspeccionar los programas periódicamente (por ejemplo, una vez al año), utilizando estándares de rendición de cuentas basados en resultados, y publicar los resultados; y, lo que es más importante, debe suspender los programas de escaso rendimiento. De hecho, un objetivo realista para la regulación —y la «primera línea de defensa»— podría ser simplemente la suspensión de los programas con peores resultados.

Deberían fomentarse los itinerarios académicos flexibles para facilitar la adquisición de habilidades por bloques o módulos como parte del aprendizaje permanente. Cursar un bloque completo otorgaría una credencial que contaría para obtener un título. Los itinerarios académicos flexibles en Estados Unidos incluyen transferencias desde los PCC hacia los programas universitarios, certificados acumulables, insignias digitales y el enfoque de «título primero».[7] Aunque merece la pena explorar todos estos itinerarios académicos, quizá sea más importante adecuar los programas universitarios para que absorban a los estudiantes de PCC, en lugar de modificar los PCC para incorporarlos a los programas universitarios. La experiencia negativa de los colegios comunitarios estadounidenses, que dotan a los PCC de la máxima flexibilidad para facilitar las transferencias hacia los programas universitarios, sugiere que una mayor flexibilidad de los PCC puede no ser la solución.[8] Teniendo en cuenta los buenos resultados promedio que actualmente logran los PCC en ALC, parece que los programas universitarios —y no necesariamente los PCC— podrían precisar de una mayor flexibilidad. La simplificación de los programas es otra forma de inyectar una mayor flexibilidad en la educación superior, ya que es posible que muchos programas —sobre todo, los programas universitarios— sean demasiado largos.

Si retomamos la cuestión del estigma de los PCC, ¿es justo y realista a la vista de los datos? Aunque los PCC tienen algunas limitaciones que pueden haber contribuido a su estigma —incluyendo, quizás, la baja calidad de los programas que obtienen peores resultados—, también tienen ventajas que pueden pasar desapercibidas para muchos estudiantes en la actualidad. Las políticas aquí descritas deberían ayudar a mitigar el estigma de los PCC. Las campañas informativas para promocionar los PCC —en particular, si las empresas privadas actúan como «promotoras» de los PCC— también deberían ayudar.[9] No obstante, es posible que también sea necesaria una nueva mentalidad para la educación superior que valore la variedad de ofertas para que todos los estudiantes puedan encontrar su mejor opción.[10] El objetivo de las autoridades responsables del diseño de las políticas no debería ser maximizar el número de graduados de programas universitarios, sino maximizar el potencial de las personas a través de programas de educación superior de calidad, independientemente del tipo. Del mismo modo, el objetivo de los estudiantes no debería ser obtener un título universitario a cualquier precio, sino graduarse en el programa que mejor se adapte a sus necesidades, preparación académica e intereses.

Los PCC aparecieron en el panorama de la educación superior de ALC relativamente tarde. No han tenido un papel destacado en la región, donde los programas universitarios se han considerado como la mejor —y tal vez la única— vía de acceso a la movilidad social y económica. No obstante, los PCC podrían resultar sumamente útiles en la actualidad para superar la crisis de empleo y producción generada por la pandemia del COVID-19, así como preparar a las personas para el mundo laboral actual. El éxito en este contexto generaría una percepción pública diferente de los PCC, ya no como la opción menos valorada, sino como la opción adecuada para muchas personas en un momento de gran necesidad. El momento de los PCC es ahora. Si no es ahora, ¿cuándo?

Notas

1. La Organización de las Naciones Unidas para la Educación, la Ciencia y la Cultura clasifica los PCC como Clasificación Internacional Normalizada de la Educación (CINE) 5, que es un tipo de educación superior. Los cursos más cortos y certificados se clasifican como CINE 4.
2. La «década dorada» de ALC (2003-2013) se caracterizó por los altos precios de los productos primarios y las elevadas tasas de crecimiento. Después de este período, tanto los precios de los productos primarios como las tasas de crecimiento cayeron y nunca han vuelto a alcanzar sus niveles previos.
3. Beylis *et al.* (2020).
4. Ferreyra *et al.* (2017).
5. Bailey, Jaggars y Jenkins (2015).
6. Al momento de la redacción de este libro, únicamente Brasil había facilitado datos administrativos. El capítulo 4 presenta los resultados de Brasil de acuerdo con dichos datos
7. Para más información sobre estos itinerarios académicos, véase el capítulo 5.
8. Los colegios comunitarios ofrecen el mayor grado de flexibilidad posible al permitir que los estudiantes escojan las clases casi libremente («al estilo bufé»), pero la mayoría de los estudiantes que tienen la intención de transferirse no logran dicho objetivo, y muchos desertan (Bailey *et al.* 2015).
9. Para ejemplos de dichas campañas, véase el capítulo 5.
10. Esto coincide con Ferreyra *et al.* (2017), que observan tres características de un buen sistema de educación superior: calidad, variedad y equidad.

Referencias

Bailey, T., S. Jaggars, y D. Jenkins. 2015. *Redesigning America's Community Colleges: A Clearer Path to Student Success*. Cambridge MA: Harvard University Press.

Beylis, G., R. Fattal-Jaef, R. Sinha, M. Morris, y A. Sebastian. 2020. *Going Viral: COVID-19 and the Accelerated Transformation of Jobs in Latin America and the Caribbean*. Estudios sobre América Latina y el Caribe del Banco Mundial. Washington, DC: Banco Mundial.

Carranza, J. E.; Ferreyra, M. M.; Gazmuri, A.; Franco, A. 2021. "The Supply Side of Short-Cycle Higher Education Programs." Manuscrito inédito. Banco Mundial, Washington, DC.

Dinarte, L., M.M. Ferreyra, M. Bassi, y S. Urzúa. 2021. "What Makes a Program Good? Evidence from Short Cycle Higher Education Programs in Latin America and the Caribbean." Banco Mundial, Washington, DC.

Ferreyra, M. M., C. Avitabile, J. Botero, F. Haimovich, y S. Urzúa. 2017. *At a Crossroads: Higher Education in Latin America and the Caribbean*. Washington, DC: Grupo Banco Mundial.

Ferreyra, M. M., T. Melguizo, A. Franco, y A. Sánchez. 2020. "Estimating the Contribution of Short-Cycle Programs to Student Outcomes in Colombia." Documento de trabajo sobre investigación de políticas 9424. Banco Mundial, Washington, DC.

Ferreyra, M. M., C. Galindo, y S. Urzúa. 2020. "Labor Market Effects of Short-Cycle Programs: Challenges and Evidence from Colombia." Banco Mundial, Washington, DC.

Galindo, C., M. Kutscher, y S. Urzúa. 2021. "Online Job Vacancies and Short-Cycle Programs in Latin America." Documento de referencia para este libro, Banco Mundial, Washington, DC.

Kutscher, M., y S. Urzúa. 2020. "An Economic Argument for Short-Cycle Programs in Latin America and the Caribbean." Banco Mundial, Washington, DC.

Introducción

Tras el colapso de los precios de los productos primarios a principios de los años 2010, los países de América Latina y el Caribe (ALC) han estado buscando nuevos motores de crecimiento que, además de aumentar la productividad, conserven y mejoren las ganancias de capital logradas en la década anterior. La educación superior podría convertirse en un formidable motor de progreso económico y social si desarrolla capital humano calificado.

Hay un tipo específico de programa de educación superior que forma capital humano calificado en dos o tres años: los llamados programas de ciclo corto (PCC). A diferencia de los programas universitarios (que suelen durar entre cinco y seis años en ALC), los PCC son cortos, eminentemente prácticos y tienen un objetivo claro de formar a estudiantes para trabajar en un tiempo relativamente corto. Sus proveedores, a quienes les interesa atraer a estudiantes, tienen incentivos para mantenerse al tanto de las novedades del mercado laboral e incorporar nuevas tecnologías, prácticas y conocimientos en sus planes de estudios.

Como modalidad de formación postsecundaria, los PCC resultan atractivos para una gran variedad de personas. Una primera categoría la constituyen las personas que no pueden cursar un programa universitario por sus responsabilidades laborales o familiares, o por su deficiente preparación académica. Una segunda categoría incluye a quienes podrían cursar un programa universitario, pero no quieren dedicar el tiempo y los recursos necesarios para ello, y prefieren optar por una formación más corta, más práctica y quizá mejor remunerada. Una tercera categoría comprende quienes ya tienen un título universitario, pero buscan una formación breve y específica en su área de conocimiento general (por ejemplo, una especialista en computación interesada en aprender animación por computador) o en otra área diferente (por ejemplo, un historiador interesado en *marketing*).

En términos más generales, las personas que desean mejorar sus habilidades para una ocupación similar («formación complementaria») o adquirir nuevas habilidades para una ocupación diferente («readaptación profesional») podrían inclinarse por los PCC. El gran atractivo de los PCC contrasta con la opinión que prevalece en la región, donde los PCC cargan con el estigma de ser la opción menos valorada de la educación superior. Si se diseñan correctamente, estos programas tienen el potencial de convertirse en una herramienta fundamental para el desarrollo de la mano de obra en el nuevo mundo del trabajo, en el que cabe esperar que las personas cambien de ocupación —y tal vez de profesión— varias veces a lo largo de su vida[1], y en el que la formación debe impartirse de forma rápida, eficaz y en estrecha relación con el mercado laboral.

Los PCC no solo resultan atractivos para las personas, sino también para los empleadores, que tienen dificultades para encontrar mano de obra calificada. Según la Encuesta de Empresas del Banco Mundial 2019, el 24 % de las empresas del mundo afirma que una mano de obra con una formación inadecuada es una de las limitaciones más importantes. En ALC, sin embargo, este porcentaje aumenta hasta el 32 %, el más alto de todas las regiones. Ofrecer la variedad de habilidades que demanda el mercado laboral —ingenieras además de técnicos, y médicas además de técnicos en radiodiagnóstico— es un papel crucial de un sistema de educación superior funcional y dinámico.[2]

Aunque ALC ha necesitado capital humano calificado durante los últimos años —en particular, desde el final de su «década dorada»— la necesidad se ha vuelto claramente apremiante tras la pandemia del COVID-19.[3] Sin embargo, por muy grave que haya sido la crisis económica posterior, esta solo ha acelerado los cambios estructurales que ya se estaban produciendo en el mercado laboral (Beylis *et al.* 2020). Incluso antes de la pandemia, las máquinas habían empezado a sustituir a las personas en tareas rutinarias mediante la automatización, e internet había sustituido la interacción personal mediante las plataformas electrónicas. La productividad y el valor de mercado de los trabajadores que producen valor agregado intangible —como investigadoras y analistas, o programadores y diseñadores— ya estaban en alza gracias a las nuevas tecnologías y una competencia creciente.

La pandemia no ha hecho más que acentuar estas tendencias. Ante las medidas de cuarentena y distanciamiento físico, algunas empresas han sustituido a los trabajadores por máquinas para las tareas repetitivas, o por plataformas electrónicas para las tareas de contacto personal. En cambio, los trabajadores que producen valor agregado intangible están experimentando una demanda creciente (y han podido teletrabajar). La demanda de otros trabajadores que no pueden ser sustituidos por una máquina o por internet también es creciente, como el personal sanitario. En otras palabras, aunque la pandemia ha dañado el empleo agregado y la producción, no todas las empresas y trabajadores han salido igual de perjudicados. Aunque se han destruido muchos puestos de trabajo y empresas, también se han creado muchos otros.

Es poco probable que los puestos de trabajo que han desaparecido vuelvan a crearse. Para recuperar el empleo, dichas personas tienen que adquirir las habilidades relevantes para el nuevo mundo laboral. Entre ellas se encuentran las habilidades cognitivas (como el pensamiento crítico, la capacidad de análisis y la resolución de problemas), así como las habilidades interpersonales (como el trabajo en equipo, la comunicación y la gestión) que permiten realizar tareas no rutinarias y complejas que no pueden ser automatizadas o desarrolladas por plataformas electrónicas. Tras la crisis del COVID-19, la recuperación dependerá fundamentalmente de la formación complementaria y la readaptación profesional de la mano de obra para apoyar la transformación económica.

Las recientes crisis económicas en ALC suponen una razón adicional por la que las habilidades deben ocupar un lugar destacado en la trayectoria de recuperación de la crisis actual. Tras estas crisis, algunos trabajadores consiguieron recuperar el empleo o los ingresos con bastante éxito, mientras que otros sufrieron «secuelas» o efectos permanentes, y nunca pudieron recuperar el empleo o los ingresos anteriores (Silva *et al.* 2021). Al parecer, los trabajadores sin estudios de educación superior tienen más probabilidades de sufrir efectos permanentes. En la crisis actual, la formación por medio de PCC —que son una forma particularmente práctica de educación superior— dotaría a dichos trabajadores de las habilidades necesarias para reincorporarse pronto al mercado laboral, con pocos o ningún efecto permanente.

Dado que los Gobiernos se enfrentan a limitaciones presupuestarias extremadamente severas, el desarrollo de la mano de obra apenas puede contar con recursos adicionales. Utilizar los recursos existentes de forma eficiente es de vital importancia. Al ser breves y eminentemente prácticos, los PCC podrían desarrollar habilidades de forma rápida y eficaz. Por lo tanto, constituyen una promesa, un resquicio de esperanza en medio de un panorama que, de otro modo, sería poco halagüeño.

¿Cómo se definen los PCC?

Es importante establecer qué son y qué no son los PCC. Para definir los PCC, este libro sigue la Clasificación Internacional Normalizada de la Educación (CINE) de la Organización de las Naciones Unidas para la Educación, la Ciencia y la Cultura (UNESCO), que describe los PCC (CINE 5) como programas diseñados para proporcionar a los estudiantes conocimientos, habilidades y competencias profesionales; orientados a ocupaciones específicas; más cortos, más prácticos y menos teóricos que los programas universitarios; y cuyo objetivo principal es preparar a los estudiantes para el mercado laboral.

Los PCC son programas de educación superior. Tienen una duración mínima de dos años y suelen prolongarse entre dos y tres años; aunque son más cortos que los programas universitarios, son lo suficientemente largos como para considerarlos programas de educación superior. Por esta razón, *no* incluyen cursos cortos de formación profesional o técnica (que duran, por ejemplo, unas semanas o meses).[4] Los PCC reciben diferentes nombres en la región, como programas técnicos y tecnológicos, carreras técnicas, tecnicaturas, carreras terciarias, carreras de nivel técnico superior, cursos tecnológicos, cursos técnico-profesionales, carreras profesionales, y cursos superiores de tecnología.

A lo largo de este libro, un programa se define como una combinación de institución, título y especialidad.[5] Los ejemplos de títulos de PCC comprenden desde higienista dental, fisioterapeuta y auxiliar de enfermería hasta técnico de redes, especialista en *marketing*, técnico de diseño y especialista en gestión. En varios países también se ofertan PCC en educación. Aunque algunos PCC se centran en áreas de conocimiento más bien tradicionales, como la publicidad, la hostelería, la enfermería, la fisioterapia, la logística, el diseño gráfico y la electrónica, otros han surgido en áreas más recientes e innovadoras, como el diseño de aplicaciones, la animación digital, la inteligencia de datos, el diseño web, la ciberseguridad y las redes sociales.

¿Cómo es un PCC «bueno»?

Para satisfacer las necesidades de las personas, los empleadores y las autoridades responsables del diseño de las políticas, los PCC de ALC deben ser «buenos»; es decir, de alta calidad. La cuestión, pues, es cómo saber si un programa es bueno.

La educación superior puede beneficiar a una persona de múltiples maneras: puede ampliar sus habilidades, mejorar sus perspectivas de empleo o garantizar un salario más alto. También podría ampliar su red social, exponerla a puntos de vista alternativos y enriquecer su vida cultural. La educación superior no solo puede beneficiar a las personas que la reciben, sino también a la sociedad en su conjunto. Por ejemplo, una persona con un alto nivel de estudios podría participar más en su comunidad local y contribuir a un intercambio más rico de ideas e información.

Sin embargo, varios de estos beneficios personales y sociales son muy difíciles de medir. Además, en el caso de los PCC, su objetivo inmediato —según la definición de la UNESCO— es formar a las personas para el mercado laboral. Por lo tanto, este libro se centra en los resultados del mercado laboral, como el empleo y los salarios. También analiza los resultados académicos, como las tasas de graduación y el tiempo transcurrido hasta la obtención del título.

Se considera que un programa es bueno cuando produce buenos resultados, tras tener en cuenta las características personales de los estudiantes. Esta calificación es importante. Considérese, por ejemplo, a una recién graduada que obtiene un salario inicial elevado tras su graduación. ¿Se debe a que ya estaba muy calificada —es decir, bien preparada— antes de empezar el programa, o a que el programa mejoró considerablemente sus habilidades? En este ejemplo, un buen programa sería aquel que contribuyera a mejorar sus habilidades y le ayudara a conseguir un salario alto, independientemente de su formación inicial. En otras palabras, los programas buenos (o de alta calidad) tienen un alto valor agregado.

Para medir el valor agregado de un programa, la regla de oro sería un experimento a gran escala: asignar aleatoriamente a algunas personas al programa y a otras a un grupo de control (consistente, por ejemplo, en no cursar estudios superiores). Si el primer grupo obtuviera mejores resultados que el segundo, se podría concluir que el programa tiene un valor agregado positivo, que contribuye de forma positiva a los resultados de los estudiantes.

Sin embargo, los experimentos aleatorios son poco frecuentes. Tampoco son prácticos, por ejemplo, para estimar el valor agregado de cientos o miles de programas en un país. Incluso si los entornos experimentales que no requieren aleatorización se pudieran aprovechar, no siempre son factibles. Dado que el análisis generalmente debe basarse en datos no experimentales, medir el valor agregado requiere información a nivel de estudiante, como las características personales, la preparación académica para el programa, las características de sus progenitores y los resultados, que no existe o es extremadamente difícil de obtener. Asimismo, aunque las bases de datos pueden contener información sobre la situación socioeconómica de los estudiantes, no suelen registrarse otros aspectos importantes, como la motivación o los hábitos de trabajo.

Dependiendo de los datos disponibles y de la pregunta específica de interés, este estudio utiliza múltiples indicadores de la calidad de los PCC, como el empleo y los salarios agregados, los retornos mincerianos, los retornos netos de los programas a lo largo de la vida, las ofertas de empleo (vacantes), los resultados promedio de los programas, el valor agregado de los programas y los retornos (efectos del tratamiento), con respecto a la segunda mejor opción de los estudiantes, que podría consistir en no cursar estudios superiores o cursar un programa universitario.

Encuesta de Programas de Ciclo Corto del Banco Mundial

Considérese un programa que es «bueno». ¿Qué lo convierte en bueno? ¿Qué prácticas específicas utiliza para obtener buenos resultados, después de haber tenido en cuenta las características de los estudiantes? Por ejemplo, ¿está en contacto frecuente con las empresas locales para evaluar sus necesidades de formación? ¿Actualiza el plan de estudios en función de la información que recibe del sector privado? ¿Contrata docentes con experiencia en el sector privado? ¿Gestiona un centro de empleo para ayudar a los estudiantes en la búsqueda de empleo?

Adentrarse en la «caja negra» de la calidad de los programas es fundamental para diseñar y replicar programas de alta calidad. Sin embargo, las prácticas de los programas no suelen figurar en los conjuntos de datos estándar, que a lo sumo contienen características del programa como la duración o el número de docentes. Esta falta de datos limita en gran medida la posibilidad de entender qué hace que un programa sea bueno.

Para superar esta limitación, este estudio diseñó y administró la Encuesta de Programas de Ciclo Corto del Banco Mundial (EPCCBM) en Brasil, Colombia, República Dominicana, Ecuador y Perú. Estos países representan el 54 % de todas las matrículas de PCC en ALC. En Brasil, la encuesta se centró en los estados de São Paulo y Ceará; en Perú, se centró en los programas con licencia.

La encuesta se administró a los directores de programas por teléfono, en línea y en persona. Tuvo una tasa de respuesta inusualmente alta (70 % en promedio), para un total de aproximadamente 2.100 entrevistas. Aproximadamente la mitad de las entrevistas tuvieron lugar durante el confinamiento del COVID-19. Con el fin de alentar a la sinceridad de las respuestas, se informó a los directores de programas de que la encuesta formaba parte de un estudio del Banco Mundial y no era fruto de una colaboración con una autoridad gubernamental; de que las respuestas eran confidenciales y no se compartirían con terceros (incluido el Gobierno); y de que las respuestas no se publicarían de forma individual en el estudio. En el cuadro I.1 se presenta información técnica adicional sobre la EPCCBM.

En la encuesta se formularon 65 preguntas que abarcan una amplia gama de temas, como los datos demográficos de los estudiantes y su preparación para el programa; los requisitos de admisión y graduación; las características, contratación

Cuadro I.1 Algunos aspectos técnicos de la Encuesta de Programas de Ciclo Corto del Banco Mundial

La Encuesta de Programas de Ciclo Corto del Banco Mundial (EPCCBM) se administró en cinco países de América Latina y el Caribe: Brasil, Colombia, República Dominicana, Ecuador y Perú. En Brasil, dado el tamaño del país, la encuesta se centró en los estados de São Paulo y Ceará, que son notablemente diferentes entre sí. Mientras que São Paulo capta el 22 % de la población de Brasil, Ceará capta el 4 %. Por lo que respecta a Brasil en su conjunto, el producto interno bruto per cápita de São Paulo es aproximadamente un 50 % más alto; en Ceará, es un 50 % más bajo. En Perú, la encuesta se centró en los programas de ciclo corto (PCC) con licencia desde octubre de 2019 (el 17 % de todos los PCC del país). Los programas con licencia registran y cobran una matrícula más alta que los programas sin licencia. A lo largo de este libro, en la EPCCBM, Brasil se refiere a São Paulo y Ceará, y Perú a los programas con licencia.

Las fuentes y los años del universo de los PCC a efectos de la EPCCBM son los siguientes:

- Brasil: Censo de Educación Superior (en portugués, *Censo da Educação Superior*), 2017.
- Colombia: Sistema Nacional de Información de la Educación Superior, 2017.
- República Dominicana: Ministerio de Economía, Planificación y Desarrollo, 2019.
- Ecuador: Secretaría de Educación Superior, Ciencia, Tecnología e Innovación, 2019.
- Perú: Ministerio de Educación, 2019.

Durante la administración de la encuesta, el equipo de investigación descubrió que se habían suspendido algunos programas y se ofertaban otros nuevos, por lo que el universo de PCC se ajustó en consecuencia. Teniendo en cuenta el tamaño del universo (véase la tabla BI.1.1), se encuestaron muestras aleatorias en Brasil y Colombia, mientras que en el resto de los países se encuestó al universo de PCC. Las muestras se estratificaron por zona geográfica (cinco regiones en Colombia; dos estados en Brasil); tipo de institución (tres tipos en Colombia —institución universitaria + escuelas e institutos tecnológicos, instituciones técnicas profesionales y universidades— y cuatro tipos en Brasil —en portugués, *universidade, centro universitário, faculdade e instituto o centro federal*—); y tipo de administración (pública o privada). Ante la falta de un identificador geográfico en el universo de Brasil para los programas en línea, dichos PCC no se incluyeron en la encuesta. La tabla BI.1.1 presenta el universo y el tamaño de la muestra, así como las tasas de respuesta.

continúa en la siguiente página

Cuadro I.1 Algunos aspectos técnicos de la Encuesta de Programas de Ciclo Corto del Banco Mundial *(continuación)*

Dado que la información de las encuestas proviene de los directores de programas, el equipo de investigación siguió directrices de buenas prácticas para mitigar los problemas típicos de las encuestas autoinformadas. En primer lugar, las personas encuestadas recibieron una carta del equipo en la que se indicaba que sus respuestas serían confidenciales y anónimas, y que solo se presentarían de forma agregada, favoreciendo así la veracidad de los datos. En segundo lugar, en la carta se informaba de que la encuesta era obra del Banco Mundial y no de un órgano del Gobierno (como el Ministerio de Educación), con el objetivo de eliminar los posibles efectos negativos de información falsa y favorecer la veracidad de los datos. En tercer lugar, las preguntas se diseñaron para evitar algunos sesgos comunes. Por ejemplo, se refieren a un periodo específico (como el año académico anterior) para abordar los sesgos de memoria; son preguntas cerradas y, cuando es posible, incluyen menús desplegables con opciones específicas. En la medida de lo posible, el equipo cotejó las respuestas con los datos administrativos.

El equipo hizo pruebas para evaluar la representatividad de las muestras teniendo en cuenta la calibración adecuada de las ponderaciones de muestreo. En el caso de Brasil y Colombia, el interrogante es si las encuestas son representativas del universo. En los demás casos, la duda que se plantea es si las encuestas son representativas de sus muestras (que, a su vez, son representativas de sus universos). En todos los casos, el equipo de investigación comprobó que las encuestas eran representativas de sus universos (en Brasil y Colombia) o de sus muestras (en el resto de los países). En su documento de referencia para este informe, Dinarte *et al.* (2021) presentan más información sobre las pruebas de representatividad.

Tabla BI.1.1 Universos, muestras y tasas de respuesta, por país

País	*Tamaño del universo*	*Tamaño de la muestra*	*Programas suspendidos*	*Encuestas*	*Tasa de respuesta (%)*
Brasil	2.388	1.205	266	603	64
Colombia	2.130	1.314	207	900	81
República Dominicana	209	209	116	80	86
Ecuador	543	543	59	294	61
Perú	387	387	9	228	60
Total	5.657	3.658	657	2105	70

Fuente: Cálculos del equipo de investigación, basados en datos de la Encuesta de Programas de Ciclo Corto del Banco Mundial (EPCCBM).

y evaluación del plantel docente; el plan de estudios y la formación práctica; la infraestructura; las clases en línea; los costos y la financiación; la supervisión y regulación; la gobernanza institucional; la relación con el sector privado; el apoyo a la búsqueda de empleo; la competencia; y los resultados académicos y del mercado laboral.

La EPCCBM ha generado una gran cantidad de información y ha permitido caracterizar el sector de los PCC con mucha mayor profundidad de lo que había sido posible anteriormente. La información se presenta en este libro.

Estructura del libro

Para responder a las necesidades de las personas, los empleadores y las autoridades responsables del diseño de las políticas, los PCC en ALC deben ser de alta calidad y responder con flexibilidad a las necesidades del mercado. Por ello, este estudio describe el sector de los PCC en ALC e investiga los resultados, la calidad y la oferta de los PCC.

Del mismo modo que los PCC no han recibido mucha atención política en el pasado, tampoco han recibido mucha atención por parte de la investigación.[6] Dado que la mayor parte de la investigación sobre educación superior estudia los programas universitarios, tanto en el mundo desarrollado como en los países en desarrollo, los PCC son un segmento poco estudiado del mercado de la educación superior. Durante la divulgación de trabajos anteriores sobre la educación superior en ALC[7], que se centran en los programas universitarios, las conversaciones con las autoridades responsables del diseño de las políticas, los líderes empresariales y los administradores y docentes de educación superior demostraron lo importante —y poco conocido— que es el segmento de los PCC. Este estudio pretende suplir dicho vacío. Además, el estudio supone una contribución única a la literatura sobre PCC por su alcance geográfico, sus datos y su enfoque. Si bien las mejores investigaciones actuales sobre PCC en países desarrollados tienden a centrarse en una única zona geográfica dentro de un país (por ejemplo, un estado dentro de Estados Unidos),[8] este estudio se centra en varios países de ALC, y explota y combina datos variados de diversas fuentes, inclusives los datos administrativos y la novedosa EPCCBM. Asimismo, aunque las investigaciones anteriores se han centrado poco en la heterogeneidad entre programas —en particular, en las prácticas—, este estudio documenta y analiza la variación de los PCC entre países, tipos de institución de educación superior (IES), áreas de conocimiento y ubicaciones subnacionales.

El libro se ha organizado de la siguiente manera. El capítulo 1 describe el panorama de los PCC en ALC. Presenta hechos estilizados destacados de los PCC en ALC, en comparación con otras regiones, y aporta datos iniciales sobre su promesa académica y laboral. El capítulo también describe el perfil de los estudiantes, la financiación y los acuerdos institucionales de los PCC.

El capítulo 2 analiza una dimensión de la calidad de los PCC: su retorno económico. El capítulo analiza múltiples métricas: retornos mincerianos, retornos netos a lo largo de la vida, contribuciones al valor agregado y efectos del tratamiento. También analiza la demanda de graduados de PCC mediante el uso de datos sobre vacantes.

El capítulo 3 investiga el lado de la oferta del sector. Analiza las decisiones de las instituciones sobre la creación o suspensión de PCC, cómo compiten entre sí y cómo varía la oferta de PCC en localidades de distinto tamaño. A partir de la EPCCBM, el capítulo analiza los aspectos del diseño de los programas: las características y las prácticas que los programas eligen tener, incluidos los estudiantes, el plantel docente, el plan de estudios y la formación, la infraestructura, las conexiones con el sector privado y el apoyo a la búsqueda de empleo de los estudiantes.

Teniendo en cuenta las características y prácticas de los programas que se documentan en el capítulo 3 y los retornos económicos descritos en el capítulo 2, el capítulo 4 investiga qué características y prácticas de los programas se asocian con buenos resultados. A partir de los resultados del estudio —que, por anticipado, demuestran que los PCC son prometedores, pero presentan diversas limitaciones—, el capítulo 5 analiza posibles políticas para subsanar las deficiencias de los PCC y cumplir su promesa.

Notas

1. *El Informe sobre Desarrollo Mundial 2019* del Banco Mundial explora estas cuestiones (Banco Mundial 2019).
2. En un informe anterior del Banco Mundial sobre la educación superior en ALC, Ferreyra *et al.* (2017) destacan la importancia de la variedad, junto con la calidad y equidad, para un buen sistema de educación superior.
3. La «década dorada» de ALC (2003-2013) se caracterizó por los altos precios de los productos primarios y las elevadas tasas de crecimiento. Después de este periodo, tanto los precios de los productos primarios como las tasas de crecimiento cayeron y nunca han vuelto a alcanzar sus niveles previos.
4. La UNESCO establece que el nivel CINE 5 tiene una duración mínima de dos años y, en el caso de los sistemas de educación superior en los que las credenciales se basan en la acumulación de créditos, se requiere un periodo de tiempo y una intensidad comparables para completar el nivel CINE 5. Véase http://uis.unesco.org/sites/default/files/documents/isced-2011-sp.pdf.
5. Ejemplos de programas son: tecnicatura en diseño de interiores de la Universidad Autónoma de Santo Domingo (República Dominicana), tecnicatura en estimulación temprana del Instituto Tecnológico de Riobamba (Ecuador) y tecnicatura en recursos humanos de la Universidad Paulista (Brasil). En algunos países de ALC, los programas se conocen como carreras.
6. Una excepción es de Moura Castro y García (2003), quienes exploran si los colegios comunitarios constituyen un modelo viable para ALC.
7. Ferreyra *et al.* (2017).
8. Véanse, por ejemplo, Jepsen, Troske y Coomes (2014); Liu, Belfield y Trimble (2015); Xu y Trimble (2016); Belfield (2015); y Dadgar y Trimble (2015).

Referencias

Banco Mundial. 2019. *Informe sobre el desarrollo mundial 2019: The Changing Nature of Work. World Development Report*. Washington, DC: Banco Mundial. https://openknowledge.worldbank.org/handle/10986/30435 License: CC BY 3.0 IGO.

Belfield, C. 2015. "Weathering the Great Recession with Human Capital? Evidence on Labor Market Returns to Education from Arkansas." Documento de trabajo de CAPSEE, Centro de Análisis de Educación Postsecundaria y el Empleo, Nueva York.

Beylis, G., R. Fattal-Jaef, R. Sinha, M. Morris, y A. Sebastian. 2020. *Going Viral: COVID-19 and the Accelerated Transformation of Jobs in Latin America and the Caribbean*. Estudios sobre América Latina y el Caribe del Banco Mundial. Washington, DC: Banco Mundial.

Dadgar, M., y Trimble, M. J. 2015. "Labor market returns to sub-baccalaureate credentials: How much does a community college degree or certificate pay?" *Educational Evaluation and Policy Analysis*, 37(4), 399-418.

de Moura Castro, C., y N. M. García. 2003. *Community Colleges: A Model for Latin America*. Washington, DC: Banco Interamericano de Desarrollo.

Dinarte, L., M.M. Ferreyra, M. Bassi, y S. Urzúa. 2021. "What Makes a Program Good? Evidence from Short Cycle Higher Education Programs in Latin America and the Caribbean." Banco Mundial, Washington, DC.

Ferreyra, M. M., C. Avitabile, J., Botero, F., Haimovich, y S. Urzúa. 2017. *At a Crossroads: Higher Education in Latin America and the Caribbean*. Washington, DC: Banco Mundial.

Jepsen, C., K. Troske, y P. Coomes. 2014. "The labor-market returns to community college degrees, diplomas, and certificates." *Journal of Labor Economics*, 32(1), 95-121.

Liu, V. Y., C. R. Belfield, y M. J. Trimble. 2015. "The medium-term labor market returns to community college awards: Evidence from North Carolina." *Economics of Education Review*, 44, 42-55.

Silva, J., L. Sousa, T. Packard, y R. Robertson. 2021. *Crises and Labor Markets in Latin America and the Caribbean: Lessons for an Inclusive Recovery from the COVID-19 Pandemic*. Washington, DC: Banco Mundial.

Xu, D., y M. Trimble. 2016. "What about certificates? Evidence on the labor market returns to nondegree community college awards in two states." *Educational Evaluation and Policy Analysis*, 38(2), 272-292.

CAPÍTULO 1

Panorama de los programas de ciclo corto en América Latina y el Caribe

María Marta Ferreyra[1]

Introducción

En su afán por formar capital humano calificado con rapidez, América Latina y el Caribe (ALC) recurre a los programas de ciclo corto (PCC), que no solo prometen una mayor productividad, sino también una mayor movilidad social y económica para millones de personas. Los resultados actuales de los PCC en el mercado laboral permiten vislumbrar su capacidad para alcanzar estos objetivos, así como su contexto institucional, que puede potenciar o restringir dicha capacidad.

Este capítulo describe el panorama de los PCC en ALC. El capítulo comienza describiendo su contexto institucional. A continuación, presenta algunos hechos estilizados. En primer lugar, el capítulo compara la prevalencia de los PCC en ALC con la de otras regiones del mundo. En segundo lugar, compara a los estudiantes de los PCC con los estudiantes de programas universitarios y los graduados de educación secundaria que no cursan estudios superiores. En tercer lugar, compara las tasas de graduación de los PCC y los programas universitarios. En cuarto lugar, compara los resultados de los PCC y los programas universitarios en el mercado laboral, distinguiendo entre los graduados y desertores de programas universitarios. A continuación, el capítulo analiza un aspecto institucional especialmente importante: la financiación pública por estudiante de los PCC con respecto a los programas universitarios. El capítulo concluye con una descripción del marco institucional, los estudiantes, la matrícula y la financiación en los países del estudio (Brasil, Colombia, la República Dominicana, Ecuador y Perú).

Los principales resultados son los siguientes:

- Los PCC son menos comunes en ALC que en otras regiones del mundo, ya que la participación de PCC en la matrícula de educación superior es menor en ALC que en la mayoría de las demás regiones. Además, la gran expansión de la educación superior que ha tenido lugar en ALC desde principios de los años 2000 ha estado muy orientada a los programas universitarios.

- Los estudiantes de PCC son más desfavorecidos y menos tradicionales que los de programas universitarios. Son ligeramente mayores, es más probable que sean mujeres y estén casadas, y que procedan de hogares de bajos ingresos. Sin embargo, son menos desfavorecidos que los que no cursan educación superior.
- A pesar de sus desventajas, los estudiantes de PCC se gradúan, en promedio, con tasas más altas que los estudiantes de programas universitarios. Además, los graduados de PCC obtienen mejores resultados en el mercado laboral (tasa de desempleo, empleo formal y salarios) que los desertores de programas universitarios. Se trata de un resultado de especial importancia, ya que los estudiantes que desertan los programas universitarios representan aproximadamente la mitad de las personas que empiezan a cursar estudios de educación superior en ALC.
- Los Gobiernos conceden un subsidio anual por estudiante más bajo a los PCC que a los programas universitarios. Dado que los programas universitarios duran más que los PCC, la diferencia es aún mayor en términos de subsidio total por estudiante. Este hecho podría haber generado una percepción pública de que los programas universitarios son más valiosos desde el punto de vista social que los PCC, lo que quizá haya contribuido involuntariamente al estigma preexistente de los PCC.
- En los países de la encuesta, el PCC promedio tiene un estudiantado compuesto mayoritariamente por estudiantes de género masculino y menores de 25 años. En Brasil y la República Dominicana, la mayoría de los estudiantes están matriculados a tiempo parcial; en los demás países del estudio, la mayoría están matriculados a tiempo completo. Los estudiantes acceden a la mayoría de los programas con carencias en matemáticas, lectura y escritura. En promedio, los programas son relativamente asequibles en Colombia, la República Dominicana y Ecuador, pero no tanto en Perú y Brasil. Aunque los estudiantes tienen acceso a algunos mecanismos de financiación, la mayoría autofinancia sus estudios en los PCC. No es de extrañar que los directores de programas señalen que el principal motivo de deserción de los estudiantes son las dificultades económicas. Aunque los programas afirman que ofrecen una vía de acceso a títulos más avanzados, son pocos los estudiantes que las cursan, lo que sugiere que las vías de acceso no son fluidas.

Panorama institucional

Antes de empezar, conviene hacer una aclaración sobre la definición de los PCC. Este libro sigue la Clasificación Internacional Normalizada de la Educación (CINE) de la Organización de las Naciones Unidas para la Educación, la Ciencia y la Cultura (UNESCO), que describe los PCC (CINE 5) como programas diseñados para dotar a los estudiantes de conocimientos, habilidades y competencias profesionales; orientados a ocupaciones específicas; más cortos, más prácticos y menos teóricos que los programas universitarios ; y cuyo objetivo principal es la preparación de los estudiantes para el mercado laboral.[2] Los programas de nivel CINE 5 son programas de educación superior; tienen una duración mínima de dos años, y no incluyen programas más cortos de formación profesional u ocupacional.[3]

En ALC, el panorama institucional de los PCC es bastante complejo. Los ejemplos de títulos de PCC abarcan desde higienista dental, fisioterapeuta y auxiliar de enfermería hasta técnico de redes, especialista en *marketing*, técnico de diseño y especialista en gestión y administración. En varios países, la educación también se incluye entre las áreas de conocimiento.[4] Además, engloban una serie de programas tradicionales e innovadores. Los programas tradicionales incluyen publicidad, hostelería y turismo, enfermería, mecánica de automóviles, logística, artes culinarias, diseño de moda, diseño gráfico y electrónica. Los programas más innovadores incluyen aeronáutica, diseño de aplicaciones, logística digital, animación digital, diseño de videojuegos, inteligencia de datos, seguridad de la información, diseño web, citohistología, ciberseguridad, biotecnología y redes sociales.

Los PCC suelen prolongarse dos o tres años, aunque en algunos países pueden durar hasta cuatro.[5] La mayoría de ellos se imparten en instituciones de educación superior (IES) no universitarias, como institutos técnicos y centros de formación profesional, aunque en algunos países también los ofertan las universidades.[6] Por ejemplo, en Brasil, Chile y Colombia, las IES universitarias y no universitarias pueden ofertar PCC, pero en Perú únicamente pueden hacerlo las IES no universitarias. En algunos países, el sector no universitario incluye una institución con cobertura nacional, que es pública en Colombia (Servicio Nacional del Aprendizaje, SENA) y privada en Brasil (el Sistema S) y Perú (Servicio Nacional de Adiestramiento en Trabajo Industrial, SENATI).[7]

El gráfico 1.1 muestra el número de IES no universitarias en cada país. A modo de comparación, también presenta el número de universidades, independientemente de que ofrezcan o no PCC. En los distintos países predominan diferentes tipos de IES. Las universidades son más numerosas que las IES no universitarias en México y Costa Rica, pero sucede lo contrario en Argentina, Brasil y Perú. Quizá a causa de esta variedad institucional, en la práctica, no suele haber ningún itinerario de acceso de los PCC a los programas universitarios —sobre todo entre las distintas IES— y las universidades rara vez se coordinan con las IES no universitarias. Los estudiantes de los PCC suelen seguir un plan de estudios estructurado, con poco margen para la adaptación del plan de estudios o las clases optativas. A modo de comparación, el cuadro 1.1 presenta una breve descripción del panorama institucional en Estados Unidos y Alemania.

En ALC, la mayoría de los estudiantes cursan estudios de educación superior en su lugar de residencia (Ferreyra *et al.* 2017), sobre todo en el caso de los PCC. Hay una variedad de IES públicas y privadas que ofrecen PCC. Los PCC en las IES públicas son gratuitos o están muy subsidiados. Las instituciones privadas cobran matrícula, aunque en países como Brasil, Chile, Colombia, Ecuador y

Gráfico 1.1 IES universitarias y no universitarias, *circa* 2019

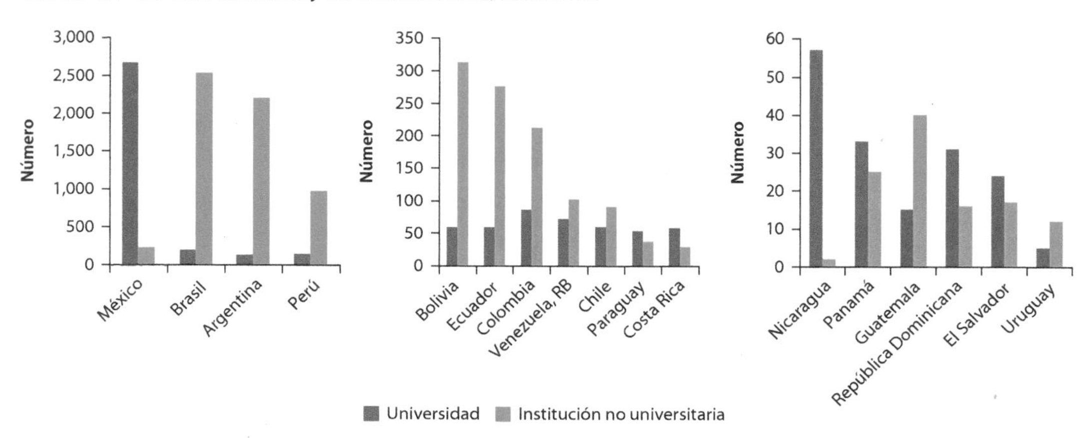

Fuente: Información administrativa para Brasil, Chile, Colombia, y Ecuador (véase el anexo 1A para información detallada); Brunner y Miranda 2016 para los demás países.

Nota: Los datos corresponden a los siguientes años: Argentina (2014), Bolivia (2014), Brasil (2018), Chile (2019), Colombia (2019), Costa Rica (2014), Ecuador (2018), El Salvador (2014), Guatemala (2014), México (2014), Nicaragua (2014), Panamá (2014), Paraguay (2014), Perú (2014), República Dominicana (2014), República Bolivariana de Venezuela (2014) y Uruguay (2014). En Chile y Colombia, las instituciones con varias sedes computan como una sola.

Cuadro 1.1 Programas de ciclo corto en Estados Unidos y Alemania

Estados Unidos. Los programas de ciclo corto (PCC) incluyen programas de dos años que conducen a títulos técnicos y que se imparten en instituciones no universitarias, como instituciones de educación superior de 2 años —*community colleges* o *junior colleges*—, institutos técnicos de formación profesional o institutos de perfeccionamiento profesional —*career colleges*—.[a] Los colegios comunitarios estadounidenses son instituciones públicas gestionadas a nivel estatal; entre otros proveedores, se incluyen instituciones privadas con y sin ánimo de lucro. Los colegios comunitarios y los proveedores con y sin ánimo de lucro concentran el 96 %, el 3 % y el 1 % de la cuota de mercado, respectivamente. En 2017-2018, el 44 % de los estudiantes de educación superior de Estados Unidos estaban matriculados en colegios comunitarios.

En los colegios comunitarios, los títulos técnicos, en principio, ofrecen un itinerario de acceso a los programas universitarios, aunque la coordinación necesaria entre los colegios comunitarios y las universidades no tiene el mismo éxito en todos los estados e instituciones (Bailey, Jaggars y Jenkins 2015). Los títulos técnicos suelen tener un plan de estudios muy flexible, «al estilo bufé», que permite a los estudiantes elegir entre una amplia variedad de materias y confeccionar su propio título. Bailey, Jaggars y Jenkins (2015) analizan las consecuencias negativas de este modelo y presentan casos de éxito de planes de estudios estructurados.

Alemania. La educación y formación profesional goza de gran popularidad en Alemania, ya que muchos estudiantes de primer y segundo ciclo de educación secundaria optan por el sistema dual, que ofrece formación en el lugar de trabajo y en el aula. Además, la formación

continúa en la siguiente página

Cuadro 1.1 Programas de ciclo corto en Estados Unidos y Alemania *(continuación)*

profesional también se imparte a nivel de educación postsecundaria no superior. A nivel de educación superior, este tipo de formación se oferta como PCC en instituciones de dos años (en alemán, *Fachschulen*) que se especializan en una o varias materias y con frecuencia ofrecen una formación dual. La mayor parte de la formación profesional y técnica en Alemania no se imparte en centros de educación superior, sino en centros de educación secundaria o postsecundaria no superior.

Fuente: Centro Nacional de Estadísticas de Educación de Estados Unidos (https://nces.ed.gov/ipeds/TrendGenerator/app/answer/2/3?f=1%3D5&rid=5&cid=16); Community College Research Center (https://ccrc.tc.columbia.edu/Community-College-FAQs.html); Nota de país - Alemania, Education GPS, OCDE (https://gpseducation.oecd.org/Content/EAGCountryNotes/EAG2020_CN_DEU.pdf).
Nota. a. En América Latina y el Caribe, solo los países caribeños tienen colegios comunitarios.

Perú, los Gobiernos facilitan el acceso a los PCC privados mediante becas, subsidios por matrícula o préstamos estudiantiles (Sevilla 2017). Solo Brasil, Chile, Costa Rica, Haití, México y Perú permiten que haya IES con ánimo de lucro. En su mayor parte, los PCC son programas de matrícula abierta y no selectivos, aunque exigen algunos requisitos de admisión.

Los PCC suelen depender del Ministerio de Educación. Están sujetos a procedimientos de garantía de la calidad similares a los de los programas universitarios; se trata de procedimientos que, en general, no tienen en cuenta los resultados del programa, como la empleabilidad y los ingresos iniciales. Sin embargo, durante los últimos años, Colombia, Chile y Perú han desarrollado sistemas de información que publican los resultados en sitios web públicos, a nivel de programa o de forma más agregada.

Las IES privadas absorben el 48 % de los estudiantes de PCC en ALC (gráfico 1.2). Sin embargo, la participación de la matrícula en IES privadas varía mucho entre los países, desde más del 75 % en El Salvador, Brasil, Chile y Perú, hasta menos del 20 % en Uruguay, Nicaragua y Colombia.

Cinco hechos estilizados

En esta sección se describen los principales hechos estilizados de los PCC en ALC. Conviene precisar algunas definiciones. La población en edad de trabajar (PET) de un país determinado se define como el conjunto de personas de entre 25 y 65 años. Para algunos análisis, la atención recae sobre personas de la PET con al menos un título de graduado de educación secundaria, y se clasifican en cinco niveles de logro educativo: educación secundaria, PCC incompleto («deserción del PCC»), PCC completo («graduación del PCC»), programa universitario incompleto («deserción del programa universitario»),[8] y programa universitario completo («graduación del programa universitario»).[9] Se considera que las personas que iniciaron estudios de educación superior, los hayan completado o no, tienen «por lo menos, algunos estudios de educación

Gráfico 1.2 Matrícula en programas de ciclo corto en instituciones públicas y privadas, *circa* 2018

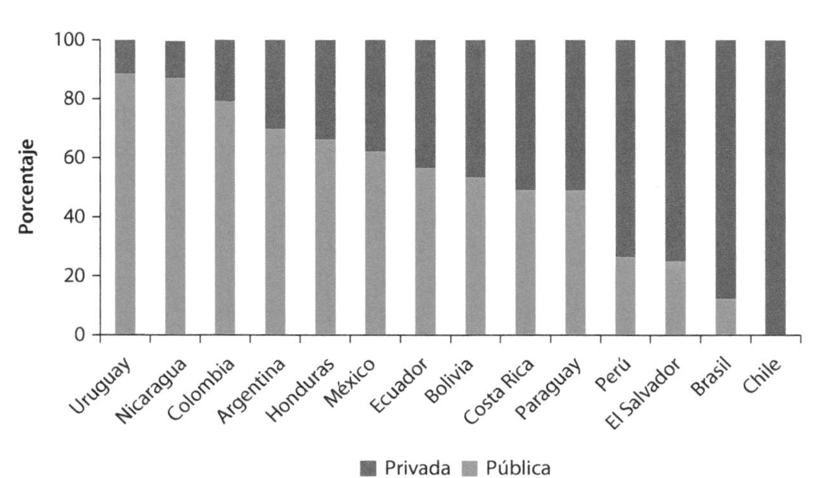

Fuente: Cálculos del Banco Mundial, basados en SEDLAC, y datos administrativos para Brasil y Colombia (véase el anexo 1A).
Nota: Para cada país, el gráfico muestra el porcentaje de todos los estudiantes de programas de ciclo corto (PCC), independientemente de la edad, matriculados en instituciones de educación superior (IES) públicas o privadas. En el caso de Colombia, «públicas» incluye el Servicio Nacional de Aprendizaje (SENA). Los datos corresponden a los siguientes años: Argentina (2018), Bolivia (2018), Brasil (2018), Colombia (2018), Chile (2017), Costa Rica (2018), El Salvador (2018), Honduras (2016), México (2018), Nicaragua (2014), Paraguay (2018), Perú (2018) y Uruguay (2018).

superior». Las estadísticas a escala nacional reflejan un promedio sobre las personas; las estadísticas para toda la región reflejan un promedio simple sobre los países, excepto cuando se indique lo contrario. Algunos de los datos que se presentan a continuación y en otras partes de este libro proceden de una fuente de datos fundamental: SEDLAC (cuadro 1.2).

Hecho estilizado 1. ALC ha registrado una gran y rápida expansión de la educación superior desde principios de los años 2000.

En el nuevo milenio, las tasas brutas de matrícula en educación superior han crecido en todas las regiones del mundo (gráfico 1.3). Su promedio mundial se ha duplicado, y ha pasado del 19 % en 2000 al 38 % en 2017. El crecimiento en el mismo período fue aún mayor en ALC, donde la tasa bruta de matrícula se duplicó con creces, al aumentar del 23 % al 52 % (Ferreyra *et al.* 2017).

Hecho estilizado 2. ALC tiene relativamente pocos estudiantes matriculados en PCC.

En promedio, el 24 % de los estudiantes de educación superior en el mundo en la actualidad están matriculados en PCC (gráfico 1.4). La participación de estudiantes de educación superior que están matriculados en PCC (es decir, la participación de matrícula en PCC) disminuyó en todas las regiones entre

Cuadro 1.2 Fuente de datos fundamental: SEDLAC

Gran parte del análisis de este libro se basa en los microdatos de las encuestas de hogares de los países de América Latina y el Caribe (ALC). Los datos proceden de SEDLAC, la base de datos socioeconómicos de América Latina y el Caribe. Esta base de datos fue elaborada por el Centro de Estudios Distributivos, Laborales y Sociales de la Universidad Nacional de La Plata (Argentina) y la sección de Pobreza del Banco Mundial para la región de ALC. Dado que los microdatos brutos de las encuestas de hogares no son uniformes en todos los países de ALC, SEDLAC los armoniza para brindar información comparable entre países y a lo largo del tiempo, a partir del uso de definiciones similares de las variables en cada país/año, y la aplicación de métodos coherentes de procesamiento de datos (CEDLAS y Banco Mundial 2014).

Los datos armonizados son sumamente útiles para muchos análisis. De hecho, Ferreyra et al. (2017) se basan en gran medida en estos datos para estudiar la educación superior en ALC. Sin embargo, la utilidad de los datos es limitada para este libro porque los datos armonizados eliminan la distinción entre programas universitarios y programas de ciclo corto (PCC), al agruparlos en una sola categoría de educación superior. En consecuencia, no resulta claro si un estudiante dado de educación superior está matriculado en un PCC o ha finalizado un PCC. Para superar este obstáculo, este libro utiliza los datos brutos, no armonizados, y se basa en los cuestionarios específicos por país de las encuestas de hogares para identificar la matrícula en PCC y los títulos de PCC.

Aun así, sigue habiendo un par de cuestiones por resolver. En primer lugar, la encuesta original no identifica por separado la matrícula en PCC en Brasil, Colombia, la República Dominicana y Guatemala, ni los graduados de PCC en Brasil, la República Dominicana y Guatemala. Por ello, este libro utiliza datos administrativos siempre que es factible (véase el anexo 1A). En segundo lugar, los datos no indican si las personas se han graduado en educación superior en Bolivia, México y Nicaragua, sino el tipo de programa (PCC o programa universitario) en el que estaban matriculados y durante cuántos años. La finalización se imputa en función del número de años matriculados en educación superior, con distintas franjas de tiempo para la finalización de los PCC y programas universitarios.

2000 y 2017. En otras palabras, en la reciente expansión mundial de la educación superior, la matrícula en los programas universitarios ha crecido más que la matrícula en los PCC.

A pesar de esta disminución mundial, la participación actual de matrícula en PCC varía mucho entre las regiones. Entre las siete regiones representadas en el gráfico 1.4, Asia oriental y el Pacífico tiene la mayor participación de matrícula en PCC (34 %), mientras que ALC tiene la segunda más baja (9 %). Además, la participación de matrícula en PCC de ALC se ha reducido casi a la mitad desde el año 2000, y ha disminuido en aproximadamente dos tercios de los países de ALC (gráfico 1.5).

Gráfico 1.3 Tasa bruta de matrícula en educación superior, 2000, 2010 y 2017

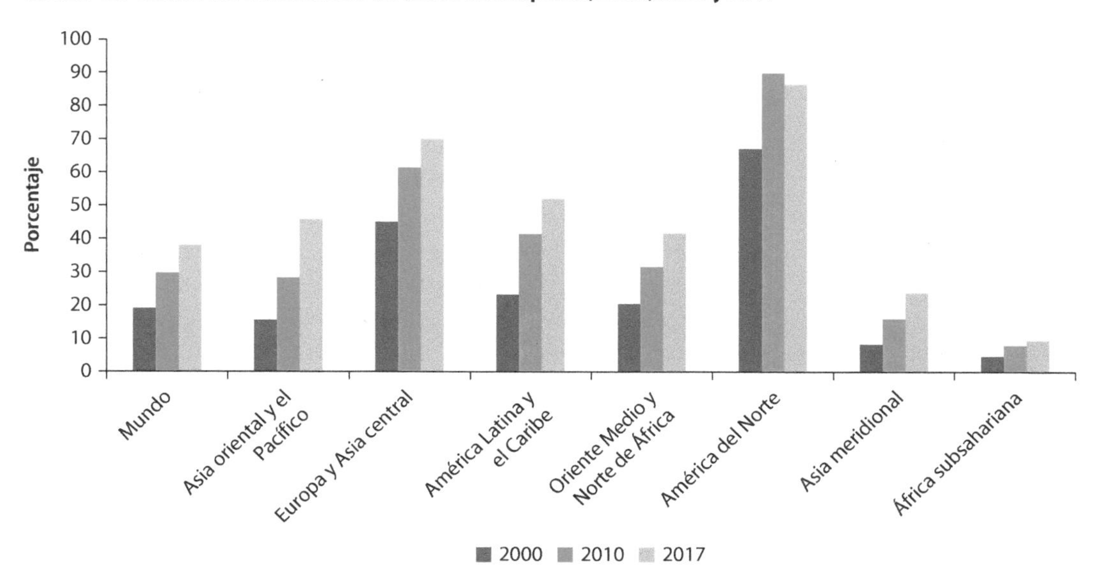

Fuente: Indicadores de Desarrollo Mundial, basados en datos de la Organización de las Naciones Unidas para la Educación, la Ciencia y la Cultura.
Nota: Para cada región, la tasa bruta de matrícula corresponde al promedio ponderado entre los países de la región.

Gráfico 1.4 Estudiantes matriculados en programas de ciclo corto con respecto a la matrícula total en educación superior, 2000, 2010 y 2017

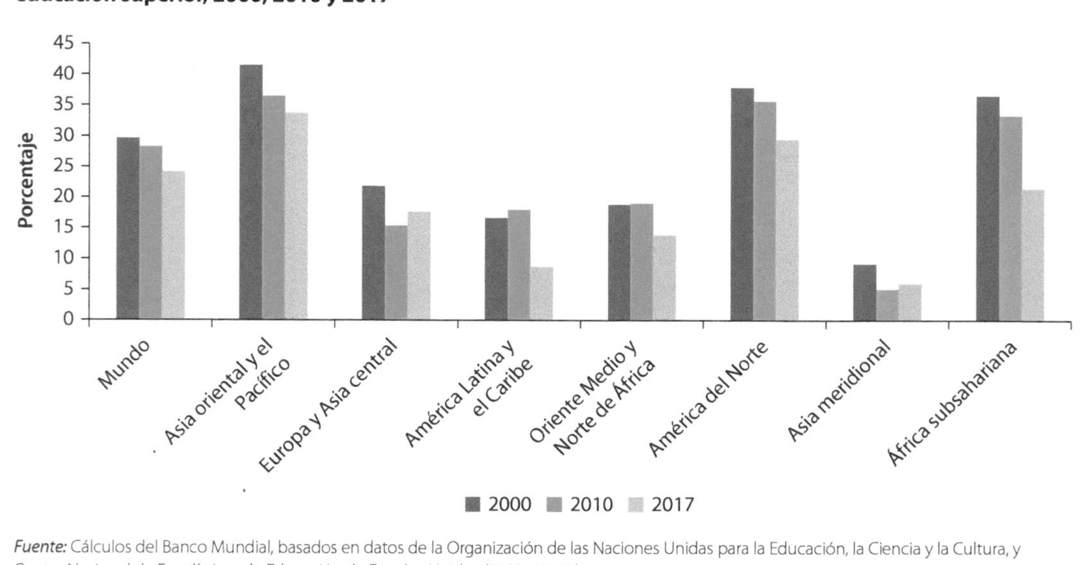

Fuente: Cálculos del Banco Mundial, basados en datos de la Organización de las Naciones Unidas para la Educación, la Ciencia y la Cultura, y Centro Nacional de Estadísticas de Educación de Estados Unidos (2000 y 2010).
Nota: El gráfico muestra el porcentaje de estudiantes matriculados en programas de ciclo corto (PCC) (CINE 5) con respecto a la matrícula total en educación superior (CINE 5-8), independientemente de la edad. La matrícula total incluye los programas de postgrado. Cada región muestra el promedio ponderado de los países correspondientes.

Gráfico 1.5 Estudiantes de educación superior en programas de ciclo corto, *circa* 2004 y 2018 (%)

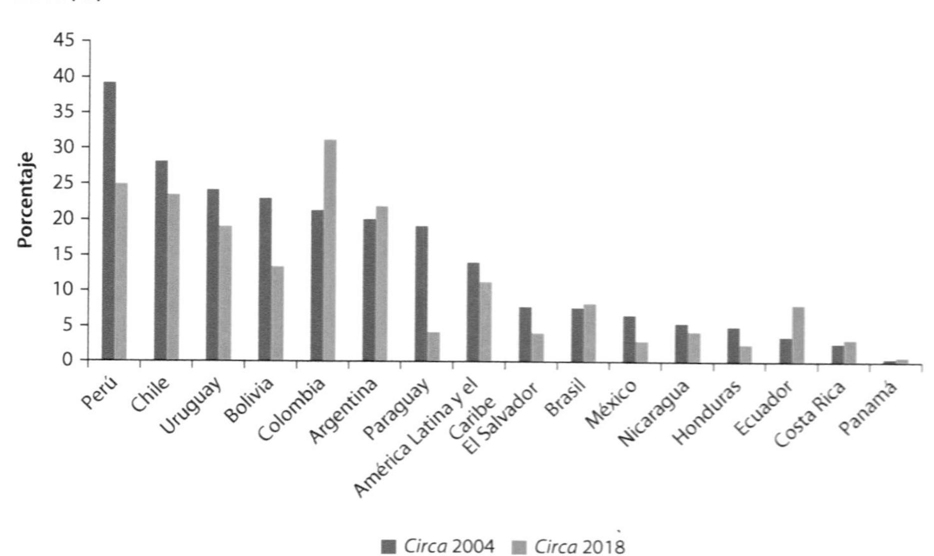

Fuente: Cálculos del Banco Mundial, basados en la base de datos socioeconómicos para América Latina y el Caribe (SEDLAC), y datos administrativos para Brasil y Colombia (véase el anexo 1A).
Nota: Las barras de color azul (anaranjado) muestran el porcentaje de personas de entre 18 y 24 años matriculadas en PCC con respecto a todas las personas de entre 18 y 24 años matriculadas en educación superior en 2004 (2018). Los datos corresponden a los siguientes años: Argentina (2003, 2018), Bolivia (2005, 2018), Brasil (2004,2018), Chile (2006, 2017), Colombia (2004, 2018), Costa Rica (2004, 2018), Ecuador (2008, 2018), El Salvador (2003, 2018), Honduras (2005, 2016), México (2004, 2018), Nicaragua (2001, 2014), Panamá (2004, 2016), Paraguay (2004, 2018), Perú (2003, 2018) y Uruguay (2006, 2018).

Hecho estilizado 3. Los PCC tienden a atraer a estudiantes desfavorecidos y no tradicionales.

A la hora de elegir un programa de educación superior, los estudiantes se distribuyen entre los PCC y los programas universitarios en función de múltiples factores personales, como el nivel socioeconómico, las preferencias, el lugar de residencia y los compromisos familiares. La selección también depende de la disponibilidad de programas universitarios y de PCC en su lugar de residencia, así como de su capacidad para trasladarse a otro lugar. Como resultado de la selección, los estudiantes de PCC son, en promedio, diferentes de los estudiantes de programas universitarios. Es más probable que los estudiantes de PCC sean mujeres, sean ligeramente más mayores y residan en localidades menos urbanas (tabla 1.1).[10] También es más probable que tengan cónyuge y trabajen al mismo tiempo que estudian, aunque es menos probable que los que trabajan lo hagan a tiempo completo. Además, es más probable que los estudiantes de PCC se sitúen en el 80 % inferior de la distribución de ingresos y mucho menos probable que se sitúen en el 20 % superior. En resumen, los estudiantes de PCC son más desfavorecidos que los de programas universitarios.

La comparación con los graduados de educación secundaria que no cursan educación superior indica que hay más probabilidades de que las mujeres cursen

Tabla 1.1 Características de los estudiantes de PCC, de programas universitarios y de graduados de educación secundaria, *circa* 2018

	Estudiantes de programas universitarios	*Estudiantes de PCC*	*Graduados de educación superior, nunca matriculados*
Mujeres (%)	54,4	63,1	50,1
Edad (años)	24,0	24,9	35,9
Zona urbana (%)	90,3	80,8	81,1
Con cónyuge (%)	14,5	22,6	57,2
Empleo (%)	41,8	43,6	70,6
Tiempo completo (%)	56,7	54,4	73,9
Ingresos Q1 (%)	8,9	14,4	16,8
Ingresos Q2 (%)	13,1	17,0	21,1
Ingresos Q3 (%)	19,0	23,5	22,3
Ingresos Q4 (%)	23,9	25,9	22,2
Ingresos Q5 (%)	35,0	19,3	17,6

Fuente: Cálculos del Banco Mundial, basados en la base de datos socioeconómicos para América Latina y el Caribe (SEDLAC).
Nota: La tabla muestra los promedios de las características de los estudiantes matriculados en programas universitarios y PCC, y de los graduados de educación secundaria que nunca han cursado estudios de educación superior, independientemente de la edad. Se muestran los promedios simples sobre los países de ALC. «Zona urbana» indica el porcentaje de estudiantes que residen en zonas urbanas. «Empleo» indica si los estudiantes trabajan a tiempo completo o parcial. Un trabajador a tiempo parcial (a tiempo completo) trabaja menos de (al menos) 40 horas a la semana. «A tiempo completo» indica el porcentaje de estudiantes que trabajan a tiempo completo, en caso de tener empleo. «Ingresos Q1» indica el porcentaje de estudiantes en el quintil 1 de la distribución de ingresos (20 % inferior), y de igual forma para los quintiles restantes. Los quintiles de la distribución de ingresos corresponden a los ingresos totales de los hogares (ingreso total familiar). Las diferencias en las características promedio entre estudiantes de programas de ciclo corto (PCC) y de programas universitarios son significativamente diferentes de cero. Las diferencias en las características promedio entre estudiantes de PCC y de graduados de educación secundaria son significativamente diferentes de cero, con la excepción de las zonas urbanas y los ingresos Q1, Q3, Q4 y Q5.

educación superior que los hombres, y que las personas cursan educación superior cuando son relativamente jóvenes. En comparación con los estudiantes de educación superior, es más probable que los graduados de educación secundaria tengan cónyuge, tengan un empleo y trabajen a tiempo completo. Asimismo, es más probable que los graduados de educación secundaria se sitúen en el 40 % inferior de la distribución de ingresos.[11] En otras palabras, son aún más desfavorecidos que los estudiantes de PCC.

El hecho de que los PCC atraigan a estudiantes de un nivel económico más bajo que los estudiantes de programas universitarios puede haber contribuido a la estigmatización de los PCC en la región, ya que pueden considerarse menos exigentes y valiosos que los programas universitarios. Al mismo tiempo, el empuje de los PCC para atraer a más estudiantes desfavorecidos y no tradicionales refleja su capacidad para atender a un segmento de mercado cualitativamente diferente: un segmento que necesita una formación flexible, rápida y práctica.

Hecho estilizado 4. Las tasas de graduación son más altas en los PCC que en los programas universitarios.

En promedio, las tasas de graduación son más altas en los PCC que en los programas universitarios (57 % y 46 %, respectivamente). Los PCC tienen tasas de graduación más altas en todos los países de la región, excepto en México, Panamá y Honduras (gráfico 1.6).[12] Este hecho contrasta con el caso de Estados Unidos, donde los PCC tienen tasas de graduación más bajas que los programas universitarios (33 % y 62 %, respectivamente).[13] Hay varios factores que podrían explicar este contraste. En primer lugar, dado que ALC tiene una mayor proporción de estudiantes de educación superior matriculados en programas universitarios en comparación con Estados Unidos, es posible que muchos de estos estudiantes tengan pocas perspectivas de finalizar sus estudios.[14] En segundo lugar, los estudiantes de programas universitarios en ALC deben elegir un programa (especialización) durante su primer año en lugar de cursar clases de enseñanza general como en Estados Unidos. Esto significa que, si los estudiantes quisieran cambiar de programa, tendrían que empezar un nuevo programa desde cero, una rigidez que puede llevar a que los estudiantes interesados en cambiar de programa decidan desistir de cursar estudios de educación superior. En tercer lugar, los servicios de apoyo y orientación a los estudiantes pueden ser más deficientes en

Gráfico 1.6 Tasas de graduación, *circa* 2018

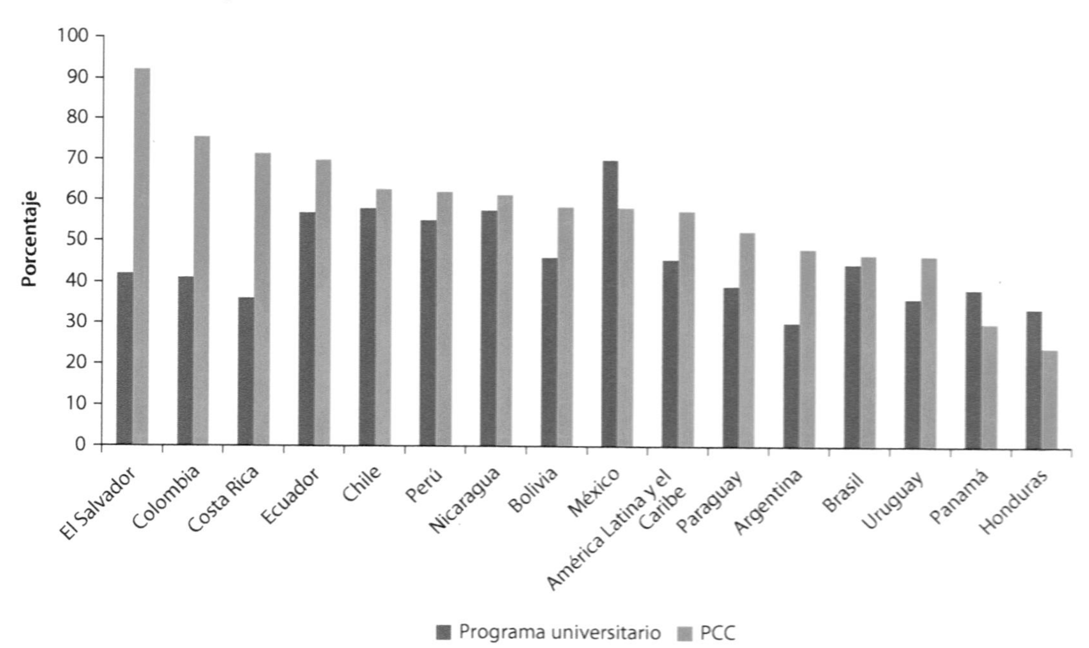

Fuente: Cálculos del Banco Mundial, basados en la base de datos socioeconómicos para América Latina y el Caribe (SEDLAC), y datos administrativos para Brasil y Colombia.
Nota: Los datos corresponden a los siguientes años: Argentina (2018), Bolivia (2018), Chile (2017), Costa Rica (2018), Ecuador (2018), El Salvador (2018), Honduras (2016), México (2018), Nicaragua (2014), Panamá (2016), Paraguay (2018), Perú (2018) y Uruguay (2018). Las tasas de graduación se estiman como la proporción de número de personas de entre 25 y 29 años que han cursado y finalizado un programa de educación superior por número de personas de entre 25 y 29 años que alguna vez se han matriculado en un programa de educación superior. Para todos los países, la diferencia entre las dos tasas de graduación es significativamente diferente de cero. En Colombia y Brasil, las tasas de graduación de los programas universitarios son la proporción de número promedio de graduados en 2014, 2015 y 2016 por número de nuevos estudiantes en 2010. Las tasas de graduación de los programas de ciclo corto (PCC) son la proporción de número promedio de graduados en 2012, 2013 y 2014 por número de nuevos estudiantes en 2010.

ALC que en Estados Unidos, lo que complica la identificación de estudiantes con dificultades y asistencia. En cuarto lugar, los programas universitarios son más largos en ALC que en Estados Unidos (nominalmente duran al menos cinco años), lo que podría generar tasas de deserción relativamente altas.

Naturalmente, el hecho de que los PCC tengan tasas de graduación más altas que los programas universitarios en ALC también podría indicar que los PCC tienen estándares de graduación más bajos, tal vez para dar cabida a un conjunto de estudiantes más desfavorecido. Sin embargo, como muestra el siguiente hecho estilizado, los graduados de PCC en ALC obtienen mejores resultados en el mercado laboral que muchos estudiantes de programas universitarios, lo que sugiere que, incluso si tienen estándares bajos, los PCC aumentan el capital humano de los estudiantes.

Hecho estilizado 5. En el mercado laboral, los graduados de PCC obtienen mejores resultados que los graduados de educación secundaria y los desertores de programas universitarios.

El gráfico 1.7, panel a, muestra la tasa de desempleo de los miembros de la PET con al menos un título de graduado de educación secundaria. Los graduados de PCC tienen la tasa de desempleo más baja (3,7 %) de los cinco niveles de logro educativo.[15]

Gráfico 1.7 Resultados del mercado laboral, por nivel de logro educativo, *circa* 2018

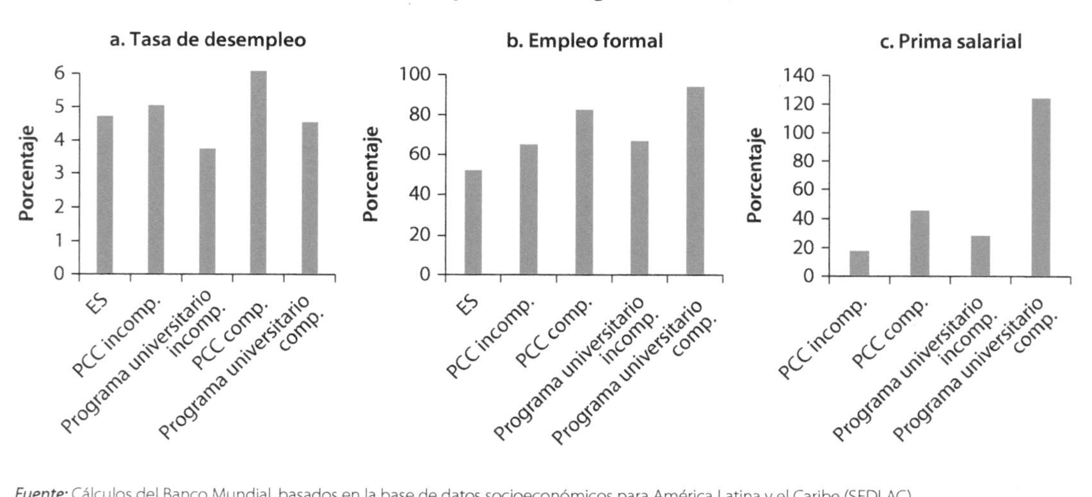

Fuente: Cálculos del Banco Mundial, basados en la base de datos socioeconómicos para América Latina y el Caribe (SEDLAC).
Nota: Los gráficos muestran los resultados promedio del mercado laboral para la PET, que se define como las personas de entre 25 y 65 años, en función de su nivel de logro educativo. Programa universitario completo también incluye a personas con títulos de postgrado. Para cada nivel de logro educativo, la barra correspondiente muestra el resultado promedio simple sobre los países. El panel a muestra la tasa de desempleo (porcentaje de personas desempleadas con respecto a la PET). El panel b muestra el porcentaje de personas que tienen un empleo formal. Los trabajadores informales comprenden los trabajadores asalariados en empresas de hasta cinco empleados, trabajadores por cuenta propia con un título de graduado de educación secundaria como máximo y trabajadores sin ingresos declarados. En el panel c, la prima de cada categoría refleja el porcentaje por el que el salario promedio (por hora) de dichas categorías supera el salario promedio (por hora) de los graduados de educación secundaria. La diferencia entre PCC completo y programa universitario incompleto es significativamente diferente de cero en los paneles a, b y c. La diferencia entre PCC completo y programa universitario completo es significativamente diferente de cero en el panel c, a diferencia de los paneles a y b. Comp. = completo; ES = educación secundaria; Incomp. = incompleto; PCC = programa de ciclo corto.

En ALC, en promedio, el 48 % de la PET está compuesta por trabajadores informales. Se trata de trabajadores asalariados en empresas de hasta cinco empleados, trabajadores por cuenta propia con un título de graduado de educación secundaria como máximo y trabajadores con ingresos no declarados. Mientras que, en promedio, el 52 % de los graduados de educación secundaria trabajan en el sector formal (gráfico 1.7, panel c), esta cifra aumenta hasta el 82 % en el caso de los graduados de PCC. El empleo formal de los graduados de PCC es menor que el de los graduados de programas universitarios, pero es considerablemente mayor que el de los desertores de programas universitarios.

En promedio, los salarios por hora de los graduados de PCC son un 45 % más altos que los de los graduados de educación secundaria (gráfico 1.7, panel d). Esta prima es ciertamente inferior a la de los graduados de programas universitarios, para quienes equivale a un 124 %. Sin embargo, es mayor que la prima de los desertores de programas universitarios.[16]

Aunque el gráfico 1.7 señala que los graduados de programas universitarios, en promedio, obtienen los mejores resultados en el mercado laboral entre las personas que, al menos, han cursado la educación secundaria, también señala que dichas personas deben graduarse de un programa universitario para obtener tales resultados. Si no se gradúan, los resultados son peores, en promedio, que los de los graduados de PCC. En otras palabras, un PCC puede ser una mejor opción para estudiantes con un alto riesgo de desertar de un programa universitario. Dado que aproximadamente la mitad de los estudiantes de educación superior de la región desertan de un programa universitario,[17] este resultado es particularmente importante.

En resumen, en promedio, ALC tiene pocos estudiantes matriculados en PCC. La reciente expansión de la educación superior, lejos de resolver este problema, puede haberlo acentuado al aumentar la matrícula en programas universitarios a una tasa mayor que en PCC. Aunque los PCC tienden a atraer, en promedio, a estudiantes desfavorecidos y no tradicionales, tienen tasas de graduación más altas que los programas universitarios, lo que posiblemente indique el atractivo de los programas de educación superior cortos, flexibles y prácticos. Los resultados de los graduados de PCC en el mercado laboral no solo son mejores que los de los graduados de educación secundaria, sino que también superan los resultados que obtienen los desertores de programas universitarios, lo que podría indicar que existe un desajuste entre las habilidades desarrolladas por la educación superior y las demandadas por los mercados laborales actuales.

Un aspecto institucional fundamental: la financiación

Teniendo en cuenta los resultados positivos de los PCC, cabe preguntarse por qué no los cursan más estudiantes. Son varias las respuestas posibles, como el estigma social de los PCC con respecto al prestigio de los programas universitarios y la falta de información sobre los resultados de los PCC con respecto a los de los programas universitarios. Otra posibilidad es que los PCC sean menos asequibles que los programas universitarios.

El gráfico 1.8, panel a, muestra la matrícula promedio en los PCC y los programas universitarios en IES públicas y privadas de varios países de ALC. Puesto que las IES públicas reciben financiación de fuentes públicas, pueden cobrar matrículas más bajas que las IES privadas, tanto en los programas universitarios como en los PCC. Las IES privadas cobran más por los programas universitarios que por los PCC, probablemente debido al mayor costo de los primeros. En cambio, las IES públicas cobran lo mismo, o casi lo mismo, por ambos tipos de programas.

El hecho de que las IES públicas cobren una matrícula similar por ambos tipos de programas podría sugerir que los Gobiernos subsidian a los PCC y los programas universitarios en la misma medida, pero no es así. Asumiendo que las IES privadas cobran una matrícula equivalente a su costo, la diferencia entre la matrícula pública y privada promedio puede considerarse como un indicador del subsidio promedio por estudiante que el Gobierno otorga a cada tipo de programa.

El gráfico 1.8, panel b, muestra que los subsidios de las IES públicas a los programas universitarios son mucho mayores que a los PCC; se multiplican por 3,6 en Perú, 3 en Colombia y 1,50 en Brasil. En otras palabras, aunque la matrícula de las IES públicas sea similar para ambos tipos de programas, el hecho de que el costo de los programas universitarios sea mayor implica que los Gobiernos otorgan un subsidio por estudiante más elevado, en términos absolutos, a los programas universitarios.[18]

Gráfico 1.8 Costos promedio de matrícula y subsidio promedio por estudiante, por tipo de programa, *circa* 2019

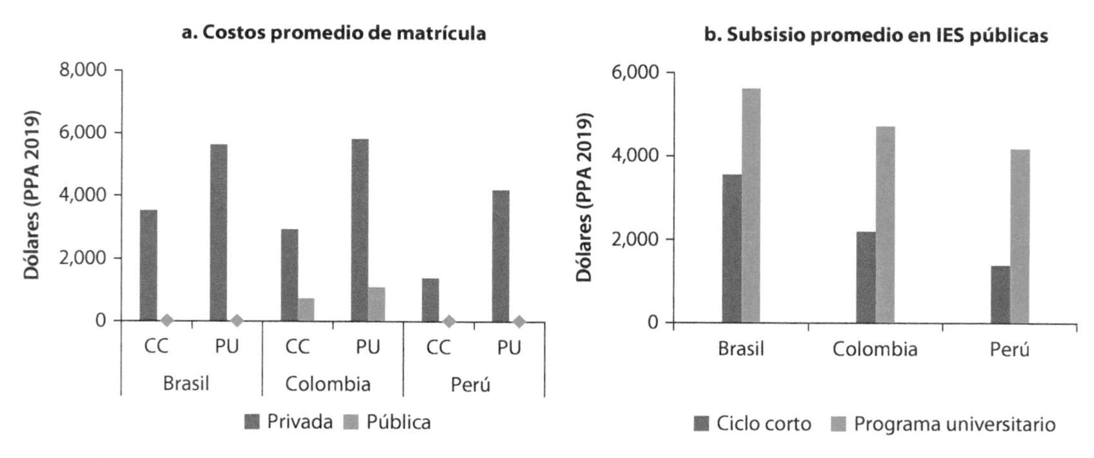

Fuente: Información administrativa de los países (véase el anexo 1A).
Nota: Todos los promedios son promedios simples sobre los programas. En el panel a, los rombos de color anaranjado indican la matrícula promedio con valor cero. En el caso de Colombia, la matrícula promedio en las instituciones públicas incluye los programas del Servicio Nacional de Aprendizaje (SENA), que no tienen costo de matrícula. En el panel b, para cada país, el subsidio promedio en IES públicas para programas universitarios es igual a los costos promedio de matrícula en las IES privadas —matrícula promedio en IES públicas, e igual para los PCC—. El gráfico incluye todos los estados de Brasil y todos los programas (con y sin licencia) de Perú. Todos los valores monetarios figuran en dólares (PPA 2019). CC = ciclo corto; IES = institución de educación superior; PPA = paridad del poder adquisitivo; PU = programa universitario.

Dado que los estudiantes de PCC son, en promedio, más desfavorecidos que los de programas universitarios, este sistema de subsidios es regresivo. El hecho de que los programas universitarios y PCC tengan una matrícula casi idéntica en las IES públicas podría llevar a muchos estudiantes a elegir programas universitarios para evitar el estigma de los PCC, a pesar de que estos últimos se ajusten mejor a sus necesidades. Por último, el propio estigma social podría ser una consecuencia del sistema de subsidios, ya que la asignación de un subsidio por estudiante más elevado a los programas universitarios podría indicar que estos tienen un mayor valor social que los PCC.

Instituciones y estudiantes en cinco países

Se llevó a cabo una encuesta novedosa y exclusiva a directores de PCC en cinco países de ALC: Brasil, Colombia, la República Dominicana, Ecuador y Perú. Estos países representan el 54 % de todas las matrículas de PCC en ALC. En Brasil, la encuesta se centró en dos estados: São Paulo y Ceará. Por lo tanto, los datos de la encuesta de Brasil corresponden a dichos estados. En Perú, la encuesta se centró en los programas con licencia. Parte de la encuesta preguntaba a los directores sobre sus estudiantes, los requisitos de admisión, la matrícula y la financiación. Antes de presentar los datos correspondientes, esta sección describe el panorama de los PCC en dichos países.

Panorama de los PCC

El anexo 1B describe el panorama de los PCC en los países enunciados. La participación de matrícula en PCC es superior al promedio de ALC (9 %) en todos los países, excepto en la República Dominicana. El número de IES que ofertan estos programas oscila entre 28 en la República Dominicana y 1.700 en Brasil. Si bien la participación de matrícula en PCC en ALC ha disminuido desde principios de los años 2000 en 10 de los 15 países (**sección Cinco hechos estilizados**), en todos los países del estudio se registra un aumento, excepto en Perú.

La presencia del sector privado varía mucho entre los países. En Brasil, el 86 % de las IES son privadas y aglutinan el 84 % de la matrícula en PCC. En Colombia, el 67 % de las IES son privadas, pero solo representan el 21 % de la matrícula. Esto se debe a que el SENA, la principal institución pública que oferta PCC en varias sedes, representa el 62 % de la matrícula, mientras que otras instituciones públicas reúnen el 17 % restante. Las IES con ánimo de lucro tienen permisos en Brasil (36 % de todos los PCC) y en Perú (77 % de los PCC con licencia).

En estos países son varias las instituciones de educación superior que imparten PCC. Las universidades participan en la oferta de PCC en Brasil, Colombia y la República Dominicana. En Perú, en cambio, los PCC dependen exclusivamente de instituciones de educación superior no universitarias. En los cinco países, los PCC dependen del Ministerio de Educación correspondiente, normalmente a través de una secretaría o un organismo específicos. Los distintos tipos de IES han desempeñado diferentes papeles en la reciente expansión de la matrícula en PCC en los países del estudio (cuadro 1.3).

Cuadro 1.3 ¿Qué instituciones han favorecido el crecimiento de la matrícula?

Entre los países de la encuesta, Colombia y Brasil han registrado el mayor crecimiento de la matrícula en programas de ciclo corto (PCC) durante la última década. Sin embargo, el crecimiento estuvo protagonizado por diferentes tipos de instituciones de educación superior (IES) en cada país. En Colombia, la principal responsable ha sido el Servicio Nacional de Aprendizaje (SENA), una institución pública que matricula el 62 % de los estudiantes de PCC (anexo 1B). El SENA no es una IES, sino un proveedor de formación profesional que depende del Ministerio de Trabajo. Sin embargo, los PCC del SENA están regulados por el Ministerio de Educación. En cambio, en Brasil el crecimiento ha sido obra de las IES privadas (gráfico B1.3.1).

Gráfico B1.3.1 Crecimiento de la matrícula en PCC, por tipo de institución de educación superior

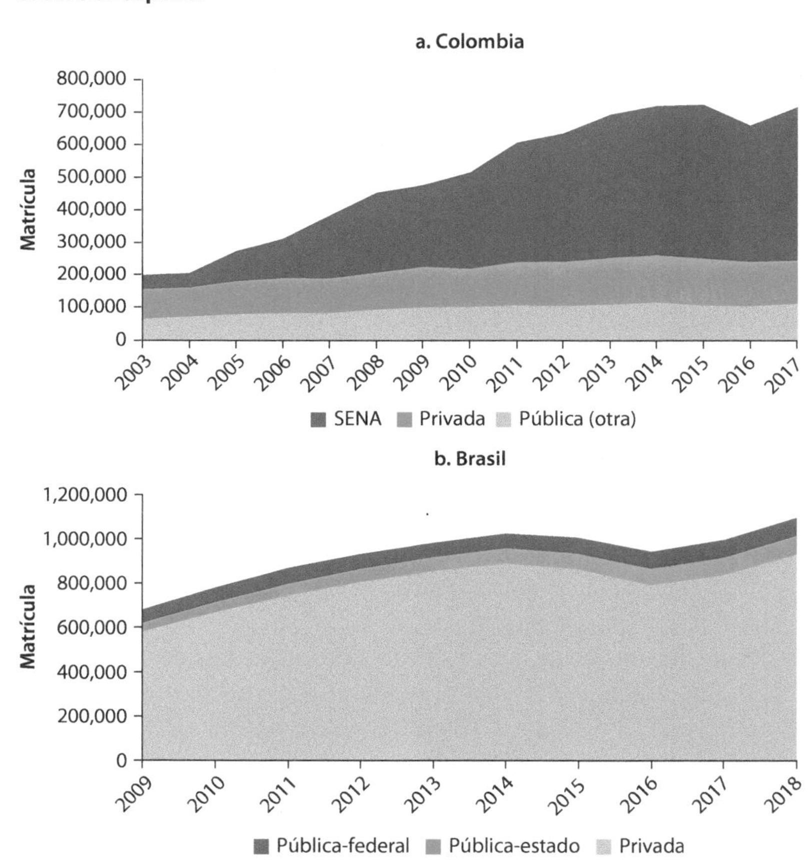

Fuente: Cálculos del Banco Mundial basados en el Sistema Nacional de Información de la Educación superior (SNIES, Colombia) y el *Instituto Nacional de Estudos e Pesquisas Educacionais Anísio Teixeira* (INEP, Brasil). La matrícula en Brasil se refiere a todo el país e incluye programas en línea.

continúa en la siguiente página

Cuadro 1.3 ¿Qué instituciones han favorecido el crecimiento de la matrícula? *(continuación)*

Cabe destacar que la cuota de mercado del SENA en Colombia creció del 20 % a principios de los años 2000 al 62 % en 2017 como consecuencia de una política deliberadamente expansiva. La matrícula total en instituciones no relacionadas con el SENA también ha aumentado, pero a un ritmo mucho menor. En Brasil, la matrícula de PCC creció rápidamente hasta 2014. El crecimiento se ralentizó entre 2012 y 2016, pero recuperó fuerza después de 2016. Estos cambios se debieron principalmente a las fluctuaciones de la matrícula en las IES privadas, ya que la matrícula total en las instituciones públicas ha cambiado relativamente poco a lo largo del tiempo.

La matrícula es gratuita en las IES públicas. El caso de Colombia es algo distinto, ya que la matrícula es gratuita en el SENA, pero no lo es en las IES públicas, que, sin embargo, sí subsidian su matrícula. Aunque la matrícula no es gratuita en las IES privadas, los Gobiernos ofrecen algunas becas en Brasil, Colombia, la República Dominicana y Perú. Además, conceden préstamos estudiantiles en Colombia, la República Dominicana, Ecuador y Perú, y una garantía gubernamental para los préstamos estudiantiles privados en Brasil. Es importante señalar que solo Brasil ofrece préstamos con garantía estatal; en los demás países, los estudiantes necesitan un aval para obtener un préstamo. Los estudiantes también pueden obtener préstamos de entidades de crédito. Para hacer posible la matrícula cero o subsidiada en las IES públicas, los Gobiernos ofrecen apoyo económico. Por el contrario, no suelen prestar apoyo económico a las IES privadas.[19]

Aunque los PCC no son selectivos en un sentido convencional, sí establecen algunos requisitos de acceso. En algunas IES se exige una puntuación mínima en el examen nacional obligatorio al término de la educación secundaria (Brasil, Colombia y Ecuador) o en el examen de acceso a la educación superior (la República Dominicana y Brasil). Además, Brasil y Colombia tienen un examen obligatorio de egreso de la educación superior.

En todos los países, las IES necesitan una licencia de apertura y funcionamiento para crear un programa. Para seguir desempeñando su actividad, los programas deben someterse a una renovación de licencia (Colombia y Perú), a una evaluación periódica (Brasil y la República Dominicana) o a una acreditación obligatoria (Brasil y Ecuador). Además, las IES y los programas de Perú y Colombia pueden solicitar una acreditación voluntaria o acreditación de alta calidad, respectivamente, para destacar su calidad. En la República Dominicana, que carece de una agencia de acreditación, las IES pueden solicitar la acreditación de una entidad internacional. El proceso que se sigue para las evaluaciones periódicas y las acreditaciones obligatorias o voluntarias suele implicar una autoevaluación y una evaluación externa o por pares; también puede incluir la consideración de aspectos como las calificaciones promedio de los estudiantes en los exámenes de egreso de la educación superior (Brasil). Brasil, en particular, dispone de un sistema de evaluación nacional para evaluar a las IES anualmente y asignarles una calificación; los resultados de la evaluación y las calificaciones son públicos.

Características de los estudiantes

El gráfico 1.10, panel a, muestra algunas características de los estudiantes del programa promedio de la muestra. La participación de estudiantes a tiempo parcial oscila entre el 25 % en Perú y el 77 % en Brasil. Las mujeres representan alrededor del 40 % de los estudiantes en todos los países, excepto en Perú, donde representan algo más del 50 %.[20]

En consonancia con la tendencia a atraer más estudiantes a tiempo parcial, los programas de Brasil captan una participación relativamente alta de estudiantes más mayores y no tradicionales (de más de 25 años), que solo representan entre el 20 % y el 30 % de la matrícula en los demás países. Los programas con una gran participación (40 % o más) de estudiantes no tradicionales son más frecuentes en las IES privadas, en el área de conocimiento de economía, contabilidad y negocios.

Admisión y preparación académica

Alrededor del 95 % de los programas tiene algún tipo de requisito de admisión. El objetivo de estos requisitos es garantizar un nivel mínimo de preparación de los estudiantes, así como su adecuación al programa, y son especialmente importantes cuando los programas tienen más solicitantes que plazas. Los exámenes de admisión de conocimientos generales son muy populares en todos los países excepto en Colombia (gráfico 1.9). Aunque el 61 % de los programas hace una prueba de conocimientos generales o específicos, esto no significa que exijan una puntuación mínima para la admisión. Además, el 71 % de los programas exige una calificación promedio mínima de educación secundaria o calificación en la prueba nacional de acceso (véase el anexo 1B sobre los exámenes nacionales de ingreso y egreso). Dadas las graves carencias cognitivas de los estudiantes en el momento de ingreso (como se comenta más adelante), estos umbrales de admisión son probablemente bastante bajos. Excepto en Colombia, donde las entrevistas son el requisito de admisión más popular, más del 80 % de los programas requiere al menos una prueba o una calificación promedio mínima/prueba nacional de ingreso a efectos de admisión.

La existencia de requisitos de admisión no implica que los programas sean selectivos en un sentido convencional. De hecho, los estudiantes de primer año arrastran graves carencias de competencias (gráfico 1.10, panel b). Más del 75 % de los programas de cada país señala carencias en matemáticas entre sus nuevos estudiantes, y aproximadamente la mitad de los programas consideran que esta carencia es la más importante. Las carencias no se limitan a las matemáticas, ya que más de la mitad de los programas de cada país también señalan carencias en escritura, lectura y expresión oral.

Gráfico 1.9 Requisitos de admisión

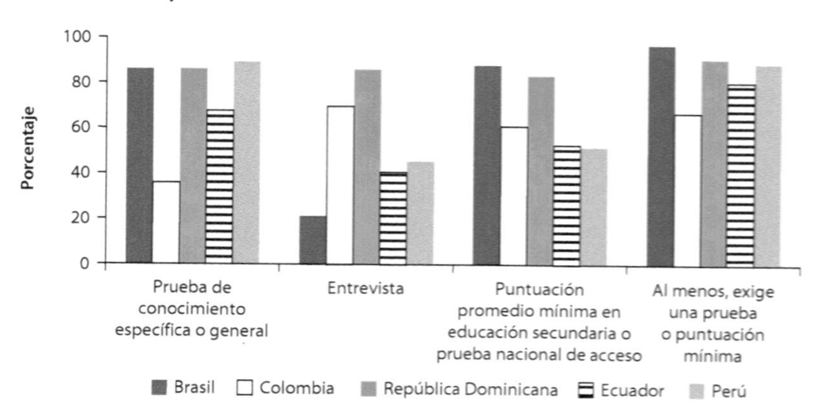

Fuente: Encuesta de Programas de Ciclo Corto del Banco Mundial (EPCCBM).
Nota: El gráfico muestra el porcentaje de programas que establecen un requisito de admisión determinado en cada país. Es posible que los programas establezcan más de un requisito de admisión. En el caso de Brasil, tanto el *Exame Nacional do Ensino Médio* (ENEM) como *Vestibular* se consideran pruebas nacionales de acceso. La categoría «al menos, exige una prueba o calificación mínima» incluye pruebas generales o específicas, así como calificaciones promedio mínimas de educación secundaria o de la prueba nacional de acceso (y es, por tanto, un compuesto de la primera y la tercera categoría). La EPCCBM solo incluye São Paulo y Ceará en Brasil, y los programas con licencia en Perú.

Gráfico 1.10 Características del estudiantado

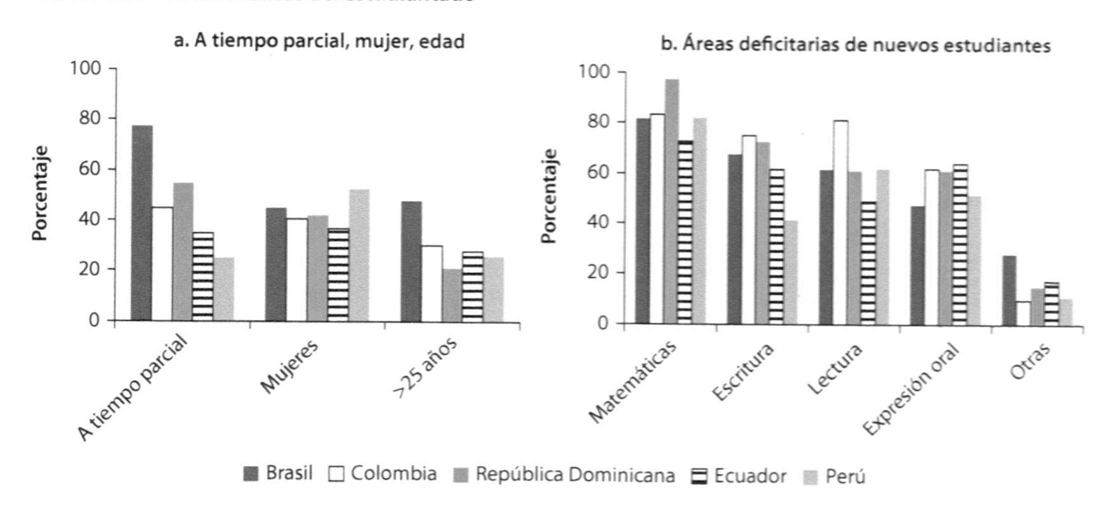

Fuente: Encuesta de Programas de Ciclo Corto del Banco Mundial (EPCCBM).
Nota: Para cada país, el panel a muestra el porcentaje promedio (simple) a nivel de programa de estudiantes a tiempo parcial, mujeres y personas mayores de 25 años. El panel b muestra el porcentaje de programas que declaran que los nuevos estudiantes tienen carencias en determinadas áreas. Es posible que los estudiantes tengan carencias en varias áreas. La EPCCBM solo incluye São Paulo y Ceará en Brasil, y los programas con licencia en Perú.

Para paliar estas carencias, más del 85 % de los programas ofrece clases de nivelación. Los programas de la República Dominicana, Ecuador y Perú suelen ofrecer clases de nivelación antes del programa y no durante el mismo, mientras que en Brasil ocurre lo contrario.

Costos de matrícula y financiación

El promedio de los costos anules de matrícula varía mucho de un país a otro: desde 1.100 dólares estadounidenses en la República Dominicana hasta 3.400 dólares estadounidenses en Perú (gráfico 1.11, panel a).

Para una persona que gana el salario mínimo mensual, los costos promedio de matrícula son inferiores al 15 % del salario anual en la República Dominicana y Ecuador, pero ronda el 60 % en Perú y Brasil (gráfico 1.11, panel b). Por tanto, aunque los PCC son relativamente asequibles en algunos países, en otros no lo son tanto.

Las IES públicas reciben financiación operativa de fuentes públicas que les permite subsidiar los costos de matrícula, pero las IES privadas normalmente no la reciben. Las IES públicas y privadas reciben algunos fondos adicionales de fuentes públicas y privadas para proyectos relacionados con gastos de capital (por ejemplo, compra de equipamiento) o nuevos proyectos. Es más probable que los programas de las IES públicas reciban esta financiación adicional, especialmente en el caso de fuentes públicas. Los programas de las IES privadas, en cambio, dependen casi por completo de los ingresos procedentes de los costos de matrícula.

Para financiar sus estudios, los estudiantes recurren a sus propios recursos y a otros mecanismos de financiación externos (véase el anexo 1B sobre la financiación pública de los estudiantes en los países del estudio). Como estos mecanismos no se excluyen mutuamente, una estudiante puede tener, por ejemplo, una beca y un préstamo. Independientemente de los mecanismos empleados en cada país, el denominador común es que una fracción relativamente reducida de estudiantes recibe financiación externa (gráfico 1.12, panel a). Esta carencia es especialmente grave en Perú y, en menor medida, en Ecuador.

Gráfico 1.11 Costos anuales de matrícula

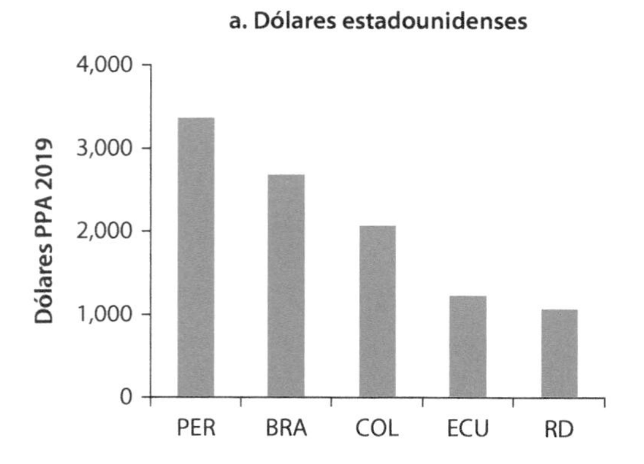

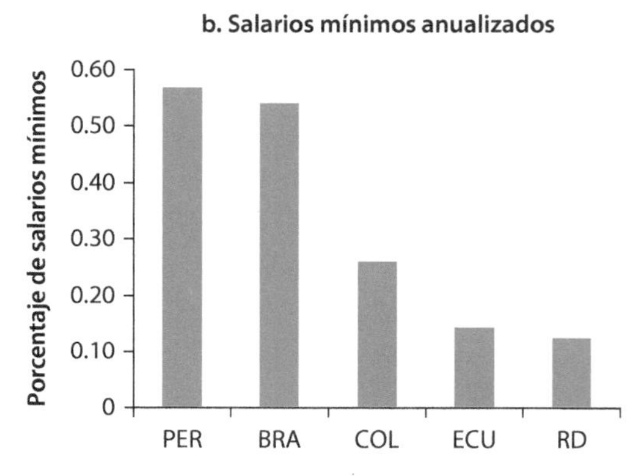

Fuente: Datos administrativos de cada país (véase el anexo 1A).
Nota: Para cada país, el gráfico muestra los costos promedio de matrícula (simple) a nivel de programa, expresados en dólares estadounidenses (PPA 2019) o como una proporción del salario mínimo anual del país correspondiente (equivalente a 12 veces el salario mínimo mensual). La Encuesta de Programas de Ciclo Corto del Banco Mundial (EPCCBM) solo incluye São Paulo y Ceará en Brasil, y los programas con licencia en Perú. BRA = Brasil; COL = Colombia; ECU = Ecuador; PER = Perú; PPA = paridad del poder adquisitivo; RD = República Dominicana.

Las becas (del Gobierno o la institución) son el tipo de financiación externa más común. El programa promedio de la República Dominicana destaca por tener un 52 % y un 62 % de estudiantes con beca de la IES y el Gobierno, respectivamente. Según informes gubernamentales, en Brasil alrededor del 7 % de todos los estudiantes de educación superior (programas universitarios y PCC) recibe ProUni[21] (la beca del Gobierno federal), y los Gobiernos estatales también conceden becas. En Colombia, los Gobiernos estatales y locales también ofrecen becas.

Las IES conceden sus propios préstamos, normalmente mediante planes de pago de los costos de matrícula. Menos comunes son los préstamos de Gobiernos y entidades de crédito. Estos préstamos son más populares en Colombia, donde entre el 15 % y el 20 % de los estudiantes de un programa promedio recurre a ellos, lo cual sigue siendo una tasa de uso baja. Los directores de programas en Colombia parecen sobrestimar el porcentaje de estudiantes que reciben préstamos del Gobierno, ya que los informes gubernamentales afirman que solo el 1,25 % de los estudiantes de PCC ha recibido un préstamo del Gobierno (del Instituto Colombiano de Crédito Educativo y Estudios Técnicos en el Exterior, ICETEX).[22] Por el contrario, los directores del programa promedio de Brasil tienden a estimar una participación más exacta de los estudiantes que reciben préstamos del Gobierno (alrededor del 1,7 %), lo que es coherente con el aproximadamente 1,3 % de los estudiantes de PCC que recibe préstamos a través de FIES (el programa de préstamos estudiantiles con garantía estatal).[23]

El hecho de que algunos estudiantes tengan acceso a mecanismos de financiación externos no significa que estos supongan un gran alivio. En los cinco países, la gran mayoría de los programas señalan que el principal motivo de deserción de los estudiantes son las dificultades económicas (gráfico 1.12, panel b). Esto puede deberse, en parte, a que la oferta de becas del Gobierno o de las IES es limitada, tanto en número como en cantidad, al igual que la oferta de préstamos del Gobierno. Asimismo, aunque en todos los países existen préstamos de entidades de crédito para la educación superior, los estudiantes no suelen recurrir a ellos. Según los directores de programas, los estudiantes suelen mostrarse reticentes a la hora de pedir un préstamo en una entidad de crédito, a menudo por falta de conocimiento del sistema financiero. De ahí que, incluso cuando existe financiación externa, los estudiantes no parecen utilizarla.

Itinerarios académicos conducentes a títulos universitarios

Si los estudiantes consideran que un PCC es un «callejón sin salida» porque no les permite obtener un título universitario, permitir que las clases de los PCC cuenten como créditos para un título más largo podría aumentar su atractivo. De hecho, la gran mayoría de los programas (más del 95 % en Brasil, Colombia y la República Dominicana, y entre el 80 % y el 85 % en Ecuador y Perú) afirman que sus clases ofrecen créditos para programas universitarios. Sin embargo, parece que son pocos los estudiantes de PCC que acceden a programas universitarios. Los datos administrativos de Colombia indican que, entre los estudiantes que se matricularon en un PCC en 2006, solo el 7 % accedió a un programa

Gráfico 1.12 Financiación de los estudiantes

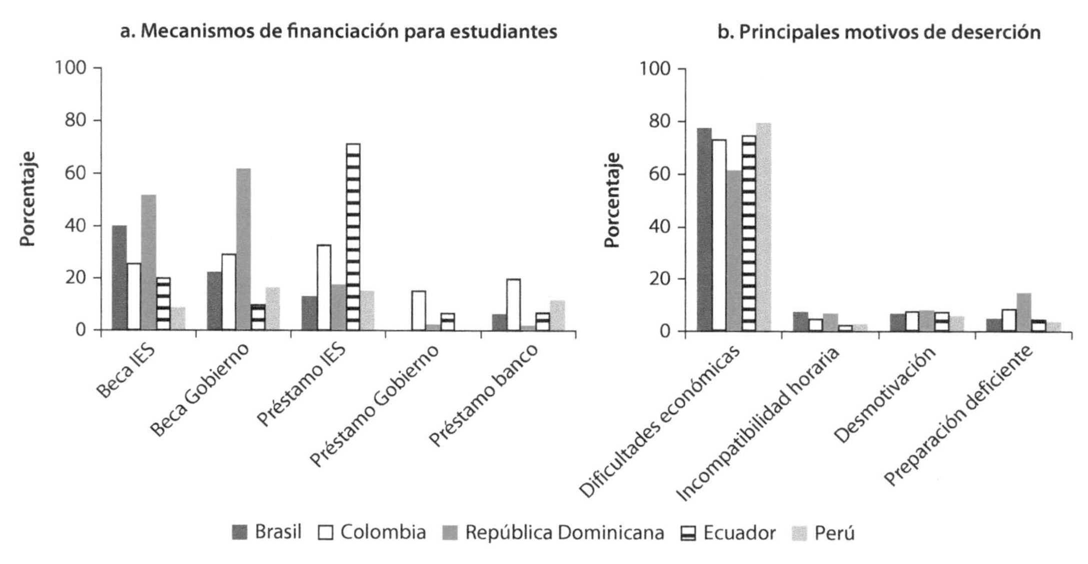

Fuente: Encuesta de Programas de Ciclo Corto del Banco Mundial (EPCCBM).
Nota: Para cada país, el panel a muestra el porcentaje promedio (simple) a nivel de programa de estudiantes que recurren a cada uno de los siguientes mecanismos de financiación: becas de las IES, becas del Gobierno, préstamos de las IES, préstamos del Gobierno y préstamos de entidades de crédito. Es posible que los estudiantes hagan uso de varios mecanismos de financiación al mismo tiempo. En Brasil, el FIES es un préstamo garantizado por el Estado a través de entidades de crédito. Dado que el FIES implica un subsidio (por ejemplo, a través de un tipo de interés subsidiado), puede que los directores de programas lo hayan considerado como una beca del Gobierno. Para cada país, el panel b muestra el porcentaje de programas que señalan cada motivo como el más importante para explicar la deserción de los estudiantes («otros motivos» se omite en el gráfico). Los porcentajes de cada país suman 100. La EPCCBM solo incluye São Paulo y Ceará en Brasil, y los programas con licencia en Perú. IES = institución de educación superior.

universitario, y solo el 3,15 % obtuvo un título universitario.[24] A modo de comparación, en Estados Unidos este último porcentaje equivale al 14 %.[25]

En otras palabras, aunque los PCC aseguran que ofrecen créditos para obtener credenciales más avanzadas, en la práctica la situación podría ser distinta. Algunos datos anecdóticos indican que el reconocimiento de créditos no es sencillo ni siquiera entre programas universitarios, de la misma institución o de diferentes instituciones. Por tanto, es posible que los programas universitarios sean aún menos proclives a aceptar créditos de PCC, ya que podrían considerarlos de menor calidad o de dificultosa verificación.

Conclusiones

En ALC, cursar y finalizar un PCC proporciona mejores resultados en el mercado laboral que comenzar un programa universitario, pero no terminarlo. Dado que aproximadamente la mitad de los estudiantes de programas universitarios en ALC desertan los estudios, los PCC surgen como una alternativa atractiva, no solo para dichos estudiantes, sino también para otros. Es importante destacar que los PCC obtienen mejores resultados, aunque acojan a más estudiantes desfavorecidos que los programas universitarios. Los resultados de los PCC en el mercado laboral no solo son mejores, sino que además los estudiantes se gradúan a tasas más altas.

Por tanto, sorprende que los PCC estén menos extendidos en ALC que en otras regiones. Aunque el estigma social puede explicar en parte este hecho, existen otras dos posibles explicaciones. La primera es la falta de asequibilidad de los PCC para algunos estudiantes. De hecho, los Gobiernos ofrecen un mayor subsidio por estudiante a los programas universitarios que a los PCC, aunque los estudiantes de estos últimos son más desfavorecidos y, por tanto, necesitan más el subsidio. En consecuencia, las dificultades económicas son el principal motivo por el que los estudiantes desertan de los PCC, incluso si son relativamente asequibles. La segunda explicación es la falta de itinerarios académicos conducentes a un título más largo. Aunque los PCC afirman que ofrecen estos itinerarios académicos, los datos administrativos y anecdóticos indican que dichos itinerarios académicos son poco frecuentes. Estos dos elementos —la financiación menos favorable de los PCC que de programas universitarios y la falta de itinerarios académicos de acceso desde un PCC a un título universitario — podrían, a su vez, acentuar el estigma original y disuadir a los estudiantes de cursar PCC.

Anexo 1A.1 Fuentes de información administrativa sobre los PCC

País	*Institución*	*Fuente*
Brasil	Instituto Nacional de Estudios Educativos e Investigación Anísio Teixeira, INEP. Sinopsis de Estadísticas de Educación Superior 2018. Ministerio de Educación, 2019. Asociación de Instituciones de Educación Superior en el Estado de São Paulo, SEMESP. Mapa de la Educación Superior, 2019.	*Instituto Nacional de Estudos e Pesquisas Educacionais Anísio Teixeira* (INEP). *Sinopses Estatísticas da Educação Superior* 2018. http://inep.gov.br/sinopses-estatisticas-da-educacao-superior *Fundo de Financiamento Estudantil* (FIES), 2019. http://portalfies.mec.gov.br/ *Sindicato das Entidades Mantenedoras de Estabelecimentos de Ensino Superior no Estado de São Paulo*, SEMESP. *Mapa do Ensino Superior*, 2019. https://www.semesp.org.br/pesquisas/mapa-do-ensino-superior-no-brasil-2019/
Chile	Servicio de Información de Educación Superior, SIES, Ministerio de Educación. Oficina de Educación Superior. Centro de Investigación, Ministerio de Educación. Oficina de Educación Superior.	Servicio de Información de Educación Superior, SIES, Ministerio de Educación. Subsecretaria de Educación Superior. https://www.mifuturo.cl/instituciones-de-educacion-superior-en-chile/ Centro de estudios. Ministerio de Educación. Subsecretaria de Educación Superior. http://datos.mineduc.cl/dashboards/20209/descarga-base-de-datos-asignaciones-de-becas-y-creditos-en-educacion-superior/
Colombia	Sistema Nacional de Información de la Educación Superior, SNIES Ministerio de Educación Nacional. Resumen estadístico, 2019.	Ministerio de Educación Sistema Nacional de Información de la Educación Superior, SNIES. Resumen Estadístico, 2019. https://snies.mineducacion.gov.co/portal/
Ecuador	Secretaría de Educación Superior, Ciencia, Tecnología e Innovación, SENESCYT. Estadísticas de Educación Superior, Ciencia, Tecnología e Innovación.	Secretaría de Educación Superior, Ciencia, Tecnología e Innovación (SENESCYT). Estadísticas de Educación Superior, Ciencia, Tecnología e Innovación. https://siau.senescyt.gob.ec/estadisticas-de-educacion-superior-ciencia-tecnologia-e-innovacion/?doing_wp_cron=1606556190.6860320568084716796875 Varios sitios web para información sobre matrícula.
Perú	Secretaría de Educación Técnica, Tecnológica y Artística, Ministerio de Educación.	Dirección General de Educación Técnico-Productiva y Superior Tecnológica y Artística, Ministerio de Educación, Ponte en Carrera: https://www.ponteencarrera.pe/pec-portal-web/inicio/donde-estudiar Matrícula: https://estudiaperu.pe/ y https://logrosperu.com/

Anexo 1B.1 Marco institucional de los países de la EPCCBM

Indicador	*Brasil*	*Colombia*	*República Dominicana*	*Ecuador*	*Perú*
1. Participación de matrícula de PCC (%)	12	32	4	14	25
2. Tipos de programa	Tecnológico (2-3 años)	Técnico (2 años) Tecnológico (3 años)	Técnico (2 años) Técnico superior (2-3 años)	Técnico Tecnológico (normalmente, 2 años)	Técnico (2 años) Técnico superior (3-4 años) Diplomatura técnica (3-4 años)
3. Número de IES que ofertan PCC	1:700 São Paulo + Ceará: 467	217	28	182	IES con programas con licencia: 75 Otras IES: 747
4. Matrícula privada (%)	84 São Paulo + Ceará: 77	21	49	53	IES con programas con licencia: 97 Otras IES: 50
5. Tipos de IES y participaciones de matrícula (%)	São Paulo + Ceará: Universidades 41 Centros universitarios 17 Escuelas 38 IF y CEFET 3		Universidades 47 Institutos técnicos 53	Institutos técnicos y tecnológicos.: 95 Universidades y escuelas politécnicas: 5	IES con programas con licencia: Institutos de Educación Superior: 100
6. Financiación pública para estudiantes en IES públicas	Matrícula cero	Matrícula cero en el SENA IES públicas: becas gubernamentales; préstamos de instituciones públicas (ICETEX)	Matrícula cero, pero con «cuotas académicas».	Matrícula cero	Matrícula cero

continúa en la siguiente página

Anexo 1B. Marco institucional de los países de la EPCCBM *(continuación)*

Indicador	*Brasil*	*Colombia*	*República Dominicana*	*Ecuador*	*Perú*
7. Financiación para estudiantes en IES privadas	ProUni (beca del Gobierno para estudiantes de bajos ingresos y altas capacidades) FIES (bancos de préstamos estudiantiles garantizados por el Gobierno y el estado) FUNDACRED (préstamos)	Becas gubernamentales Préstamos de instituciones públicas (ICETEX)	Becas gubernamentales Préstamos de instituciones públicas (FUNDAPEC)	Préstamos del banco público (Banco del Pacífico)	Préstamos públicos y becas (PRONABEC) para estudiantes de bajos ingresos y de altas capacidades
8. Financiación pública para IES públicas	Sí. Fuentes: federal, estado, municipio	Para SENA: sí (impuestos obligatorios) Para otras IES públicas: sí	Sí	Sí	Sí
9. Financiación pública para IES privadas	No	No	n. d.	Parcial para algunas IES privadas (cofinanciadas)	No
10. Examen nacional obligatorio de acceso	ENEM (examen al término de la educación secundaria) exigido por las IES públicas *Vestibular* (examen de acceso a la educación superior) exigido por algunas IES	Saber 11 (obligatorio al término de la educación secundaria)	POMA o PAA (obligatorio para acceder a la educación superior)	Ser Bachiller (obligatorio al término de la educación secundaria)	Solo para estudiantes que solicitan una beca PRONABEC
11. Examen nacional obligatorio de egreso	ENADE (obligatorio al término de la educación superior; solo se examinan algunas especializaciones cada año)	Saber T&T (obligatorio al término de los PCC)	n. d.	No	No

continúa en la siguiente página

Anexo 1B. Marco institucional de los países de la EPCCBM *(continuación)*

Indicador	*Brasil*	*Colombia*	*República Dominicana*	*Ecuador*	*Perú*
12. Licencia de funcionamiento	Obligatoria (acreditación inicial) por IES y programa.	Obligatoria por IES y programa; debe ser renovada periódicamente	Obligatoria; evaluación necesaria para renovar la licencia cada 5 años.	Obligatoria por IES	Obligatoria por IES y programa; vigencia de 5 años.
13. Acreditación	En las IES privadas, la acreditación debe ser renovada, generalmente cada 3 años.	La acreditación de alta calidad es voluntaria para las IES y los programas; obligatoria para los programas de educación. Vigencia de 4 años.	Las IES pueden obtener voluntariamente la acreditación internacional.	La acreditación obligatoria periódica es necesaria para seguir impartiendo los programas.	Voluntaria para IES y programas; obligatoria para programas de educación, derecho y salud.
14. IES con ánimo de lucro	Autorizadas (36 % de los PCC en Brasil; 39 % en São Paulo + Ceará)	No habilitadas	No habilitadas	No habilitadas	Habilitadas (75 % de los PCC con licencia)

Fuente: Brasil: INEP 2017; Colombia: SNIES 2017; República Dominicana: Informe General sobre Estadísticas de Educación Superior 2018 y Resumen Histórico 2005-2018, MESCyT; CINDA (2019); Ecuador: Informe Analítico sobre Educación Superior y Resumen Histórico (2018), SENESCYT; Perú: Datos del Ministerio de Educación para 2019; 2020 para los programas con licencia. Otras fuentes: Brasil: EPCCBM para (3). RD: EPCCBM para (3). Ecuador: EPCCBM para (3), (4) y (5). Perú: SEDLAC para (1); EPCCBM para los programas con licencia en (3), (4), (5). EPCCBM se refiere al universo de EPCCBM cuando se dispone de datos y a las encuestas en el caso contrario.

Nota: Algunas cifras de (1) y (4) difieren de los gráficos 1.5 y 1.2 respectivamente porque esta tabla se basa en datos administrativos y no en la base de datos socioeconómicos para América Latina y el Caribe (SEDLAC) y corresponde a años ligeramente diferentes. Para Brasil, las IES del Sistema S cuentan como centros o escuelas universitarias. Para Colombia, el Servicio Nacional de Aprendizaje (SENA) no se contabiliza como una IES en (3) pero sus estudiantes sí se contabilizan como parte de la matrícula pública en (4). Para Ecuador, la participación privada incluye matrícula en instituciones privadas con financiación pública (cofinanciadas). Cuando una IES tiene sedes en varias ciudades, cada sede se cuenta por separado. CEFET = centros federales de educación tecnológica (*Centros Federais de Educação Tecnológica*) (Brasil); ENADE = examen nacional de desempeño de estudiantes (*Exame Nacional de Desempenho dos Estudantes*) (Brasil); ENEM = examen nacional de educación secundaria (*Exame Nacional de Ensino Médio*) (Brasil); EPCCBM = datos de la Encuesta de Programas de Ciclo Corto del Banco Mundial; FIES = fondo de financiamiento estudiantil (*Fundo de Finaciamiento Estudantil*) (Brasil); FUNDAPEC = Fundación Acción Pro Educación y Cultura [APEC] de Crédito Educativo (República Dominicana); ICETEX = Instituto Colombiano de Crédito Educativo y Estudios Técnicos en el Exterior (Colombia); IES = institución de educación superior; PAA = prueba de aptitud académica (República Dominicana); PCC = programa de ciclo corto; POMA = prueba de orientación y medición académica (República Dominicana); Prof. = profesional; PRONABEC = Programa Nacional de Becas y Crédito Educativo (Perú); SABER = Enfoque Sistémico para Lograr Mejores Resultados en la Educación (*Systems Approach for Better Education Results*) (Banco Mundial); Técn. = técnico.

Notas

1. Por su excelente apoyo a la investigación, se reconoce con agradecimiento a Andrea Franco, Manuela Granda, Angelica Sánchez y Gabriel Suárez.
2. Los objetivos de los PCC también se han establecido en los *Descriptores de Dublín* como parte del proceso de Bolonia entre los países de la Unión Europea. Estos descriptores se utilizan para el Espacio Europeo de Educación Superior y se reflejan en el Marco Europeo de Cualificaciones para el Aprendizaje Permanente. De acuerdo con dichos descriptores, un título de PCC prepara a los estudiantes para el empleo, a la vez que brinda preparación y acceso a un programa universitario. Para más información, véase https://core.ac.uk/download/pdf/35319995.pdf y http://ecahe.eu/assets/uploads/2016/01/Joint-Quality-Initiative-the-origin-of-the-Dublin-descriptors-short-history.pdf.
3. La UNESCO establece que el nivel CINE 5 tiene una duración mínima de dos años y, en el caso de los sistemas de educación superior en los que las credenciales se basan en la acumulación de créditos, se exige un periodo de tiempo y una intensidad comparables para completar el nivel CINE 5. Véase http://uis.unesco.org/sites/default/files/documents/isced-2011-sp.pdf.
4. Al igual que enfermería, el área de educación es un PCC en algunos países, mientras que en otros es un programa universitario.
5. En los países de la encuesta, el 98,16 de los programas se prolongan durante dos o tres años.
6. Sevilla (2017) presenta una lista de los tipos de IES que tienen autorización para impartir PCC en cada país.
7. Colombia, Brasil y Perú cuentan con instituciones de alcance nacional que imparten formación profesional y técnica y, en algunos casos, también enseñan PCC. En Colombia, el SENA es una institución pública dependiente del Ministerio de Trabajo, fue creada en 1957 con el objetivo de impartir formación profesional y técnica, e incorporó los PCC en 2003. En Brasil, el Sistema S es un conjunto de organizaciones cuyos nombres empiezan por «s» y presta servicios a los trabajadores (por ejemplo, formación profesional o asistencia social) o las empresas (por ejemplo, consultoría o asistencia técnica). Las organizaciones tienen un origen común y características similares, y cada una de ellas representa a un sector empresarial como, por ejemplo, el Servicio Nacional de Aprendizaje Industrial, el Servicio Social de Comercio y el Servicio Social de la Industria. Aunque estas organizaciones se centran en la formación profesional, algunas de ellas también imparten PCC. En Perú, el SENATI es una organización privada fundada en 1961 por empresas manufactureras para impartir formación técnica, inclusives los PCC; enseña en modalidad dual: en el aula y a través de prácticas en empresas.
8. En sentido estricto, algunas de estas personas aún podrían estar matriculadas en un programa universitario. Los resultados cualitativos se mantienen cuando se consideran personas de entre 35 y 65 años.
9. El programa universitario completo incluye a las personas que tienen un título de postgrado. En ALC, el 13 % de las personas con un título universitario también tiene un título de postgrado.
10. Dado que los PCC contemplan la educación como área de conocimiento (un área tradicionalmente feminizada), el informe también calcula el porcentaje de mujeres solo en los países donde los PCC no ofertan la educación como área de estudio. En

dichos países, las mujeres representan, en promedio, el 53,8 %, el 59,7 % y el 50,8 % de los graduados de programas universitarios de PCC y de educación secundaria. En otras palabras: los patrones cualitativos que se presentan en la tabla 1.1 no se derivan de incluir el área de educación entre los PCC.

11. La mayoría de los patrones cualitativos de la tabla 1.1 se mantienen cuando la muestra se restringe a edades comprendidas entre 17 y 30 años.
12. México, Panamá y Honduras tienen participaciones de PCC muy bajas (por debajo del 3 %), como se muestra en el gráfico 1.5.
13. Fuente: Centro Nacional de Estadísticas de Educación (Estados Unidos), https://nces.ed.gov/programs/coe/indicator_ctr.asp.
14. Los programas universitarios concentran el 91 % de la matrícula de educación superior en ALC (gráfico 1.4), y solo el 65 % en Estados Unidos (Centro Nacional de Estadísticas de Educación), https://nces.ed.gov/programs/coe/indicator_cha.asp#:~:text=2000%20through%202029.-,See%20Digest%20of%20Education%20Statistics%202019%2C%20table%20303.70.,enrolled%20in%202%2Dyear%20institutions.
15. A modo de comparación, en Estados Unidos las tasas de desempleo de los graduados de programas universitarios, graduados de PCC (título técnico), desertores de PCC y programas universitarios, y graduados de educación secundaria equivalen a 2,2 %, 2,7 %, 3,3 % y 3,7 %, respectivamente. Fuente: https://www.bls.gov/emp/tables/unemployment-earnings-education.htm.
16. A modo de comparación, en Estados Unidos las primas salariales de los graduados de programas universitarios, graduados de PCC (título técnico), desertores de PCC y programas universitarios equivalen a 67 %, 19 % y 12 %, respectivamente. Fuente: https://www.bls.gov/emp/tables/unemployment-earnings-education.htm.
17. La participación exacta de estudiantes de la región que desertan de programas universitarios (48,6 %) equivale al producto de la participación de matrícula en programas universitarios (aproximadamente 0,90, según el gráfico 1.4) y la tasa de deserción en programas universitarios (100-46 = 54 %).
18. A modo de comparación, en Estados Unidos este coeficiente equivale a 1,56. Fuente: cálculos del equipo de investigación basados en las concesiones de ayudas y beneficios fiscales por estudiante en instituciones públicas de dos y cuatro años, de https://research.collegeboard.org/pdf/trends-college-pricing-2019-full-report.pdf.
19. Las únicas IES privadas de los países del estudio con financiación pública son las instituciones cofinanciadas de Ecuador.
20. El porcentaje de mujeres matriculadas en PCC es menor en los países de la encuesta que el promedio de ALC.
21. Fuente de información sobre ProUni: http://dadosabertos.mec.gov.br/fies, http://dadosabertos.mec.gov.br/prouni.
22. Esta estimación es fruto del porcentaje de préstamos del ICETEX concedidos a estudiantes de PCC (2,3 % en 2018), el porcentaje de estudiantes de educación superior beneficiados por un préstamo del ICETEX (8,7 % en 2018), y el inverso de la participación de PCC que no pertenecen al SENA (16 % en 2018). Fuente: https://snies.mineducacion.gov.co/1778/articles-391288_recurso_1.pdf y https://portal.icetex.gov.co/Portal/Home/el-icetex/plan-estrategico/resultado-por-indicadores.
23. Esta estimación es fruto del porcentaje de préstamos del FIES concedidos a estudiantes de PCC (1,7 % en 2018), el porcentaje de estudiantes de educación superior

beneficiados por un préstamo del FIES (9,8 % en 2018), y el inverso del porcentaje de la participación de PCC (13 % en 2018). Fuente: http://dadosabertos.mec.gov.br.

24. Cálculos de equipo de investigación, basados en datos del Ministerio de Educación de Colombia para la cohorte que inició sus estudios en 2006 (primer semestre).
25. Fuente: CCRC, https://ccrc.tc.columbia.edu/Community-College-FAQs.html.

Referencias

Bailey, T., S. Jaggars, y D. Jenkins. 2015. *Redesigning America's Community Colleges: A Clearer Path to Student Success*. Cambridge MA: Harvard University Press.

Brunner, J., y A. D. Miranda. 2016. *Educación Superior en Iberoamérica: Informe 2016*. Santiago de Chile: Centro Interuniversitario de Desarrollo.

CEDLAS (Centro de Estudios Distributivos, Laborales y Sociales) y Banco Mundial. 2014. *A Guide to SEDLAC—Socio-Economic Database for Latin America and the Caribbean*. Washington, DC: Banco Mundial.

Ferreyra, M. M., C. Avitabile, J. Botero, F. Haimovich, y S. Urzúa. 2017. *At a Crossroads: Higher Education in Latin America and the Caribbean*. Washington, DC: Grupo Banco Mundial.

Sevilla, M. J. 2017. "Panorama de la educación técnica profesional en América Latina y el Caribe." Serie de Políticas Sociales, Comisión Económica para América Latina y el Caribe, Santiago, Chile.

CAPÍTULO 2

¿Son rentables los programas de ciclo corto?

Sergio Urzúa

Introducción

América Latina y el Caribe (ALC) necesita nuevos motores de crecimiento. Los bajos niveles de productividad de la región y el entorno de limitaciones presupuestarias han afectado negativamente a la competitividad y plantean dudas sobre su capacidad para garantizar la igualdad de oportunidades. En los últimos tiempos, las circunstancias extraordinarias y el impacto socioeconómico asociado con la pandemia del COVID-19, así como el cambiante mundo del trabajo, donde la demanda de habilidades evoluciona rápidamente, están remodelando los mercados laborales. En este complejo contexto, el capital humano calificado puede convertirse en un formidable motor de progreso económico y social (Ferreyra *et al.* 2017), y los programas de ciclo corto (PCC) bien diseñados pueden servir como pieza fundamental de la recuperación.

Por sus características, los PCC prometen adaptarse a los cambios tecnológicos. Desarrollan habilidades con rapidez, ya que tienen el firme objetivo de formar a los estudiantes para el trabajo en un tiempo relativamente corto. En este sentido, los PCC tienden a estar más conectados con los mercados laborales que otras alternativas de educación superior. Sin embargo, la oferta de este nivel educativo en la región es baja. Como se mencionó en el capítulo 1, solo el 9 % de los estudiantes de educación superior de ALC está matriculado en PCC, en comparación con alrededor del 30 % en América del Norte o Asia oriental y el Pacífico.

Sin embargo, y a pesar del potencial de los PCC, no se sabe mucho acerca de si mejoran las futuras trayectorias profesionales de los estudiantes. El objetivo de este capítulo es llenar este vacío con nuevos datos sobre el impacto de los programas de corta duración en ALC. El análisis se centra en dos resultados fundamentales del mercado laboral: el empleo y los ingresos tras la graduación. Para ello, en primer lugar, este capítulo presenta una comparación entre países de las tendencias recientes en los retornos económicos de los títulos universitarios y los programas de corta duración. Esta estrategia empírica se basa en investigaciones de referencia y presenta las primas salariales promedio de los graduados de PCC y programas universitarios con respecto a los graduados de educación secundaria (retornos mincerianos).

Para proporcionar una estimación más significativa del impacto económico de los PCC con respecto a las alternativas, el capítulo compara los ingresos netos a lo largo de la vida de los graduados de programas universitarios y PCC. Este análisis emplea datos administrativos de los programas de educación superior en Chile y Colombia, teniendo en cuenta los costos de matrícula, así como los ingresos no percibidos. De este modo, el texto evalúa las disparidades relativas en los retornos netos desde una perspectiva de largo plazo. En el cuadro 2.1 se describe el amplio conjunto de datos utilizado para llevar a cabo este ejercicio, así como otros que figuran en este capítulo.

Naturalmente, todo análisis de los beneficios económicos asociados con los distintos títulos de educación superior sería incompleto si no se estudiara la decisión que lleva a los estudiantes a matricularse en distintos programas de

Cuadro 2.1 Fuentes de información

El análisis de este capítulo se sirve de varias fuentes de información. La estimación de los retornos económicos de los programas de educación superior en la región recurre a las encuestas de hogares no armonizadas de la base de datos socioeconómicos para América Latina y el Caribe (Centro de Estudios Distributivos, Laborales y Sociales, y Banco Mundial), que se describen en el capítulo 1.

Además, el análisis aprovecha fuentes administrativas de información. En el caso de Chile, recurre a datos del Ministerio de Educación que contienen registros a nivel de estudiante para cohortes de graduados de instituciones de educación superior (IES) (edad, género, título e IES, fecha de graduación y duración). Una segunda fuente es la base de datos del Servicio de Información de la Educación Superior, que contiene información sobre 46.893 programas académicos de 208 IES, de 2010 a 2020, inclusive la duración formal del programa, los costos de matrícula y la zona geográfica (municipio). La tercera fuente es www.mifuturo.cl, un sitio web del Ministerio de Educación que proporciona información sobre los ingresos laborales promedio cuatro años después de la graduación para 1.574 programas de educación superior, incluidos los programas de ciclo corto.

En el caso de Colombia, la principal fuente de datos es el Observatorio Laboral para la Educación (OLE) del Ministerio de Educación. Se trata de un conjunto de datos longitudinales a nivel individual que contiene información sobre los graduados de educación superior. La base de datos incluye el año de graduación, el título de educación superior obtenido, la IES, la zona geográfica (municipio) del empleo y los ingresos básicos empleados para las contribuciones de los empleados en el sector formal. Esta base de datos se complementa con información a nivel de programa procedente del Sistema Nacional de Información de la Educación Superior, que incluye la duración y los costos de matrícula de aproximadamente 5.400 programas de educación superior. Además, se recopiló información del Observatorio de la Universidad Colombiana, un organismo independiente que recopila los costos de matrícula de las distintas IES del país. Por lo tanto, a diferencia de los estudios anteriores, este capítulo no se basa en los

continúa en la siguiente página

Cuadro 2.1 Fuentes de información *(continuación)*

costos de matrícula agregados por tipo de institución. Por último, el Sistema de Prevención y Atención de la Deserción en las Instituciones de Educación Superior del Ministerio de Educación registra las trayectorias de los estudiantes de educación superior.

A pesar de las ventajas de utilizar grandes bases de datos administrativos, es importante reconocer que el análisis está sujeto a las limitaciones de los datos. En primer lugar, la secuencia cronológica de los resultados (ingresos observados 1, 2, 4 o 10 años después de la graduación) puede alterar las conclusiones. En concreto, los programas con altos retornos a corto plazo pueden parecer peores en horizontes temporales más amplios. Además, los resultados académicos y del mercado laboral a menudo reflejan panoramas bastante diferentes (MacLeod *et al.* 2017). Por lo tanto, este análisis debe completarse con futuras iniciativas de investigación.

educación superior (y a graduarse en ellos). Por ejemplo, los estudiantes podrían elegir entre PCC y programas universitarios teniendo en cuenta sus características, las condiciones del mercado laboral local y la disponibilidad de instituciones de educación superior (IES) que ofrecen dichos programas, entre otros factores condicionantes. Esta autoselección podría limitar el alcance y la interpretación de los retornos convencionales; en particular, los que se obtienen de la comparación directa de los resultados del mercado laboral entre grupos de personas con diferentes títulos. En términos formales, el mero contraste de promedios (por ejemplo, los ingresos o los niveles de empleo promedio) no puede interpretarse como el impacto causal de la educación sobre un resultado específico.

Este capítulo aborda estos aspectos y estima el efecto del tratamiento de los PCC en el empleo y el salario; para ello se sirve de la variación en la disponibilidad local de los PCC en Colombia y emplea un marco conceptual basado en las respuestas racionales de las personas. El efecto no es el mismo para todos los estudiantes que cursan un PCC, sino que varía en función de su segunda opción; es decir, la que habrían elegido si no se hubieran matriculado en un PCC: no cursar estudios de educación superior o matricularse en un programa universitario.

El capítulo también presenta nuevos datos sobre la contribución de los PCC a los ingresos iniciales de los graduados. En otras palabras, cuantifica las contribuciones de cada programa (institución-título-especialización) a los resultados iniciales del mercado laboral. Para ello, se utilizan abundantes datos de Colombia y modelos de valor agregado. Por tanto, el texto brinda una perspectiva diferente sobre los beneficios económicos de los PCC.

Por último, el capítulo caracteriza la demanda laboral de personas con títulos de educación superior. Para ello, explota información sobre vacantes en línea de Argentina, Chile, Colombia, México y Perú. En cada anuncio figuran las características del puesto de trabajo, incluidas las calificaciones educativas exigidas, la ubicación de la empresa y el sector económico.

Los principales resultados del capítulo pueden resumirse como sigue:

- En promedio, los retornos mincerianos de los programas universitarios son considerablemente más altos que los de PCC. Sin embargo, mientras que los retornos de los títulos universitarios en ALC han ido disminuyendo a lo largo del tiempo, los retornos de los PCC han aumentado en más de la mitad de los países de ALC. En comparación con la alternativa de un título universitario incompleto, los PCC surgen como una alternativa superior en la mayoría de los países.
- Además de los retornos mincerianos promedio, todas las otras métricas de retornos utilizadas en el capítulo relatan una historia coherente de gran heterogeneidad en los retornos de los programas de educación superior en general, y de los PCC en particular. Los retornos de los programas universitarios y de los PCC varían mucho según el área de conocimiento y el tipo de IES; los retornos de los PCC dependen en gran medida de las características de los propios estudiantes y de sus municipios; el nivel de valor agregado de los PCC varía mucho incluso entre programas de la misma área de conocimiento; y las oportunidades de empleo para los graduados de PCC varían mucho según la zona geográfica.
- En Chile y Colombia, los retornos netos de los PCC a lo largo de la vida varían mucho según las áreas de conocimiento y los tipos de instituciones. Aunque los retornos netos promedio de los títulos de PCC son inferiores a los de programas universitarios, existe una gran dispersión. En determinadas áreas, los PCC pueden ofrecer mayores retornos netos que algunos títulos universitarios.
- La oferta local de PCC aumenta la probabilidad de que los estudiantes se matriculen en ellos. Los ejercicios empíricos indican que cuando la disponibilidad de los PCC es mayor, la matrícula en los mismos aumenta; sobre todo porque algunos estudiantes *eluden* los programas universitarios y optan por un PCC. Estos estudiantes, en su mayoría, son hombres y proceden de hogares de ingresos medios. Los ejercicios también indican que los estudiantes se beneficiarían de la ampliación de los PCC porque el título de PCC les proporcionaría una participación en el mercado laboral y unos salarios más altos que un título universitario. Por lo tanto, la ampliación de la oferta de PCC a nivel local puede contribuir a que algunos estudiantes obtengan mejores coincidencias laborales, y que estas sean más productivas.
- El valor agregado a nivel de programa varía entre áreas de conocimiento, pero varía aún más dentro de las mismas, dependiendo, por ejemplo, de las características de la institución y el propio programa (al margen del área). Por ejemplo, los programas de tres años logran mayores contribuciones; es decir, tienen un valor agregado más alto para el empleo y los salarios formales que los programas de dos años.
- Los graduados de PCC tienen una gran demanda con respecto a los graduados de programas universitarios. Para cada tipo de título, la mayoría de las vacantes se publican en el ámbito de la ciencia, la tecnología, la ingeniería y las matemáticas (CTIM) y la empresa. Aunque las vacantes y los graduados de PCC

(que representan la demanda y la oferta del mercado laboral de PCC, respectivamente) se concentran en las zonas más pobladas de cada país, la oferta se concentra más que la demanda. Esto indica un posible desajuste entre el lugar en el que se encuentran los puestos de trabajo y el lugar en el que residen los candidatos. En concreto, es posible que muchos graduados de PCC de zonas menos pobladas no puedan encontrar un puesto de trabajo local adecuado a sus calificaciones; al mismo tiempo, puede que las empresas que pretenden contratar a graduados de PCC en zonas más pobladas no encuentren candidatos locales adecuados.

¿Cuáles son los límites de nuestro conocimiento?

Varios estudios han intentado cuantificar los efectos de los PCC en diversos países. Sin embargo, la naturaleza de estos programas varía significativamente entre países, una característica que se ve reforzada por la dinámica específica de cada país en materia de desarrollo demográfico y económico. Esta circunstancia podría explicar la escasa disponibilidad de datos fiables y comparables.

Un ejemplo de este tipo de datos procede de Europa. En varios países europeos, la formación profesional, que dura entre tres y cuatro años, representa un paso importante en la transición de la educación al trabajo.[1] Esta configuración particular se conoce como sistema dual. Suele organizarse en el marco de la estructura educativa formal e implica una relación laboral además de la educación secundaria y terciaria formal. A menudo incluye programas de educación y formación técnica y profesional (EFTP), que a veces solo duran unos meses y, por lo tanto, no se consideran PCC. La literatura ha documentado que los países con sistemas duales, como Austria, Dinamarca, Alemania y Suiza, experimentan un menor desempleo juvenil y un mayor empleo en ocupaciones calificadas y sectores de altos salarios.[2] Este efecto puede deberse a una mejor adecuación de la formación a la demanda del mercado laboral, ya que el proceso de acumulación de capital humano depende de que los empleadores ofrezcan puestos de trabajo.[3]

Los investigadores también han hecho comparaciones más directas entre la educación «profesional» del segundo ciclo de secundaria o de educación superior (esta última incluye los PCC), y la educación «general», como un programa universitario o un título de educación secundaria no técnico.[4] Han analizado los perfiles de empleo de los graduados de estas distintas opciones educativas a lo largo del tiempo. A partir de datos de 18 países de la Encuesta Internacional sobre Alfabetización de Adultos (IALS, por su sigla en inglés), los estudios han descubierto que, tras tener en cuenta el total de años de educación, los graduados de programas generales obtienen peores resultados de empleo que los graduados de programas de formación profesional al principio de sus trayectorias profesionales, pero mejores posteriormente. Este patrón es especialmente pronunciado en países que se caracterizan por amplios sistemas duales. Las habilidades desarrolladas por los programas de formación profesional pueden facilitar la transición al mercado laboral, pero pueden quedar obsoletas más rápidamente que las que promueven los programas de educación general. Otros estudios han observado patrones similares para la formación profesional con respecto a la educación general[5], incluidos los estudios de países de Europa y Asia central, y África.[6]

En el caso de los países de ALC, los datos de la Encuesta de Trayectorias y Habilidades (ETH) del Banco Interamericano de Desarrollo (BID) para Argentina y Chile sugieren que la educación secundaria y técnica postsecundaria ofrece altos retornos y, por lo tanto, debería recibir más atención dado su potencial para mejorar los resultados del mercado laboral.[7] Sin embargo, los estudios que utilizan datos administrativos para Chile y Colombia estiman los retornos de los programas universitarios y de los PCC y observan que, para una proporción considerable de personas jóvenes, los PCC conllevan pérdidas económicas.[8]

Se han realizado algunos esfuerzos para estimar los retornos laborales de los certificados y los títulos técnicos en los colegios comunitarios estadounidenses.[9] En general, los estudios concluyen que dichas credenciales proporcionan un empleo y/o unos ingresos formales más elevados que la alternativa de no matricularse en un colegio comunitario. También concluyen que los títulos técnicos proporcionan mayores ingresos que los certificados de larga duración, mientras que los datos sobre los certificados de corta duración son menos concluyentes.[10] Aunque estos estudios cuantifican los beneficios de asistir a un colegio comunitario con respecto a no hacerlo, por razones relacionadas con los datos, este capítulo se centra en una comparación de las ganancias relativas de asistir a diferentes PCC, tal como se analiza en la **sección Contribución (valor agregado) de los PCC**.

Parte de la literatura citada anteriormente también sugiere que, si bien los PCC tienen mejores impactos a corto plazo que los programas universitarios, a largo plazo podría ocurrir lo contrario. Para comprender adecuadamente el impacto a corto y largo plazo de los PCC, hay que remitirse a la creciente literatura que documenta el papel fundamental de las habilidades y su desarrollo.[11] Naturalmente, la educación es un canal fundamental para el desarrollo de habilidades. Sin embargo, no está claro si la educación desarrolla habilidades generales o específicas, especialmente en el caso de la educación superior. Que sea lo uno o lo otro depende de las características específicas de los programas y los títulos, que varían entre los países y dentro de ellos. Los PCC se caracterizan por formar capital humano específico a cada profesión y ocupación. En ALC, sin embargo, ocurre lo mismo con los programas universitarios, dado que se centran en el área de conocimiento específica desde el primer año (véase el capítulo 5). Además, tanto los PCC como los programas universitarios permiten adquirir habilidades generales ya que, al ofrecer una educación superior de al menos dos años de duración, en lugar de una mera formación de corta duración, ambos tipos de programas estimulan el desarrollo de múltiples habilidades, como el pensamiento crítico y la resolución de problemas, y de trabajo en equipo y comunicación. En consecuencia, resulta extremadamente difícil —si no imposible— diferenciar entre la combinación de habilidades que incentivan los PCC y los programas universitarios en ALC.

La combinación de habilidades es un factor condicionante fundamental de los efectos a corto y largo plazo de los PCC y los programas universitarios.

Aunque el análisis detallado de la combinación de habilidades de los programas específicos trasciende el alcance de este libro, cabe destacar dos datos. En primer lugar, los directores de PCC entrevistados para la Encuesta de Programas de Ciclo Corto del Banco Mundial (EPCCBM) señalan que sus programas pretenden desarrollar no solo habilidades específicas, sino también generales, incluidas las cognitivas e interpersonales (capítulo 3). En segundo lugar, otros estudios han constatado que los graduados de programas postsecundarios con una fuerte orientación laboral muestran mayores habilidades socioemocionales e interpersonales que otros.[12]

Además, las afirmaciones generales sobre las habilidades y los retornos relativos de los programas universitarios y los PCC deberían estar sujetas a las calificaciones. Por otra parte, como se muestra en la siguiente sección, existe una enorme variación entre los programas universitarios y los PCC en cuanto a sus retornos netos a lo largo de la vida, y algunos PCC superan a algunos programas universitarios. De cara al futuro, los países de ALC deberían considerar la educación superior como una herramienta para promover el aprendizaje a lo largo de toda la vida, en la que una persona continúa adquiriendo habilidades de por vida (capítulo 5). La opción de volver a estudiar cuando sea necesario disminuye el énfasis en las habilidades adquiridas en un programa concreto, ya que permite a las personas adquirir con flexibilidad la combinación de habilidades deseada a lo largo del tiempo.

Por otra parte, es posible que el análisis empírico no refleje adecuadamente la autoselección. En otras palabras, no resulta evidente que el mismo estudiante que se autoselecciona en un PCC obtenga el mismo perfil de empleo promedio que una estudiante que se autoselecciona en un programa universitario. Como se muestra en la sección **Ampliación de la oferta de PCC: ¿a quién beneficiaría y por qué?**, cuando se tiene en cuenta la autoselección (una tarea que resulta difícil en los análisis entre países), la conclusión es que los PCC son más adecuados para estudiantes poco preparados para un programa universitario, al menos en el corto plazo. El motivo es que dichos estudiantes probablemente asistirían a un programa universitario no selectivo. La probabilidad de que se graduaran sería menor que la de estudiantes bien preparados (Ferreyra *et al.* 2017) y, en el caso de graduarse, sus resultados en el mercado laboral serían inferiores a los del promedio. Por tanto, la comparación de la trayectoria promedio de los graduados de PCC y programas universitarios en el mercado laboral alberga una enorme heterogeneidad entre estudiantes y programas.

Ciertamente, no se puede esperar que la educación superior compense completamente una carencia en las competencias básicas que los estudiantes deberían haber adquirido en la educación primaria y secundaria.[13] Casi todos los directores de PCC entrevistados en la EPCCBM afirman que ofrecen clases de nivelación, dadas las graves carencias de los estudiantes que comienzan sus estudios (capítulo 1). Los países de ALC deben seguir mejorando la calidad de sus sistemas de educación básica al mismo tiempo que diseñan un sistema de educación superior para el futuro.

Valor económico de los PCC en ALC[14]

Durante décadas, la economía ha explorado formas de evaluar el valor económico de las inversiones en capital humano (Becker y Chiswick, 1966). Desde una perspectiva conceptual, el reto empírico que se plantea ante estos esfuerzos es sencillo: cómo conseguir la mejor comparación posible de los ingresos promedio entre grupos de personas con diferentes niveles de escolarización, pero con idénticas características respecto a lo demás. Para ilustrar la idea, supongamos que W^{SCP} y W^{HS} son los ingresos promedio de dos grupos: los trabajadores con un título de PCC y los que tienen un título de educación superior como nivel educativo más alto alcanzado, respectivamente. Por tanto, el retorno de un título de PCC con respecto a un título de educación superior se puede aproximar mediante la relación entre W^{SCP} y W^{HS}. Para entender el concepto, cabe considerar, por ejemplo, una relación igual a 1,25, equivalente a un retorno del 25 %. Esto significaría que, en promedio, los trabajadores con un título de PCC ganan un 25 % más que los trabajadores con un título de graduado de educación secundaria. Naturalmente, una comparación justa incluiría grupos que son observacionalmente equivalentes (a excepción del nivel de logro educativo más alto obtenido). Para tener esto en cuenta, el análisis se ajusta en función de las características de los trabajadores. El cuadro 2.2 describe brevemente la ecuación minceriana (Mincer 1974), que es el modelo econométrico convencional utilizado para estimar los retornos de la educación.

La tabla 2.1 muestra los retornos mincerianos de los PCC a principios de los años 2000, a principios de los años 2010 y a finales de los años 2010. En aras de la exhaustividad y la comparación, la tabla también presenta los retornos de todos los títulos de educación superior (o de ciclo corto), y de los títulos universitarios.[15] Estos retornos son relativos a un título de graduado de educación secundaria.

Cuadro 2.2 Estimación de los retornos mincerianos

El análisis pionero de Jacob Mincer (1974) sentó las bases de uno de los modelos econométricos más populares de la economía laboral aplicada: el modelo de Mincer. En síntesis, la estrategia pretende comparar los ingresos de personas que tienen diferentes niveles de escolarización después de controlar otras características observadas (*X*). El resultado de esta comparación se conoce como el retorno minceriano de la educación. En términos formales, cabe considerar el siguiente modelo de regresión (se omiten los subíndices *i* individuales para simplificar):

$$ln\ W(S,X) = \alpha + \beta S + X'\gamma + \varepsilon,$$

donde típicamente *W* denota los ingresos de las personas adultas, *S* denota los años de educación, y *X* es un conjunto de variables, inclusive la experiencia en el mercado laboral, la edad y su cuadrado, la zona urbana y los indicadores de región, entre otros controles. Dado que $ln\ W(S, X) - ln\ W(S-1, X)$ es aproximadamente igual a $(W(S, W) - W(S-1, X))/W(S-1, X)$ para todos los *S*, el coeficiente β se interpreta como el retorno económico de un año adicional de educación.

continúa en la siguiente página

Cuadro 2.2 Estimación de los retornos mincerianos *(continuación)*

Se puede ampliar este escenario para permitir efectos no lineales de educación. Para ello, supongamos que D_S es una variable binaria que toma el valor 1 si el trabajador manifiesta que tiene el nivel de escolarización S como máximo logro educativo, y 0 en el caso contrario; de este modo: $\sum_{s=0}^{S} D_s = 1$. Por tanto, una versión más flexible del modelo de Mincer es:

$$lnW(S, X) = \alpha + \sum_{s=1}^{S} \beta_s D_s + X'\gamma + \varepsilon, \qquad (B2.2.1)$$

donde β_s con $s = 1,\ldots,S$ es el retorno económico del nivel de escolarización D_s con respecto a D_0 (escenario de referencia). En la aplicación empírica descrita en esta sección, el conjunto de niveles de escolarización considerados incluye (a) educación primaria, (b) educación secundaria (título de graduado de educación secundaria), (c) deserción de PCC (educación superior sin título de un PCC), (d) graduación de un PCC, (e) deserción de un programa universitario, y (f) graduación de un programa universitario. Para la mayor parte del análisis, «título de graduado de educación secundaria» es la categoría de referencia, por lo que los parámetros de interés (es decir, los correspondientes a las opciones (c) a (f)) deben interpretarse con respecto a dicho nivel de escolarización. La estimación de la ecuación (B2.2.1) también considera el impacto potencial de la autoselección en el empleo. A tal efecto, la ecuación se estima mediante un modelo de autoselección *à la Heckman*, que utiliza las características del entorno familiar, como restricciones de exclusión.

Tabla 2.1 Retornos mincerianos de los títulos de educación superior en los países de ALC, de 2000 a 2010 (%)

	Títulos de educación superior			*Títulos universitarios*			*Títulos de ciclo corto*		
País	*Principios 2000*	*Principios 2010*	*Finales 2010*	*Principios 2000*	*Principios 2010*	*Finales 2010*	*Principios 2000*	*Principios 2010*	*Finales 2010*
Argentina	56	60	58	72	70	70	32	48	42
Chile	150	142	118	216	198	178	64	62	48
Perú	80	56	62	126	94	110	42	30	32
Ecuador	132	98	88	136	100	96	26	52	44
México	80	84	86	80	82	90	70	46	44
Uruguay	82	74	60	122	92	72	38	56	46
Nicaragua	120	110	100	148	114	104	18	62	74
El Salvador	98	134	102	120	142	98	66	106	110
Honduras	106	128	104	110	132	106	54	46	76
Costa Rica	106	112	126	114	114	142	46	92	36
Paraguay	128	94	116	182	124	134	74	60	80
Bolivia	196	84	106	236	78	108	152	92	100
ALC 17	111	98	93	139	112	109	57	63	60

Fuente: Kutscher y Urzúa (2020), documento de referencia para este libro, basado en la base de datos socioeconómicos para América Latina y el Caribe (SEDLAC).

Nota: La tabla presenta los retornos de títulos de educación superior con respecto a un título de graduado de educación secundaria. La estimación del modelo de Mincer también considera el impacto potencial de la autoselección sobre el empleo. El conjunto de controles incluye la experiencia en el mercado laboral, la edad y su cuadrado, los indicadores de zona urbana y los indicadores de región. Principios de los años 2000: Argentina (2003), Bolivia (2000), Chile (2000), Costa Rica (2001), Ecuador (2003), El Salvador (2000), Honduras (2002), México (2004), Nicaragua (2001), Panamá (2001), Paraguay (2003), Perú (2000), Uruguay (2000). Principios de los años 2010: Argentina (2010), Bolivia (2011), Chile (2011), Costa Rica (2010), Ecuador (2010), El Salvador (2010), Honduras (2010), México (2010), Nicaragua (2009), Paraguay (2010), Panamá (2010), Perú (2010), Uruguay (2011). Finales de los años 2010: Argentina (2016), Bolivia (2016), Chile (2015), Costa Rica (2016), Ecuador (2016), El Salvador (2016), Honduras (2016), México (2016), Nicaragua (2014; no hay datos posteriores disponibles), Paraguay (2016), Panamá (2016), Perú (2016), Uruguay (2016). ALC = América Latina y el Caribe.

La tabla muestra varios resultados interesantes. En primer lugar, independientemente del período de análisis, en la mayoría de los países, los retornos mincerianos de los títulos universitarios son mayores que los de PCC. Los retornos de un título universitario oscilan entre el 70 % (a principios de los años 2010 en Argentina) y el 178 % (a finales de los años 2010 en Chile). En segundo lugar, los retornos de los títulos de educación superior se han caracterizado por un descenso constante entre principios de los años 2000 y finales de los años 2010. Este patrón se debe principalmente a la disminución en el retorno de los títulos universitarios, que pasó del 139 % a principios de los años 2000 al 109 % casi dos décadas después. La evolución del retorno de los PCC ofrece una perspectiva menos pesimista. En promedio, a lo largo de dos décadas, quienes se graduaron de un PCC obtuvieron ingresos aproximadamente un 60 % más altos que los de graduados de educación secundaria. Durante este periodo, los retornos mincerianos de los PCC aumentaron en la mitad de los países.

Los gráficos 2.1 y 2.2 presentan estos resultados de forma visual. El gráfico 2.1 muestra los cambios en los retornos entre principios de los años 2000 y finales de los años 2010 para títulos universitarios y PCC. El gráfico muestra que, mientras

Gráfico 2.1 Cambios en los retornos mincerianos de los títulos universitarios y de PCC, entre principios de los años 2000 y finales de los años 2010

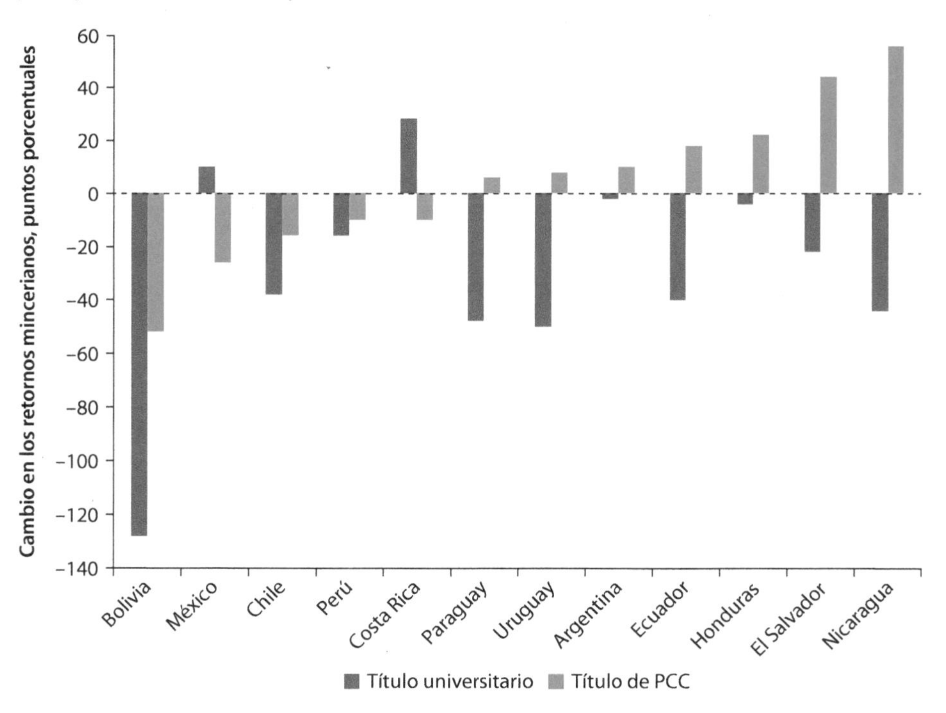

Fuente: Kutscher y Urzúa (2020), documento de referencia para este libro, basado en la base de datos socioeconómicos para América Latina y el Caribe (SEDLAC).
Nota: Este gráfico se sirve de los resultados obtenidos mediante la estimación del modelo de Mincer descrito en el cuadro 2.2. Muestra la diferencia entre los coeficientes estimados asociados con las categorías de escolarización relevantes (título universitario y de ciclo corto) entre principios de los años 2000 y finales de los años 2010. Los resultados se presentan como diferencias en puntos porcentuales. PCC = programa de ciclo corto.

Gráfico 2.2 Retornos mincerianos de un título de PCC en América Latina y el Caribe, por país, finales de los años 2010 (%)

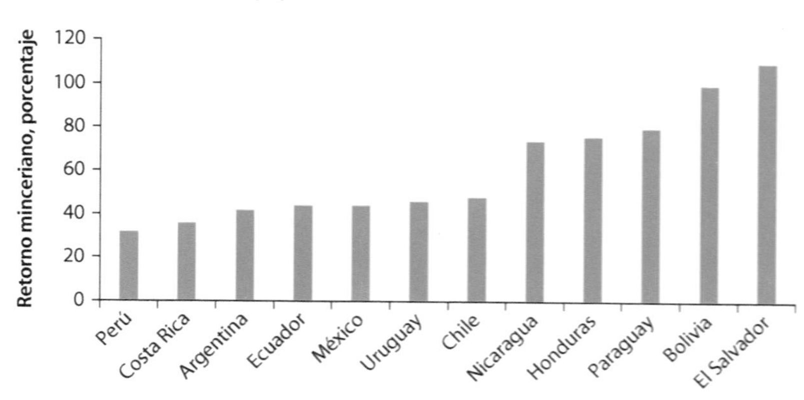

Fuente: Kutscher y Urzúa (2020), documento de referencia para este libro, basado en la base de datos socioeconómicos para América Latina y el Caribe (SEDLAC).
Nota: El gráfico muestra los retornos de un título de PCC con respecto a un título de graduado de educación secundaria a finales de los años 2010. Los coeficientes representan la diferencia promedio de los ingresos mensuales (ln) entre trabajadores con un título de PCC y trabajadores con un título de graduado de educación secundaria, al controlar el género, la edad y su cuadrado, los indicadores de zona urbana y los indicadores regionales por país. Los retornos se computan como la función exponencial del coeficiente menos 1. La estimación del modelo de Mincer también considera el impacto potencial de la autoselección sobre el empleo. PCC = programa de ciclo corto.

que la mayoría de los países sufrieron una reducción en los retornos de los títulos universitarios, 7 de los 12 países registraron un aumento en los retornos de los programas de corta duración, que osciló entre un 5 % y un 45 %. El gráfico 2.2 muestra los retornos de los títulos de ciclo corto en los 12 países y para el periodo de análisis más reciente (finales de los años 2010), que también se muestran en la tabla 2.1. Para El Salvador y Bolivia, el modelo de Mincer arroja estimaciones superiores al 100 %; el intervalo se sitúa entre el 40 % y el 80 % para Argentina, Chile, Ecuador, Honduras, Paraguay y Uruguay; y entre el 20 % y el 40 % para Costa Rica y Perú. En general, estos resultados sugieren una ventaja de los títulos de ciclo corto frente a la alternativa del título de graduado de educación secundaria.

Es posible que, a primera vista, las ventajas de los títulos de PCC con respecto al título de graduado de educación secundaria que se muestran en el gráfico 2.2 no resulten sorprendentes, ya que, en última instancia, reflejan el retorno económico de las nuevas habilidades y capacidades. Un grupo de comparación más estricto sería el de aquellos que inician programas universitarios, pero desertan antes de obtener el título, es decir, los desertores de programas universitarios. El gráfico 2.3 presenta los resultados. Estos indican que, en la mayoría de los países, los retornos de títulos de PCC son más altos que los de programas universitarios incompletos. Por lo tanto, en comparación con la deserción de un programa universitario, los PCC destacan como una alternativa económicamente superior (con la excepción de Chile y Perú, donde la diferencia entre los retornos no es significativamente diferente de cero).[16]

Gráfico 2.3 Título de un programa de ciclo corto con respecto a la deserción de programas universitarios: retornos mincerianos, finales de los años 2010 (%)

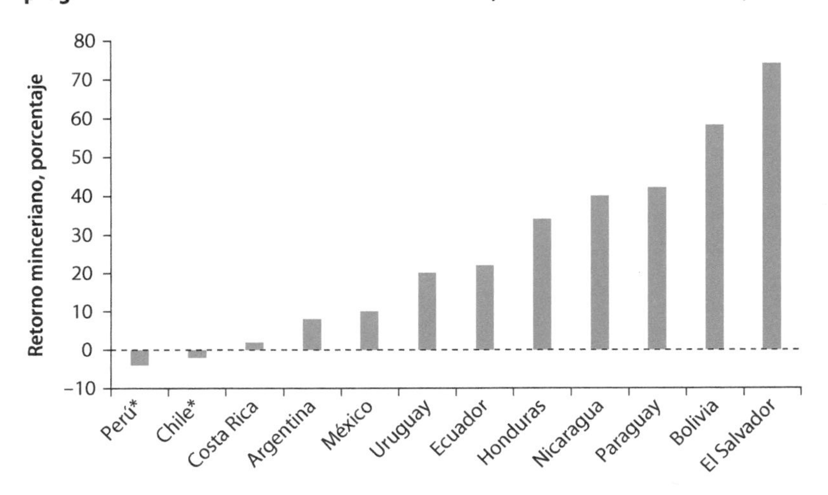

Fuente: Kutscher y Urzúa (2020), documento de referencia para este libro, basado en la base de datos socioeconómicos para América Latina y el Caribe (SEDLAC).
Nota: Este gráfico se sirve de los resultados obtenidos mediante la estimación del modelo de Mincer descrito en el cuadro 2.2., y muestra la relación (menos 1) entre los coeficientes estimados correspondientes a un título de PCC y a un programa universitario incompleto.
* El coeficiente no es estadísticamente diferente de cero.

Aunque este análisis es informativo, no capta totalmente algunos elementos cruciales, como los costos de matrícula y de oportunidad que conlleva la asistencia a la educación superior. Además, los resultados podrían velar una considerable heterogeneidad en los retornos de títulos universitarios y de PCC; por ejemplo, entre instituciones y áreas de conocimiento.[17] La siguiente sección profundiza en el análisis de la heterogeneidad en los retornos de la educación superior.

Costos, duración y retornos económicos: Chile y Colombia

Pese a ser informativos sobre las primas de ingresos, los retornos mincerianos no contemplan algunos de los aspectos cruciales que configuran el impacto global de los títulos de educación superior sobre los resultados de las personas en el mercado laboral. Por ejemplo, los retornos mincerianos no dan cuenta de los costos directos, como la matrícula y las tasas, ni de los costos de oportunidad indirectos de los ingresos no percibidos. Por lo tanto, podrían caracterizar erróneamente los beneficios y/o costos relativos asociados con los distintos tipos de títulos de educación superior.

Estudios recientes han documentado retornos negativos de algunos programas de educación superior en Chile y Colombia tras tener en cuenta los costos directos e indirectos. Esta sección desarrolla el análisis a partir de los estudios de Espinoza y Urzúa (2018) y González-Velosa *et al.* (2015), y se basa en datos administrativos a nivel de estudiante de Chile y Colombia para estimar los retornos económicos netos de los programas de educación superior teniendo en cuenta estos aspectos. El cuadro 2.3 describe el enfoque adoptado.

Chile y Colombia tienen sistemas de educación superior complejos. Chile cuenta con tres tipos de IES: universidades (que ofertan títulos universitarios), institutos profesionales (que ofertan PCC de cuatro años) y centros de formación técnica (solo habilitados para PCC de dos años). En Colombia existen cuatro tipos de IES: universidades, institutos universitarios, institutos tecnológicos e institutos técnicos profesionales. En la educación superior, hay tres niveles:

Cuadro 2.3 Valor de un título de educación superior en todo el ciclo de vida

La estimación de los retornos económicos netos de la educación superior en los ingresos a lo largo de la vida puede aportar datos sobre los efectos generales a largo plazo del proceso de acumulación de capital humano. Considérese la decisión de escolarización de una persona que, tras finalizar la educación secundaria, ha de decidir si desea cursar un título de educación superior. Supongamos que está sopesando las alternativas de matricularse en un programa de educación superior o incorporarse al mercado laboral al término de la educación secundaria. Los retornos *ex post* del programa, que dependen de la combinación de la institución, el tipo de título y la especialidad, pueden expresarse de la siguiente manera:

$$r_{HS}(j) = \frac{NPV(j) - NPV_{HS}}{NPV_{HS}},$$

donde $NPV(j)$ es el valor presente neto de las ganancias de cursar un título j y NPV_{HS} es el valor presente de no cursar estudios de educación superior después de graduarse en la educación secundaria. En términos formales:

$$NPV(j) = \sum_{t=d_{j+1}}^{R} \frac{Y_j(t)}{(1+r)^t} - \sum_{t=1}^{d_j} \frac{C_j}{(1+r)^t} \text{ y. } NPV_{HS} = \sum_{t=1}^{R} \frac{Y_{HS}(t)}{(1+r)^t},$$

donde $Y_j(t)$ son los ingresos asociados con el programa j a la edad t, C_j representa las tasas de matrícula, d_j es la duración teórica del programa, r es la tasa de descuento, R denota la edad de jubilación, y $Y_{HS}(t)$ representa los ingresos contrafácticos percibidos conforme a la alternativa de un título de graduado de educación secundaria (y ninguna educación superior). A partir de datos a nivel individual, Espinoza y Urzúa (2017) proponen una estrategia. Los resultados que se presentan en este capítulo siguen su enfoque. Una premisa clave es que la persona promedio que obtiene un título de educación superior habría recibido ingresos contrafactuales comparables a los del percentil 75 de la distribución de ingresos entre graduados de educación secundaria.

Los retornos *ex post* recaen sobre los estudiantes que se gradúan de sus programas; es decir, son condicionales a la graduación. En cambio, los retornos *ex ante* tendrían en cuenta la probabilidad de graduarse y ponderarían los retornos *ex post* conforme a ello. Los cálculos anteriores pueden ampliarse para obtener los retornos *ex ante* e incondicionales previstos. No obstante, por razones de claridad, este capítulo se centra en los retornos *ex post*.

---

técnico-profesional (PCC), tecnológico (PCC) y profesional (programa universitario). Las universidades y los institutos universitarios pueden ofertar cualquiera de los tres tipos de títulos, mientras que los institutos tecnológicos y los institutos técnicos profesionales solo pueden impartir títulos de PCC. Además, aunque el Servicio Nacional de Aprendizaje (SENA) se centra sobre todo en la formación profesional y los programas de aprendizaje profesional, esta institución pública también imparte títulos de PCC que son comparables a las que otorgan los institutos técnicos (véase el capítulo 1).

En principio, estas intrincadas estructuras podrían impedir una clara identificación de los PCC, pero los datos administrativos permiten establecer una categorización precisa. El cuadro 2.2 presenta las estadísticas básicas de los sistemas de educación superior de Chile y Colombia.

Un gran número de IES y programas emerge como una característica distintiva de los sistemas de educación superior en ambos países, con costos promedio de matrícula en un rango de 3.500 a 6.500 dólares estadounidenses. Estas cifras representan una fracción significativa del producto interno bruto per cápita —14.450 dólares estadounidenses para Colombia en 2018 y 24.000 dólares estadounidenses para Chile en 2019 (dólares de paridad del poder adquisitivo)—. La variación de la matrícula entre programas, tal como indica la literatura, contribuye a grandes disparidades en sus retornos netos (Espinoza y Urzúa 2018; Ferreyra *et al.* 2017). Esta sección considera dichos datos, pero, a diferencia de estudios anteriores, se centra en los PCC.

Para empezar, cabe plantearse la siguiente pregunta: si se trata de retornos de las IES, ¿constituyen los títulos universitarios la alternativa más rentable? De acuerdo con los retornos mincerianos que figuran en la tabla 2.1, la respuesta a esta pregunta sería un firme sí. Sin embargo, este punto de vista omite dos hechos centrales que se reflejan en la tabla 2.2. En primer lugar, en promedio, los PCC son más cortos que los programas universitarios. En segundo lugar, en promedio, tienen una matrícula más baja. Teniendo en cuenta estos datos, la respuesta a la pregunta podría variar, ya que los PCC podrían competir con los programas universitarios.

Para explorar estas cuestiones, el gráfico 2.4 analiza el caso de Chile y compara, entre áreas de conocimiento, los retornos netos promedio de los PCC y los títulos universitarios. El enfoque en las universidades asegura una comparación significativa que no sufre efectos de heterogeneidad derivados de los tipos de IES. En particular, los títulos de PCC en artes y ciencias sociales que otorgan las universidades proporcionan, en promedio, mayores retornos netos que los títulos universitarios expedidos por las mismas instituciones. Por lo tanto, incluso entre títulos de universidades, a veces los PCC son la mejor alternativa.

En el caso de Colombia se observa un resultado similar. Kutscher y Urzúa (2020), que se centran en los títulos universitarios de Colombia, muestran que, a pesar de la ventaja general de los títulos universitarios, los títulos de PCC especializados en ciencias sociales tienen un retorno promedio superior (60 %) al de los títulos universitarios en la misma área (40 %). Además, los abundantes datos administrativos de Colombia permiten estimar los retornos netos para hombres

Tabla 2.2 Estadísticas descriptivas, educación superior en Chile y Colombia

	Tipos de IES		
A. Chile (2019)	*Centros de formación técnica (PCC de 2 años)*	*Institutos profesionales (PCC de 4 años)*	*Universidades (Programa universitario y PCC)*
Lado de la demanda			
Matrícula total (número)	137.940	379.456	676.915
Matrícula de primer año (número)	60.927	122.616	152.153
Lado de la oferta			
Número de IES	48	41	61
Número de programas	3.185	7.313	6.864
Duración (años)	2,3	2,9	4,0
Costos de matrícula (dólares, PPA 2019, anuales)	$3.562	$3.667	$6.224

	Tipos de IES			
B. Colombia [2018-12]	*Institutos técnicos profesionales (PCC)*	*Institutos tecnológicos (PCC)*	*Institutos universitarios (Programa universitario y PCC)*	*Universidades (Programa universitario y PCC)*
Lado de la demanda				
Matrícula (número)	1.983	10.129	11.230	40.043
Matrícula de primer año (número)	1.327	5.647	8.155	26.410
Lado de la oferta				
Número de IES	34	49	133	132
Número de programas	964	2,152	4,174	6,840
Duración (años)	2,7	2,6	3,6	4,4
Costos de matrícula (dólares, PPA 2019, anuales)	$3.829	$4.477	$4.555	$6.522

Fuente: Kutscher y Urzúa (2020), documento de referencia para este libro. Cálculos basados en Mi futuro del Ministerio de Educación de Chile, y Sistema Nacional de Información de la Educación Superior (SNIES) del Ministerio de Educación Nacional de Colombia.
Nota: No se incluyen los PCC del Servicio Nacional de Aprendizaje (SENA). IES = institución de educación superior; PCC = programa de ciclo corto; PPA = paridad del poder adquisitivo.

y mujeres por separado. Los autores constatan que los retornos netos de los títulos universitarios son mayores para los hombres que para las mujeres, independientemente del tipo de IES, aunque existen algunas excepciones. Por ejemplo, entre los títulos universitarios en el ámbito de la salud, los retornos netos de PCC son un 18 % más altos para las mujeres que para los hombres (en cambio, los retornos netos de los títulos universitarios son un 71 % más altos para los hombres que para las mujeres).

¿Son los retornos de los títulos de PCC más elevados cuando las otorga una universidad en comparación con otras IES? El gráfico 2.5 se centra en Chile y compara, por áreas de conocimiento, los retornos netos promedio de los títulos de PCC que otorgan los distintos tipos de IES. Los estudiantes que obtuvieron estos títulos de universidades en áreas como el derecho y las ciencias sociales perciben mayores retornos netos que los que obtuvieron los mismos títulos de

Gráfico 2.4 Retornos netos promedio de títulos universitarios y de PCC de universidades chilenas, por área de conocimiento

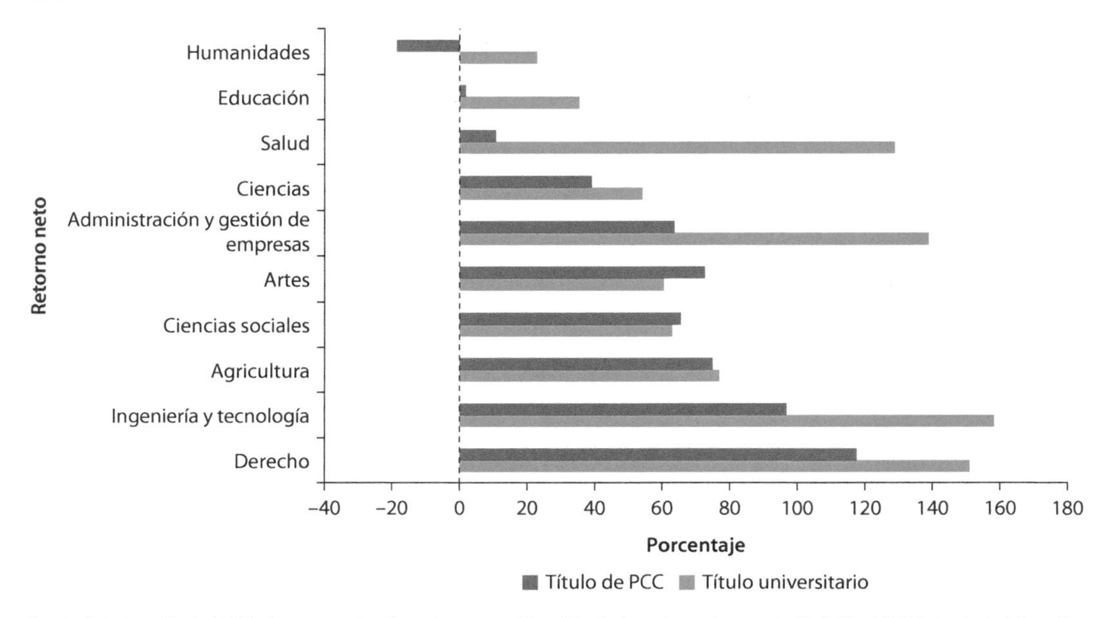

Fuente: Kutscher y Urzúa (2020), documento de referencia para este libro. Cálculos basados en datos a nivel individual del Ministerio de Educación de Chile, Servicio de Información de Educación Superior (SIES) y Mi futuro.
Nota: Los retornos netos son relativos a un título de graduado de educación secundaria. El gráfico muestra los promedios de los retornos individuales. PCC = programa de ciclo corto.

Gráfico 2.5 Retornos netos promedio de los PCC, por área de conocimiento y tipo de institución, Chile

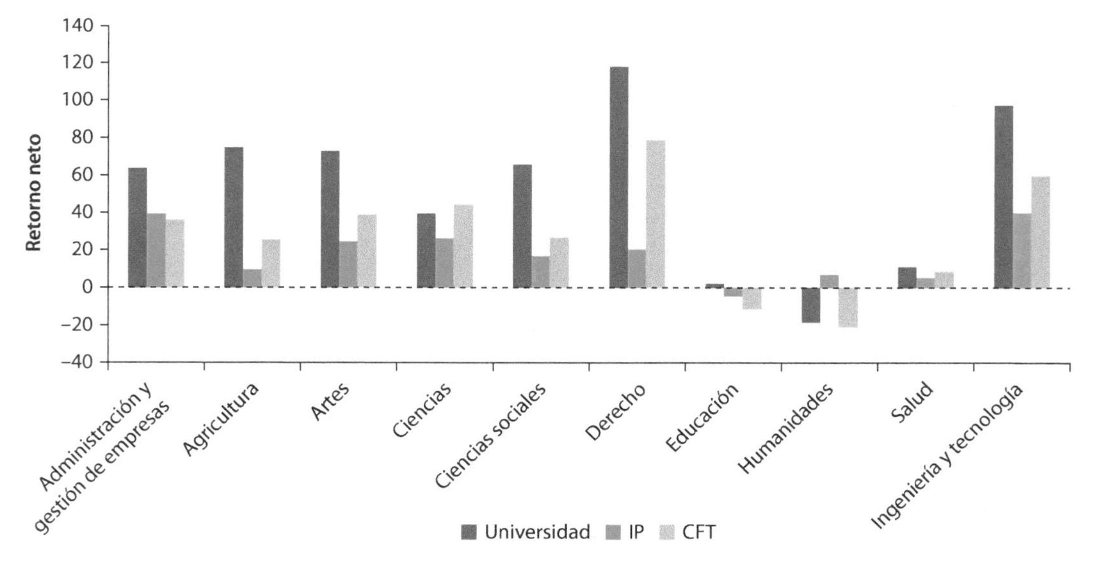

Fuente: Kutscher y Urzúa (2020), documento de referencia para este libro. Cálculos basados en datos a nivel individual del Ministerio de Educación de Chile, Servicio de Información de Educación Superior (SIES) y Mi futuro.
Nota: Los retornos netos son relativos a un título de graduado de educación secundaria. El gráfico muestra los promedios de los retornos individuales. CFT = centros de formación técnica; IP = institutos profesionales; PCC = programa de ciclo corto.

PCC de IES no universitarias. Sin embargo, en el área de ciencias, algunos títulos de PCC de IES no universitarias generan retornos superiores a los de las universidades.

El gráfico 2.6 efectúa una comparación similar para Colombia. En todas las áreas, excepto en artes, los retornos son mayores en algún tipo de IES no universitaria que en las universidades. Por ejemplo, el retorno neto promedio de un título de salud en un instituto tecnológico es superior al 60 %, mientras que en una universidad es inferior al 4 %. Por tanto, en Chile y Colombia, los PCC que ofertan las IES no universitarias suelen producir mayores retornos que los de universidades, y esto es particularmente cierto en el caso de Colombia.

¿Se puede profundizar en la comparación de los retornos promedio por área de conocimiento y tipo de institución? Sí, porque los datos a nivel individual para Chile y Colombia permiten calcular la distribución de los retornos promedio a nivel de programa por área de conocimiento. El gráfico 2.7 presenta los retornos netos de los percentiles 25 (círculo) y 75 (cuadrado) de estas distribuciones para los títulos universitarios (en color azul) y PCC (en color anaranjado). El panel a muestra Chile y el panel b muestra Colombia. En aras de la exhaustividad, el gráfico presenta también los promedios (rombos) de las distribuciones correspondientes. Para simplificar, los términos «peor» y «mejor» se utilizan para referirse a los percentiles 25 y 75, respectivamente.

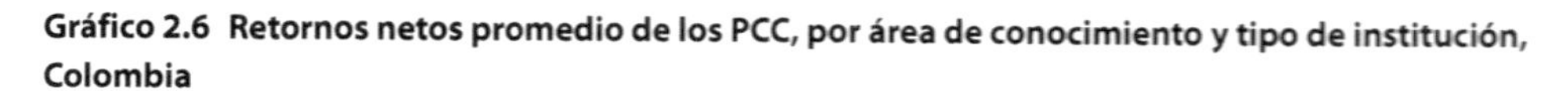

Gráfico 2.6 Retornos netos promedio de los PCC, por área de conocimiento y tipo de institución, Colombia

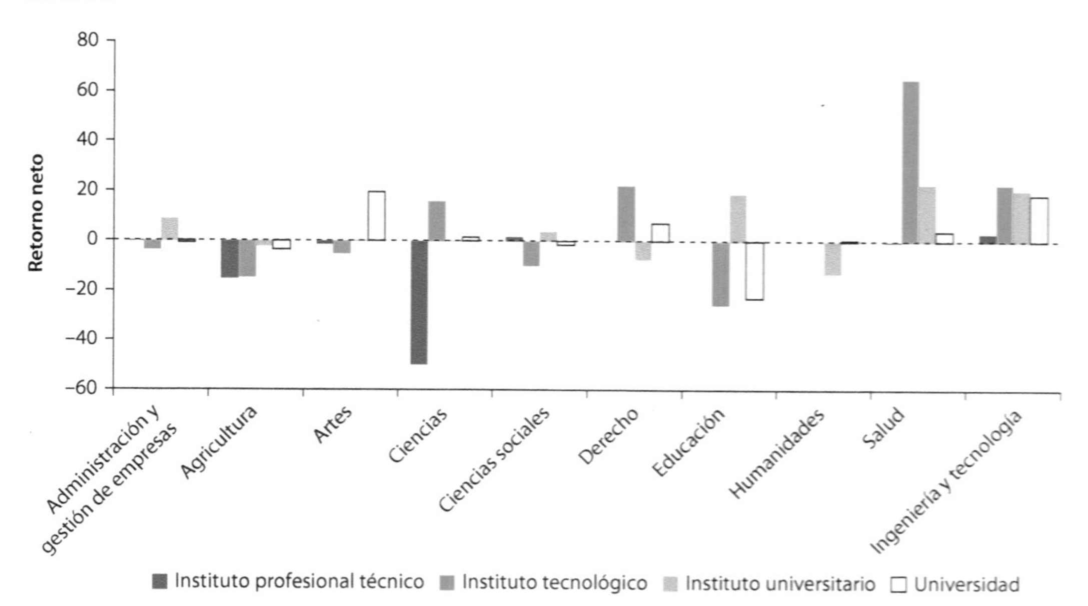

Fuente: Kutscher y Urzúa (2020), documento de referencia para este libro. Cálculos basados en datos del Ministerio de Educación Nacional de Colombia, Sistema Nacional de Información Educativa (SNIE) y Observatorio Laboral para la Educación (OLE) de Colombia.
Nota: Los retornos netos son relativos a un título de graduado de educación secundaria. El gráfico muestra los promedios de los retornos individuales. En el caso de Colombia, no se incluyen los PCC del Servicio Nacional de Aprendizaje (SENA). PCC = programa de ciclo corto.

Gráfico 2.7 Heterogeneidad en los retornos promedio de los programas de educación superior, por área de conocimiento y tipo de título

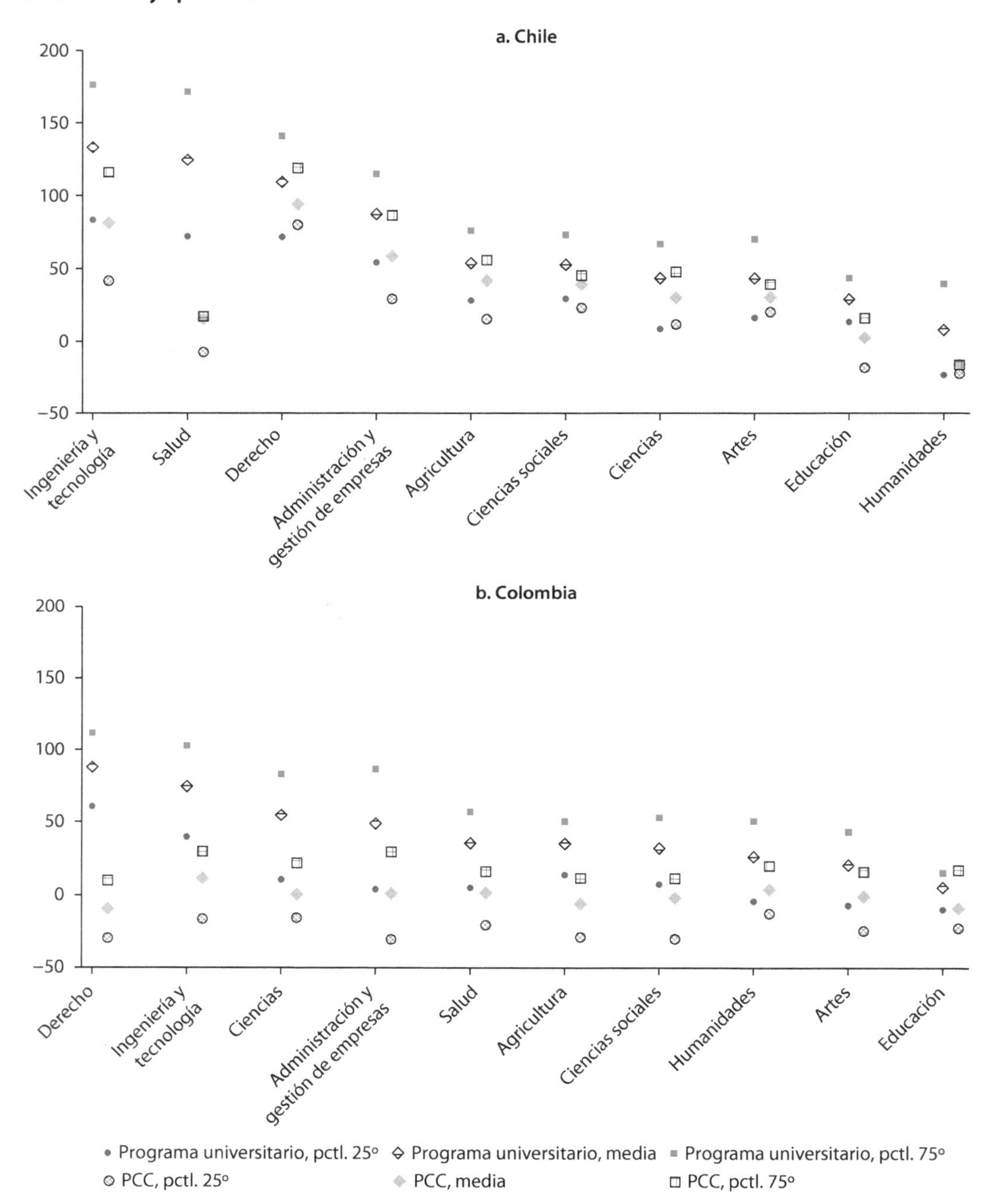

Fuente: Cálculos del Banco Mundial, basados en datos a nivel individual del Ministerio de Educación de Chile, Servicio de Información de Educación Superior (SIES) y Mi Futuro; Ministerio de Educación Nacional, Sistema Nacional de Información de la Educación Superior (SNIES) y Observatorio Laboral para la Educación (OLE) de Colombia.

Nota: Los retornos netos son relativos a un título de graduado de educación secundaria. Para cada país y tipo de programa, el gráfico muestra el promedio, el percentil 25° y el percentil 75° de la distribución de los retornos (promedio) de los programas por área de conocimiento. En el caso de Colombia, no se incluyen los PCC del Servicio Nacional de Aprendizaje (SENA). PCC = programa de ciclo corto.

En ambos países, resulta llamativa la variación de los retornos a nivel de programa entre áreas, ya que oscila entre el -30 % y el 180 %. En todas las áreas de conocimiento, los programas universitarios generan un retorno neto más alto que el PCC promedio, aunque en algunas áreas el PCC promedio produce un retorno neto más alto que los «peores» programas universitarios. Además, en la mayoría de las áreas de conocimiento, los «mejores» PCC proporcionan mayores retornos netos que los «peores» programas universitarios. En Chile, el PCC promedio en áreas como la ingeniería y la tecnología o el derecho proporciona un retorno neto más elevado que el programa universitario promedio en áreas como las artes, la educación o las humanidades. En Colombia, el PCC promedio en ingeniería y tecnología procura un retorno neto superior al de los «peores» programas universitarios en casi todas las demás áreas. En otras palabras, varios PCC ofrecen un mayor retorno que muchos programas universitarios.

Cabe hacer una aclaración importante sobre el análisis anterior de los retornos Los retornos negativos de un programa no indican necesariamente que cursarlo no merezca la pena. El programa puede ser valioso desde un punto de vista social, como es el caso de los programas de educación primaria y trabajo social; también puede proporcionar a los estudiantes retornos de valor no pecuniario. El análisis trata más bien de mostrar que, para los estudiantes interesados en aumentar sus ingresos de por vida, algunos programas son claramente mejores que otros. También pretende alertar a las autoridades reguladoras de la gran variación que existe en los retornos de los PCC, y aportarles datos para que puedan tomar decisiones informadas (capítulo 5).

En definitiva, a pesar de las grandes disparidades entre tipos de IES y áreas de conocimiento, las estimaciones de los retornos netos de Chile y Colombia indican que los PCC podrían generar mayores beneficios económicos en comparación con los títulos universitarios. Entre las instituciones que otorgan títulos de PCC, las universidades no son siempre la opción más rentable, ya que otros tipos de IES brindan mayores retornos dependiendo del área de conocimiento. En vista del estigma de los PCC en la región y las diferencias de financiación entre los programas universitarios y PCC (véase el capítulo 1), estos resultados sugieren que las familias, los estudiantes y las autoridades responsables del diseño de las políticas podrían estar subestimando los beneficios económicos de los PCC.

Ampliación de la oferta de PCC: ¿a quién beneficiaría y por qué?[18]

La región de ALC ha sido testimonio de esfuerzos para ampliar la oferta de los PCC durante los últimos 20 años. Por ejemplo, el número de PCC en Colombia y Chile creció aproximadamente un 3 % y un 2 % al año, respectivamente, entre principios de los años 2000 y finales de los años 2010 (véase el capítulo 3).[19] ¿Aumentan las probabilidades de que los estudiantes cursen un PCC si se amplía la oferta de programas?, ¿se benefician los estudiantes de un PCC con respecto a no cursar ningún tipo de educación superior?, ¿se benefician de un PCC con respecto a cursar un programa universitario? Responder a estas preguntas es fundamental para las autoridades responsables del diseño de las políticas con un interés en ampliar la oferta de PCC.

La respuesta a estas preguntas depende en gran medida de las opciones de los estudiantes; es decir, lo que elegirían si no se ofertaran PCC. Cuando se ofertan PCC, hay dos tipos de estudiantes: (a) los estudiantes que *eluden* un programa universitario y se matriculan en un PCC, y (b) los estudiantes que *acceden* al sistema de educación superior al matricularse en un PCC. Es probable que los estudiantes de estos grupos difieran en sus características, preferencias y habilidades previas, así como en las ganancias o pérdidas que obtendrían del PCC. La identificación de los estudiantes de las categorías (a) y (b) es, en definitiva, un reto conceptual y de políticas relevante.

Los graduados de educación secundaria se enfrentan a una importante decisión: matricularse o no en la educación superior y, en caso de matricularse, elegir un programa universitario o un PCC. Aunque algunos estudiantes pueden tener marcadas preferencias por una de las opciones, no hay ninguna razón previa para pensar que una alternativa es mejor que la otra para *todos* los estudiantes. Aunque los estudiantes que no cursan estudios de educación superior se incorporan antes al mercado laboral que los que cursan estudios superiores, algunos de ellos podrían beneficiarse de retrasar dicha incorporación y matricularse en un PCC. Para otros, la elección de un programa universitario en lugar de un PCC podría perjudicar su trayectoria en el mercado laboral si están mejor preparados para adquirir las habilidades prácticas de un PCC que las habilidades académicas tradicionales de un programa universitario.

Colombia constituye un entorno único para analizar estas opciones de educación superior y sus efectos en el mercado laboral. Según lo descrito en el cuadro 2.1, los datos administrativos permiten a los investigadores hacer un seguimiento de los graduados de educación secundaria, observar sus trayectorias de educación superior[20] y, en el caso de los graduados de la educación superior, observar su empleo y sus ingresos en el mercado formal. Con estos datos, Ferreyra, Galindo y Urzúa (2020) calculan el efecto de las decisiones de matrícula en la cohorte de graduados de educación superior de 2005 sobre su probabilidad de empleo formal y sus ingresos promedio en 2013. La estimación de este efecto no es sencilla debido a la *autoselección*: los graduados de educación secundaria que eligen matricularse en un PCC pueden ser diferentes de los que toman otras decisiones, en características observadas (por ejemplo, ingresos familiares) y no observadas (por ejemplo, perseverancia). Una comparación pertinente debe tener en cuenta estas diferencias.

Para resolver el problema, los autores se centran en una variable que no pertenece a los propios estudiantes, pero que puede ayudar a explicar sus decisiones: la oferta de PCC en su municipio. La razón es que la existencia de un PCC en su municipio facilita —y abarata— sus costos de matrícula. El gráfico 2.8 confirma esta intuición. En él se analizan las elecciones promedio de los estudiantes de la cohorte de educación secundaria de 2005 que vivían en un municipio donde se ofertaba un PCC con respecto a las elecciones de estudiantes que vivían en municipios carentes de PCC. Según lo esperado, era más probable que el primer grupo se matriculara en estos programas (10,4 % frente a 7,3 %; véanse las barras en color anaranjado del gráfico 2.8). En otras palabras, la oferta de PCC es uno de los factores condicionantes de las decisiones de los estudiantes sobre la matrícula.

Provistos de estos datos, cabe plantearse la siguiente pregunta: ¿qué estudiantes se interesarían por la apertura de una institución que ofrezca PCC en un radio de 10 kilómetros de su municipio? Para responderla, en primer lugar, hay que considerar el escenario de referencia: la ausencia de dicha institución. En tal caso, los estudiantes pueden elegir entre las tres opciones siguientes: no matricularse en la educación superior, matricularse en un PCC (fuera del radio de 10 kilómetros) o matricularse en un programa universitario. Una vez que la institución que ofrece PCC se abre en un radio de 10 kilómetros, los estudiantes pueden seleccionar las mismas opciones que antes, pero también pueden matricularse en un PCC en la nueva institución. ¿Qué harán? Al abordar la cuestión de la autoselección a través de la oferta de PCC y modelar las respuestas de los estudiantes basándose en principios económicos básicos, Ferreyra, Galindo y Urzúa (2020) demuestran que la matrícula de PCC aumentaría, sobre todo, como resultado de los estudiantes que *eluden* los títulos universitarios, frente a los estudiantes que *acceden* a la educación superior. En otras palabras, la disponibilidad de PCC permitiría que algunos estudiantes (los «permutadores») permuten un programa universitario por un PCC. Además, los permutadores serían, en su mayoría, hombres poco preparados para la educación superior, procedentes de hogares desfavorecidos y de municipios pequeños o medianos. Además, lo que es más importante para este capítulo: si los permutadores persistieran en su elección de un programa universitario en lugar de permutar por un PCC, su tasa de empleo

Gráfico 2.8 Matrícula en educación superior, por oferta de instituciones de ciclo corto

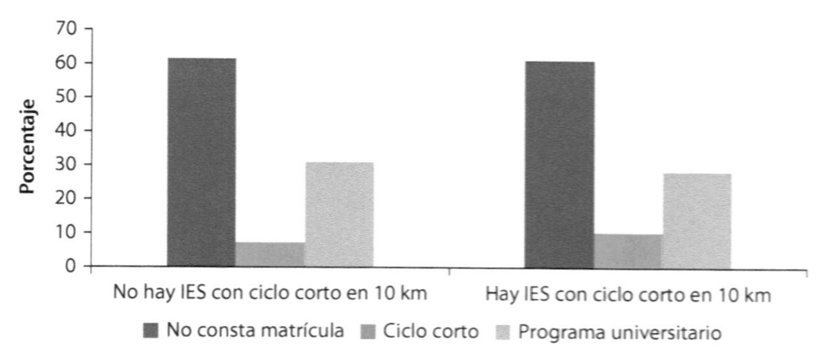

Fuente: Ferreyra, Galindo y Urzúa 2020, documento de referencia para este libro, basado en datos del Sistema Nacional de Información Educativa y Ministerio de Educación Nacional de Colombia.
Nota: El gráfico muestra el porcentaje de estudiantes que eligen cada opción (no matriculados en educación superior, matriculados en un PCC y matriculados en un programa universitario) según la oferta de IES de ciclo corto en un radio de 10 kilómetros desde el municipio del centro de educación secundaria del estudiante. Los porcentajes tienen en cuenta las diferencias en las características socioeconómicas de los estudiantes, las calificaciones del examen de egreso de la educación secundaria y las características locales (municipio). km = kilómetro; PCC = programa de ciclo corto.

formal y sus salarios serían inferiores a los percibidos tras cursar un PCC. Es decir, los PCC son una mejor opción para dichos estudiantes —en términos formales, estos experimentan un efecto positivo del tratamiento de los PCC— ya que la oferta de PCC les permite obtener coincidencias laborales mejores y más productivas en el mercado laboral.

El resultado de que los cambios en la oferta de PCC no llevarían a muchos graduados de educación secundaria a cursar estudios de educación superior puede indicar que lo que impide su acceso no son las limitaciones de la oferta, sino las limitaciones crediticias a largo plazo. De hecho, Ferreyra *et al.* (2017) documentan que estas limitaciones tienen un papel más importante en el acceso a la educación superior que las limitaciones crediticias a corto plazo. No obstante, hay un grupo de estudiantes de educación secundaria que accedería a la educación superior si mejoraran las condiciones del mercado laboral local para los graduados de PCC. En su mayoría, se trata de mujeres procedentes de familias desfavorecidas y numerosas. Un título de PCC les proporcionaría una tasa de empleo formal y unos salarios más elevados que los de un título de graduado de educación secundaria. Este resultado refleja las disparidades de género en la región. Es posible que la ampliación de PCC no sea suficiente para atraer a mujeres graduadas de educación secundaria hacia la educación superior.

En resumen, esta sección ilustra que la ampliación de PCC podría tener diferentes efectos en los distintos estudiantes, dado que los efectos de los PCC varían entre estudiantes, dependiendo de sus decisiones en el caso de no matricularse en un PCC (su alternativa o segunda mejor opción) y de sus características personales. En el caso de estudiantes hombres con escasa preparación académica, que proceden de familias desfavorecidas y de municipios pequeños o medianos, los PCC permiten obtener mejores perspectivas laborales y salariales que la alternativa de un programa universitario. En el caso de las estudiantes mujeres procedentes de familias numerosas y desfavorecidas, pero no necesariamente poco preparadas, los PCC generan mejores resultados en el mercado laboral que la alternativa de no cursar estudios de educación superior. Por tanto, la diversidad de ofertas de alta calidad en el sistema de educación superior, incluidos los PCC y los programas universitarios, debería permitir a las personas encontrar su mejor opción, la más productiva. Esto coincide con el resultado del capítulo anterior referente a los retornos de los PCC, que distan mucho de ser homogéneos.

Contribución (valor agregado) de los PCC[21]

Esta sección se centra en la contribución de los PCC a los resultados de los estudiantes; es decir, el valor que agregan. Para distinguir las contribuciones de un programa de sus resultados, basta con considerar, por ejemplo, el salario que gana una graduada de un programa de este tipo inmediatamente después de su graduación. Este salario es el resultado de sus propias contribuciones (por ejemplo, la capacidad y el esfuerzo), las de sus pares y las del programa (por ejemplo, el plantel docente y las instalaciones). El objetivo, por tanto, es cuantificar la contribución del valor agregado del programa —neta de la contribución hecha por la propia estudiante y sus pares—, a los primeros resultados del mercado laboral (empleo en el sector formal y salarios). La atención se centra en Colombia, cuyos abundantes datos administrativos permiten efectuar esta estimación. El cuadro 2.4 presenta el enfoque de estimación utilizado en el documento de referencia de Ferreyra *et al.* (2020), redactado para este libro.

La tabla 2.3 presenta las estadísticas de los resultados y las contribuciones de los programas al empleo formal y los salarios mensuales. En concreto, la tabla resume el número de programas, la media de los resultados reales y las estadísticas de la distribución de las contribuciones a nivel de programa (la media y los percentiles 25°, 50° y 75°). Los datos estadísticos se refieren a todos los programas y a los programas de áreas de conocimiento específicas.

En el programa promedio, el 76 % de los graduados encuentra empleo en el sector formal (en cambio, solo el 36 % de las personas de entre 25 y 65 años consigue un empleo formal en Colombia). Entre los graduados de PCC empleados en el sector formal, el salario mensual promedio es de 891.000 pesos colombianos (aproximadamente 450 dólares estadounidenses en 2013), que es superior al salario mínimo mensual de 2013 (590.000 pesos colombianos, o 315 dólares estadounidenses).

Cuadro 2.4 Estimación del valor agregado

Se considera el resultado Y_{ijt}^{k}, donde *k* se refiere a los resultados de interés, *i* al estudiante, *j* al programa y *t* a la cohorte. De este modo, se puede postular lo siguiente:

$$Y_{ijt}^{k} = X_i{}'\alpha^k + Z_{ijt}{}'\beta^k + u_j^k + \delta_t^k + \epsilon_{ijt}^{k},$$

donde X_i contiene las puntuaciones de los estudiantes en Enfoque Sistémico para Lograr Mejores Resultados en la Educación (en inglés, *Systems Approach for Better Education Results* [SABER]) 11, así como el género, la edad, el nivel socioeconómico de los progenitores y la educación de la madre; *Z* representa las características de los pares (promedio de SABER 11 y la proporción de madres de los pares que tiene, al menos, un título universitario) en la cohorte de la estudiante; u_j es un efecto fijo del programa; δ_t es un efecto fijo de la cohorte; y ϵ_{ijt} representa las características no observadas a nivel individual que afectan al resultado de interés. Por tanto, el vector *X* contiene «características individuales» y *Z* contiene «características de los pares». El principal parámetro de interés es el conjunto de efectos fijos a nivel de programa: u_j, que estima las contribuciones a nivel de programa a los resultados de la estudiante. *X* no solo determina los resultados de la estudiante, sino también la selección de programas. En particular, este es el caso de SABER 11, que mide la preparación académica de los estudiantes para la educación superior. Aunque muchos programas de ciclo corto son de libre acceso, otros consideran SABER 11 como un criterio de admisión. Además, SABER 11 proporciona a la estudiante información sobre sus capacidades, que puede utilizar a la hora de elegir un programa.

Tabla 2.3 Resultados promedio a nivel de programa y valor agregado: total y por área de conocimiento

	Resultados		*Valor agregado*			
Resultados y área	*N*	*Media*	*Media*	*P25*	*P50*	*P75*
Empleo						
Agronomía y veterinaria	31	0,61	−0,14	−0,29	−0,21	−0,09
Artes	79	0,65	−0,11	−0,20	−0,09	−0,02
Salud	48	0,74	−0,01	−0,12	0,02	0,12
Ciencias sociales	39	0,62	−0,15	−0,24	−0,15	−0,08
Economía y negocios	325	0,79	0,03	−0,04	0,06	0,13
Ingeniería y arquitectura	311	0,78	0,01	−0,07	0,02	0,10
Matemáticas y ciencias naturales	18	0,82	0,05	0,03	0,07	0,09
Total de programas	851	0,76	0,00	−0,10	0,02	0,10
Salarios mensuales						
Agronomía y veterinaria	31	762,18	−122,41	−157,57	−124,94	−102,06
Artes	79	841,96	−53,58	−130,28	−80,59	30,21
Salud	48	952,17	78,35	−66,39	10,28	230,28
Ciencias sociales	39	790,76	−85,13	−164,30	−102,92	6,92
Economía y negocios	325	860,48	−19,99	−84,19	−39,04	29,40
Ingeniería y arquitectura	311	935,57	31,08	−59,38	18,24	102,60
Matemáticas y ciencias naturales	18	939,52	30,46	−41,60	2,29	91,26
Total de programas	851	891,03	0,00	−86,42	−19,51	57,04

Fuente: Ferreyra et al. (2020b), documento de referencia para este libro.
Nota: En esta tabla, la unidad de observación es un programa. Las estadísticas están ponderadas por el número de estudiantes del programa. El valor agregado se estima con modelos de efectos fijos (véase el cuadro 2.4); el promedio es cero para todos los resultados. Los salarios se expresan en millares de pesos colombianos de 2013. Se incluyen los PCC del Servicio Nacional de Aprendizaje (SENA). N = número de programas; P = percentil; PCC = programa de ciclo corto.

La tabla 2.3, que se hace eco de la **sección Valor económico de los PCC en ALC**, muestra que los resultados y las contribuciones varían según las áreas de conocimiento. En promedio, las matemáticas y las ciencias naturales son las que más contribuyen al empleo formal, y la salud es la que más contribuye a los salarios. La tabla también muestra rangos muy amplios de contribuciones para cada área de conocimiento; es decir, hay una gran variación *dentro de las áreas*. En general, las contribuciones a los resultados del mercado laboral varían mucho entre programas. Pasar del percentil 25° al 75° de las contribuciones al empleo formal implica un aumento de 20 puntos porcentuales en la probabilidad de empleo formal, o aproximadamente una cuarta parte del resultado del programa promedio (76 %). En lo que respecta a los salarios, pasar del percentil 25° al 75° de la distribución del valor agregado supone un aumento de 143.000 pesos colombianos, que es superior a la desviación estándar de los salarios reales y equivale al 17 % del salario del programa promedio. En conjunto, estos resultados sugieren que los programas difieren ampliamente en sus resultados promedio y en sus contribuciones a los resultados de los estudiantes. Por lo tanto, los estudiantes y las autoridades responsables del diseño de las políticas se beneficiarían de conocer los resultados y las contribuciones promedio de cada programa.

En lo referente a los salarios, el gráfico 2.9 ilustra con más detalle la variación de las contribuciones de los programas entre las distintas áreas y dentro de ellas. La mayoría de los programas de ingeniería y arquitectura, salud, y matemáticas y ciencias naturales contribuyen por encima de la media. Por el contrario, la mayoría de los programas de economía y negocios, agronomía, ciencias sociales y artes contribuyen por debajo de la media. De nuevo, aunque algunas áreas sean más proclives a contribuir por encima de la media que otras, todas ellas —en particular, la salud— presentan una gran variación interna.

En resumen, las contribuciones del valor agregado de los programas varían entre las distintas áreas de conocimiento y dentro de ellas. La gran variación de las contribuciones de los programas dentro de una misma área implica que, si una estudiante busca un programa que añada mucho valor a su capital humano, no basta con elegir un área con una contribución promedio alta, ya que existen programas de baja contribución incluso dentro de áreas aparentemente «buenas». Desde el punto de vista de las autoridades responsables del diseño de las políticas, la gran variación dentro de una misma área significa que quizás sea necesario mantener una supervisión atenta sobre las contribuciones al valor agregado para identificar programas en toda la distribución, especialmente en el umbral más bajo.

Gráfico 2.9 Distribución de las contribuciones a los salarios a nivel de programa, por área de conocimiento

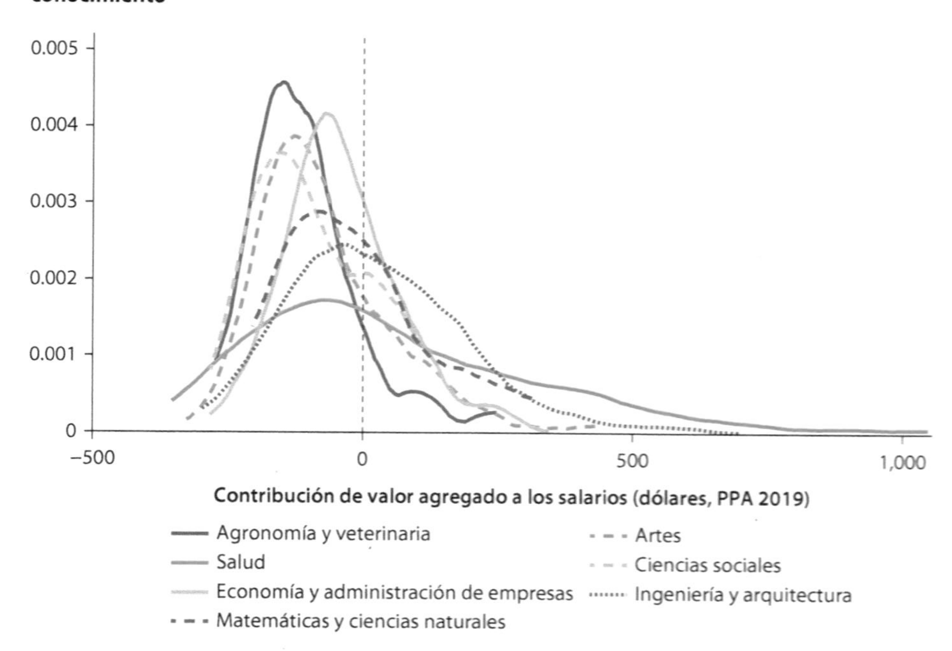

Fuente: Ferreyra *et al.* (2020), documento de referencia para este libro.
Nota: El gráfico muestra la distribución del valor agregado a los salarios a nivel de programa, por área de conocimiento. Los salarios se expresan en millares de pesos colombianos de 2013. Las contribuciones a nivel de programa se estiman mediante la regresión descrita en el cuadro 2.4; el promedio general es cero. En el caso de Colombia, se incluyen los PCC del Servicio Nacional de Aprendizaje (SENA). PCC = programa de ciclo corto; PPA = paridad del poder adquisitivo.

¿Qué características se asocian con las instituciones que generan contribuciones de alto valor agregado a los salarios? Las correlaciones entre las contribuciones a nivel de programa y un conjunto de características a nivel de institución y de programa permiten responder a esta pregunta. Estas sugieren que los programas de tres años contribuyen más que los de dos años.[22] Y, en consonancia con algunos de los resultados de las secciones anteriores, los institutos tecnológicos generan mayores contribuciones salariales que las universidades. Las instituciones más selectivas o especializadas también producen mayores contribuciones salariales, así como los programas impartidos en grandes ciudades. Por último, los programas a distancia conllevan una contribución menor (pero solo marginalmente significativa) que los programas presenciales.

Desde el punto de vista de las políticas, la amplia variación de los resultados y las contribuciones a nivel de programa es preocupante. Sugiere que es necesario un mayor control por parte de las autoridades responsables del diseño de las políticas; en particular, para identificar los programas que se sitúan en los umbrales más bajos de los resultados y las contribuciones. Además, destaca la importancia de facilitar información sobre los resultados y las contribuciones a nivel de programa a los estudiantes que eligen un programa determinado. Al mismo tiempo, Ferreyra *et al.* (2020) advierten del peligro de utilizar esta información para crear clasificaciones o *rankings*, ya que son altamente sensibles a la métrica que los sustenta. En otras palabras, la clasificación de los programas basada en los resultados promedio es diferente de la basada en las contribuciones al valor agregado, y las clasificaciones basadas en los resultados (o contribuciones) del empleo formal son diferentes de las basadas en los salarios.[23] El capítulo 5 retoma estas cuestiones.

Demanda de graduados de PCC: análisis de datos sobre vacantes[24]

La ampliación del acceso a internet en todos los países y grupos socioeconómicos ha transformado el proceso de búsqueda de empleo. En la actualidad, la contratación por internet existe en casi todos los países de ALC. Esta sección se sirve de esta innovación para caracterizar la demanda de graduados de PCC. El análisis se desarrolla a partir de datos de vacantes publicadas en portales de empleo entre febrero de 2017 y febrero de 2018 en Argentina, Chile, Colombia, México y Perú.[25] Dado que los portales de empleo en línea cada vez llegan a más personas, y que el uso de plataformas electrónicas es cada vez mayor debido a la pandemia del COVID-19, la importancia de estudiar las vacantes en línea aumenta considerablemente.

La mayoría de los estudios existentes que se basan en las vacantes en línea se han centrado en los países desarrollados.[26] No obstante, uno de estos estudios se centra en los países de ALC utilizando la base de datos del Proyecto Vacantes de Trabajo de la Asociación Económica de América Latina y el Caribe (LACEA) y el BID.[27] El estudio concluye que los portales en línea captan una importante demanda de puestos de trabajo de baja calificación que implican tareas rutinarias en ocupaciones con un alto riesgo de automatización. A partir de la misma base de datos, esta sección amplía dicho estudio y presenta una caracterización detallada de los tipos de puestos de trabajo a los que pueden acceder los graduados de PCC a través de los portales en línea.

A la hora de utilizar las ofertas de empleo en línea, cabe considerar que las características socioeconómicas y demográficas de los usuarios de internet pueden diferir de las de la población general. Es probable que este sesgo sea menor entre los graduados de PCC porque es probable que tengan acceso habitual a internet. Evaluar si las vacantes en línea son representativas de la demanda laboral en el mercado es difícil porque no existen datos sobre el universo de vacantes. No obstante, en un documento de referencia para este libro, Galindo, Kutscher y Urzúa (2021) comparan las distribuciones de las ofertas de empleo en línea con las obtenidas a partir de muestras representativas de puestos de trabajo en cada país, y ponen de manifiesto que no se alejan demasiado. Por tanto, en cierta medida, los datos sobre las ofertas de empleo son informativos de las oportunidades de trabajo generales en estas economías.

La tabla 2.4 documenta la alta demanda de PCC en los portales en línea. En todos los países, la fracción de vacantes que requieren al menos un título de PCC es superior (o muy similar) a la fracción de vacantes que exigen explícitamente un título universitario. La sobrerrepresentación de los puestos de trabajo en el sector de los servicios de estas muestras podría ser un factor condicionante que contribuye a este resultado. No obstante, dado que los candidatos con un título de PCC también podrían cubrir las vacantes que exigen al menos educación primaria o secundaria, los graduados de PCC están calificados para cubrir aproximadamente el 75 % del total de las vacantes.

La información de las vacantes de trabajo permite hacer un análisis detallado por ocupación. El gráfico 2.10 presenta las ocupaciones más demandadas por nivel educativo en Chile y México. Resulta llamativa la alta demanda de graduados de PCC y programas universitarios (y, en cierta medida, de graduados de educación secundaria) en las áreas de negocios y CTIM. Se pueden observar patrones similares para los demás países de la muestra.

De este resultado se desprenden dos caracterizaciones no excluyentes de los mercados laborales. La primera es que las personas con diferentes títulos

Tabla 2.4 Nivel educativo mínimo exigido según lo publicado en línea, por país

Nivel educativo mínimo	*Argentina*	*Chile*	*Colombia*	*México*	*Perú*
Primaria	0,03	0,02	0,03	0,04	0,01
Título de educación secundaria	0,40	0,60	0,56	0,58	0,53
Título de PCC	0,20	0,14	0,26	0,08	0,25
Título universitario	0,12	0,07	0,04	0,09	0,04
Título de postgrado	0	0	0,01	0,01	0,01
Sin datos	0,25	0,15	0,11	0,20	0,16
Número de vacantes	580.820	1.148.359	1.896.277	2.032.132	1.290.437

Fuente: Galindo, Kutscher, y Urzúa (2021), documento de referencia para este libro, basado en la base de datos del Proyecto Vacantes de Trabajo de la Asociación Económica de América Latina y el Caribe (LACEA) y el Banco Interamericano de Desarrollo (BID).

Nota: Para cada país, la tabla muestra la proporción del total de vacantes publicadas en línea según el nivel educativo mínimo exigido. Para cada país, las proporciones suman 1 (100 %). PCC = programa de ciclo corto.

Gráfico 2.10 Ocupaciones más demandadas, por nivel educativo, Chile y México

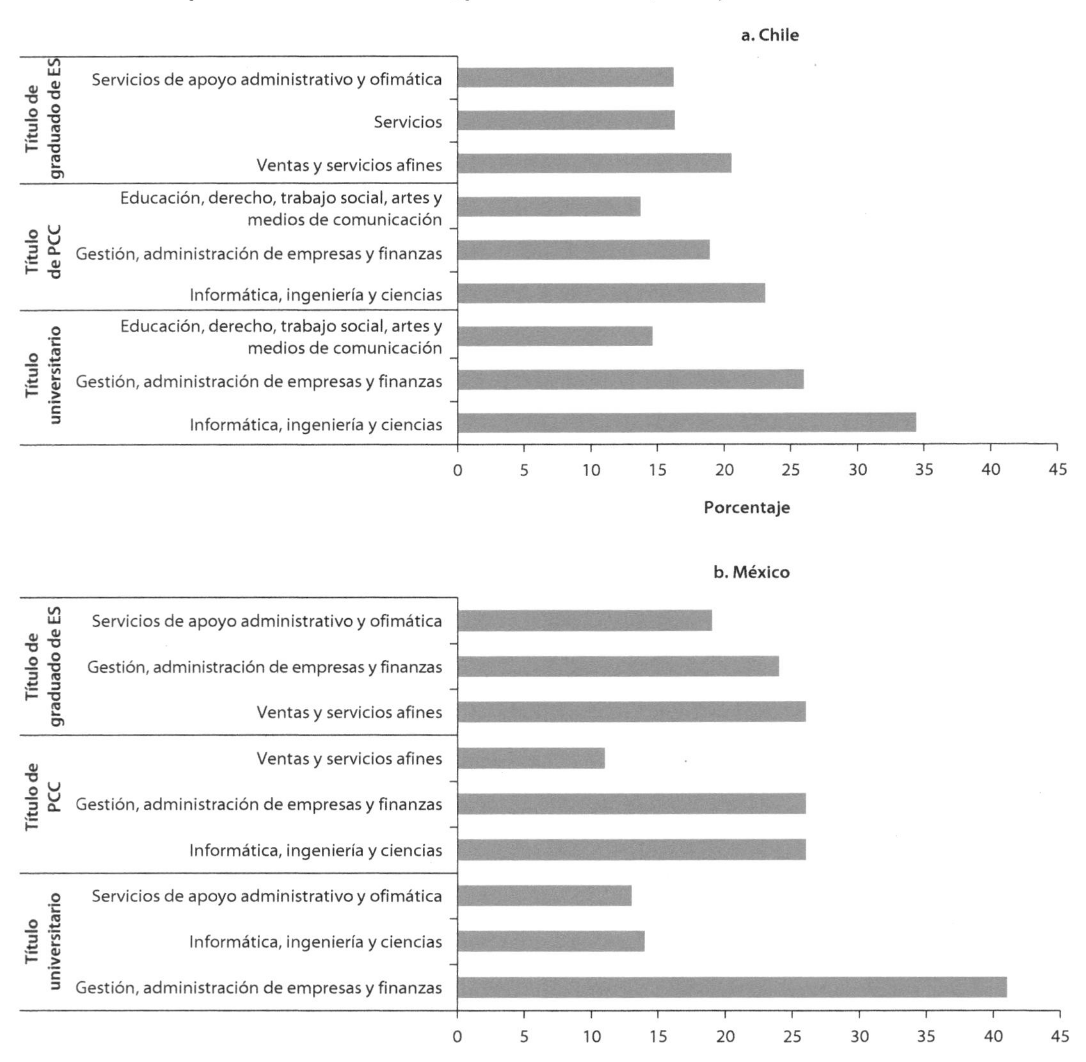

Fuente: Galindo, Kutscher, y Urzúa (2021), documento de referencia para este libro, basado en la base de datos del Proyecto Vacantes de Trabajo de la Asociación Económica de América Latina y el Caribe (LACEA) y el Banco Interamericano de Desarrollo (BID).
Nota: Para cada país y tipo de título, el gráfico muestra el porcentaje de vacantes para los tres sectores con un mayor número de vacantes para cada tipo de título. ES = educación secundaria; PCC = programa de ciclo corto.

compiten por los mismos puestos, lo que sugeriría una desvirtuación de la estructura jerárquica de puestos (por ejemplo, las personas con títulos universitarios compiten por vacantes que requieren un PCC, y las que tienen un título de PCC compiten por las vacantes que requieren un título de graduado de educación secundaria). La segunda es que cabe la posibilidad de que no exista semejante competencia porque los diferentes títulos conllevan habilidades distintas y específicas, lo que sugiere la existencia de mercados laborales segmentados

Mapa 2.1 Distribución geográfica de vacantes de PCC y graduados de PCC

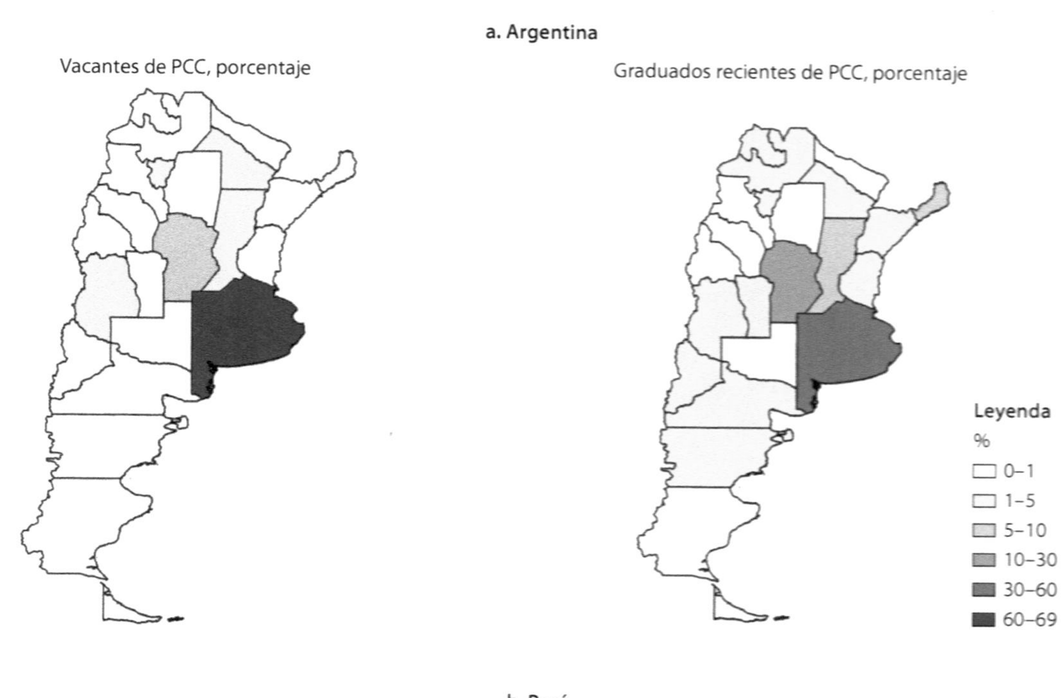

b. Perú

Vacantes de PCC, porcentaje

Graduados recientes de PCC, porcentaje

Leyenda

%

0–1

1–5

5–10

10–20

20–40

40–60

60+

Fuente: Galindo, Kutscher, y Urzúa (2021), documento de referencia para este libro, basado en la base de datos del Proyecto Vacantes de Trabajo de la Asociación Económica de América Latina y el Caribe (LACEA) y el Banco Interamericano de Desarrollo (BID). Anuarios estadísticos de la educación superior de Argentina (2018) y base de datos de títulos registrados de Perú (2019), sistema de gestión tributaria (SIGETI).
Nota: Para cada país, el gráfico muestra el porcentaje de vacantes que solicitan títulos de PCC, publicadas por empresas de cada zona geográfica (panel a), y el porcentaje de personas que se graduaron de PCC en 2017-2018 (panel b). Ambos porcentajes son relativos al país en su conjunto. La zona geográfica es la división administrativa de nivel 1. PCC = programa de ciclo corto.

por tipo de título. Por ejemplo, un graduado de PCC puede dedicarse al mantenimiento de redes mientras que una graduada de un programa universitario se dedica al diseño de sistemas de información. En otras palabras, se demandan personas con distintos niveles de calificación profesional dentro de áreas similares. Sería interesante evaluar qué perspectiva prevalece en los mercados laborales postpandémicos.

Los datos sobre las vacantes en línea permiten contrastar la distribución geográfica de las vacantes que exigen un título de PCC (la demanda del mercado laboral de PCC) y las personas que se graduaron de programas de PCC durante el mismo período de tiempo (la oferta del mercado laboral de PCC). El mapa 2.1 muestra las distribuciones de Argentina y Perú en las divisiones administrativas de primer nivel de cada país. La demanda y oferta de graduados de PCC se concentran en las principales zonas geográficas.

Sin embargo, la oferta de graduados de PCC está menos concentrada geográficamente que la demanda, lo que sugiere un posible desajuste geográfico que debería alertar a las autoridades responsables del diseño de las políticas. Una ampliación desordenada de los PCC en todo el país podría no satisfacer la demanda de dichas habilidades en los lugares donde se necesitan, y podría otorgar títulos a personas que viven en lugares donde no hay puestos de trabajo que requieran tales habilidades. Este desajuste podría contribuir al estigma social de los PCC al impedir que algunos graduados de PCC encuentren un empleo local.

Conclusiones

Los PCC pueden formar mano de obra calificada de forma rápida y eficaz ante las demandas del mercado. A pesar de esta promesa, en ALC hay pocos graduados y estudiantes de PCC en comparación con otras regiones. En este capítulo se han considerado los retornos económicos de los PCC en ALC a partir de diversas métricas: los retornos mincerianos, los retornos netos a lo largo de la vida, los efectos del tratamiento, los resultados promedio del programa y las contribuciones al valor agregado, así como la demanda del mercado laboral. Si bien los retornos mincerianos de la educación superior con respecto a un título de graduado de educación secundaria han disminuido desde principios de los años 2000, este descenso se debe principalmente a los títulos universitarios. Las tendencias en los retornos de PCC son menos definidas, ya que más de la mitad de los países manifiestan un aumento. Además, resulta interesante observar que, en comparación con la alternativa de programas universitarios incompletos, los PCC se presentan como una alternativa superior.

Aunque los retornos mincerianos proporcionan información sobre los retornos promedio, las otras métricas expresan con mayor claridad la variación o heterogeneidad en los retornos de los programas de educación superior en general, y de los PCC en particular (y todos ellos muestran una gran variación). A partir de los datos administrativos de los programas de educación superior de Chile y

Colombia, el capítulo estimó el valor neto a lo largo de la vida con respecto a los costos de los PCC y los programas universitarios. Los resultados revelan que los retornos económicos varían mucho según el tipo de programa, el tipo de IES y el área de conocimiento. Esta elevada variación se traduce en un riesgo alto para los estudiantes desinformados.

El análisis sobre a quién beneficia la ampliación de la oferta de PCC en Colombia proporcionó otra perspectiva de los retornos heterogéneos: esta vez, entre los estudiantes. Los resultados de la investigación revelan que la oferta de PCC aumentaría la matrícula en este tipo de programas, en gran parte como resultado de la permuta de títulos universitarios por parte de estudiantes hombres desfavorecidos. Si estos estudiantes eligieran un programa universitario en lugar de un PCC, sus resultados en el mercado laboral serían peores. Por el contrario, las estudiantes mujeres de hogares de bajos ingresos no responderían a la oferta de PCC, sino que responderían a una mayor demanda local de graduados de PCC al acceder a la educación superior y matricularse en un PCC. En otras palabras, los efectos del tratamiento de los PCC varían entre los estudiantes en función de las alternativas si no se matriculan en un PCC.

El análisis del valor agregado efectuado para Colombia arrojó conclusiones complementarias. Si bien las contribuciones a nivel de programa varían entre áreas de conocimiento, varían aún más dentro de las mismas áreas debido a la variación de las características a nivel de institución y programa. Además, el análisis de las vacantes de trabajo indicó que no solo existe una gran demanda de PCC, sino también un posible desajuste geográfico entre la demanda y la oferta de graduados de PCC, ya que las empresas que los demandan están más concentradas geográficamente que los nuevos graduados de PCC. En otras palabras, los mercados laborales para los graduados de PCC también son heterogéneos entre las distintas zonas geográficas.

Aunque la amplia variación en los resultados a nivel de programa y las contribuciones al valor agregado resulta preocupante, también brinda a las autoridades responsables del diseño de las políticas la oportunidad de comprender qué hace que un programa sea «bueno» o «pertinente». Las características a nivel de institución y programa identificadas en las bases de datos administrativas se asocian con una contribución del valor agregado de un programa. Sin embargo, hay otras características de los programas —normalmente ausentes de las bases de datos administrativos— que podrían mostrar una asociación aún mayor. Estas características incluyen el hecho de que el programa incluya periodos de prácticas, su vinculación con el mercado laboral local, su relación con el sector privado y su flexibilidad en el horario de las clases. La Encuesta de Programas de Ciclo Corto del Banco Mundial recopiló datos sobre estas características, que se utilizan en el capítulo 4 para investigar su relación con los resultados del programa y el valor agregado. Junto con los datos aquí presentados y los del capítulo 3 sobre la oferta de PCC, estos resultados deberían ser de gran valor y utilidad para las autoridades responsables del diseño de las políticas interesadas en comprender qué hace que un PCC sea «bueno» y en ampliar la oferta de «buenos» programas.

Notas

1. Cedefop (2018).
2. Ryan (2001); Quintini y Manfredi (2009); Quintini, Martin y Martin (2007).
3. Ryan (2001).
4. Hanushek *et al.* (2017).
5. Golsteyn y Stenberg (2017); y Verhaest *et al.* (2018).
6. Arias *et al.* (2014), Arias *et al.* (2019).
7. Bassi *et al.* (2012).
8. Gonzalez-Velosa *et al.* (2015).
9. Bahr (2016); Liu, Belfield y Trimble (2015); Dadgar y Trimble (2015); Dynarski, Jacob y Kreisman (2016); Bettinger y Soliz (2016); Jepsen, Troske y Coomes (2014); Minaya y Scott-Clayton (2017); Stevens, Kurlaender y Grosz (2016); Xu y Trimble (2016).
10. En Estados Unidos, una estudiante a tiempo completo puede obtener un título técnico en dos años. Para ello debe cursar un plan de estudios de educación general. Un certificado suele implicar dos o menos años de formación en un área profesional/técnica. Un título universitario dura, al menos, cuatro años.
11. Véase, por ejemplo, Heckman *et al.* (2006).
12. Bassi *et al.* (2012)
13. Ferreyra *et al.* (2017)
14. Esta sección se basa en el documento de referencia de Kutscher y Urzúa (2020), redactado para este libro.
15. El análisis solo se llevó a cabo para aquellos países en los que es posible distinguir entre los graduados de programas universitarios y PCC.
16. Cabe destacar que la comparación de los retornos mincerianos de los títulos de PCC con respecto a la alternativa de deserción de un programa universitario en el transcurso del tiempo sugiere una tendencia general al alza. En Ecuador, El Salvador y Paraguay, los retornos estimados aumentaron más de 30 puntos porcentuales entre principios de los años 2000 y finales de los años 2010; en Bolivia, Honduras y Uruguay aumentaron entre 10 y 30 puntos porcentuales; mientras tanto, en Argentina y Chile, el aumento fue inferior a 10 puntos porcentuales. Costa Rica y México son los únicos países que registran retornos decrecientes durante este periodo.
17. Existen otras características que pueden contribuir a la heterogeneidad de los retornos. Por ejemplo, podría haber dos grupos de graduados de PCC: «primerizos», que se preparan para obtener su primer título de educación superior, y «veteranos», cuyo objetivo es ampliar su expediente de habilidades técnicas a través de los PCC. Cabe esperar que estos dos grupos tengan perfiles diferentes en cuanto a sus resultados en el mercado laboral, características socioeconómicas e incluso los tipos de IES a los que asisten. Dadas las limitaciones de los datos actuales, no es posible profundizar en esta cuestión. Sigue siendo un tema de interés para futuras investigaciones.
18. Esta sección se basa en el documento de referencia de Ferreyra, Galindo y Urzúa (2020) redactado para este libro. Este trabajo amplía y generaliza la metodología utilizada por Mountjoy (2019).
19. Estas tasas de crecimiento corresponden al número neto de programas. Las tasas se calculan como la diferencia entre las tasas de creación y suspensión que se presentan en el cuadro 3.1 del capítulo 3.

20. Existe una limitación importante: no se dispone de datos de matrícula para el SENA, que representa una gran participación de la matrícula en la educación secundaria de Colombia. Por lo tanto, «no matriculados» incluye estudiantes que obtienen un título de graduado de educación secundaria y no acceden al sistema de educación superior, además de los que se matriculan en el SENA.
21. Esta sección se basa en el documento de referencia de Ferreyra *et al.* (2020), redactado para este libro.
22. Estudios sobre el caso de Estados Unidos también observan que los programas más largos generan contribuciones más altas (véanse Jepsen, Troske, y Coomes 2014; Liu, Belfield, y Trimble 2016; Xu y Trimble 2015; Bahr 2016).
23. Estos resultados son similares a los de Minaya y Scott-Clayton (2019) para Estados Unidos.
24. Esta sección se basa en el documento de referencia de Galindo, Kutscher y Urzúa (2021), redactado para este libro.
25. Una de las dificultades de utilizar vacantes de trabajo en línea es que la muestra de ofertas de empleo en línea no es representativa de todas las vacantes de trabajo. Sin embargo, al aumentar la participación de la población que se conecta a internet, este sesgo se elimina progresivamente. En América Latina, el 65 % de las personas hace uso de internet. Sin embargo, la fracción varía entre los países. Chile tiene la mayor participación, con un 82 %, mientras que Perú tiene la menor, con un 53 % (base de datos de Word Telecommunication/ICT Development).
26. Varios autores han analizado las vacantes de trabajo en línea en Estados Unidos y la variación de los requisitos de habilidades. Deming y Kahn (2018) observan una variación considerable en los requisitos de habilidades, incluso dentro de las mismas ocupaciones, entre 2010 y 2015. Los autores sostienen que los mercados laborales y las empresas mejor remuneradas exigen mayores niveles de habilidades cognitivas y sociales a sus empleados. Hershbein y Kahn (2018) demuestran que los requisitos de habilidades de las vacantes de trabajo publicadas aumentaron de forma diferencial en las zonas más afectadas por la «gran recesión», con respecto a las zonas menos afectadas. También observan que los efectos son más pronunciados en las ocupaciones de habilidades cognitivas y rutinarias, que también registran un crecimiento salarial relativo.
27. González-Velosa y Peña (2019).

Referencias

Arias, O., C. Sánchez-Páramo, M. E. Dávalos, I. Santos, E. R. Tiongson, C. Gruen, N. de Andrade Falcão, G. Saiovici, y C. A. Cancho. 2014. *Back to Work: Growing with Jobs in Europe and Central Asia*. Informes sobre Europa y Asia central. Washington, DC: Banco Mundial.

Arias, O.; D. K. Evans, y I. Santos. 2019. *The Skills Balancing Act in Sub-Saharan Africa: Investing in Skills for Productivity, Inclusivity, and Adaptability*. Foro de Desarrollo sobre África. Washington, DC: Banco Mundial y Agencia Francesa de Desarrollo.

Bahr, P. R. 2016. "The Earnings of Community College Graduates in California." Documento de trabajo de CAPSEE, Centro de Análisis de Educación Postsecundaria y el Empleo, Nueva York.

Bassi, M., M. Busso, S. Urzúa, y J. Vargas. 2012. *Disconnected: Skills, Education, and Employment in Latin America*. Washington, DC: Banco Interamericano de Desarrollo.

Becker, G. S., y B. R. Chiswick. 1966. "Education and the Distribution of Earnings." *The American Economic Review*, 56(1/2), 358-369.

Bettinger, E., y A. Soliz. 2016. "Returns to Vocational Credentials: Evidence from Ohio's Community and Technical Colleges." Documento de trabajo de CAPSEE, Centro de Análisis de Educación Postsecundaria y el Empleo, Nueva York.

Cedefop (Centro Europeo para el Desarrollo de la Formación Profesional). 2018. "Apprenticeship Schemes in European Countries: A Cross-Nation Overview." Cedefop, Salónica, Grecia.

Dadgar, M., y M. J. Trimble. 2015. "Labor Market Returns to Sub-Baccalaureate Credentials: How Much Does a Community College Degree or Certificate Pay?" *Educational Evaluation and Policy Analysis* 37 (4): 399–418.

Deming, D., y L. B. Kahn. 2018. "Skill requirements across firms and labor markets: Evidence from job postings for professionals." *Journal of Labor Economics*, 36(S1), S337-S369.

Dynarski, S., B. Jacob, y D. Kreisman. 2016. "The Fixed-Effects Model in Returns to Schooling and Its Application to Community Colleges: A Methodological Note." Centro de Análisis de Educación Postsecundaria y el Empleo, Nueva York.

Espinoza, R., y S. Urzúa. 2018. "The (Un)expected Economic Consequences of the Recent Expansion of Higher Education in Latin America." *Latin American Policy Journal* 7 (primavera).

Ferreyra, M. M., C. Avitabile, J. Botero, F. Haimovich, y S. Urzúa. 2017. *At a Crossroads: Higher Education in Latin America and the Caribbean*. Washington, DC: Grupo Banco Mundial.

Ferreyra, M. M., C. Galindo, y S. Urzúa. 2020. "Labor Market Effects of Short-Cycle Programs: Challenges and Evidence from Colombia." Banco Mundial, Washington, DC.

Ferreyra, M. M., T. Melguizo, A. Franco, y A. Sánchez. 2020. "Estimating the Contribution of Short-Cycle Programs to Student Outcomes in Colombia." Documento de trabajo sobre investigación de políticas 9424, Banco Mundial, Washington, DC.

Galindo, C., M. Kutscher, y S. Urzúa. 2021. "Online Job Vacancies and Short-Cycle Programs in Latin America." Documento de referencia para este libro, Banco Mundial, Washington, DC.

Golsteyn, B. H., y A. Stenberg. 2017. "Earnings over the Life Course: General versus Vocational Education." *Journal of Human Capital* 11 (2): 167–212.

González-Velosa, C., y N. Peña. 2019. "Demanda de Trabajo en América Latina: ¿Qué podemos aprender de los portales de vacantes online?" División de Mercados Laborales, Nota Técnica N. IDB-TN-1769. Banco Interamericano de Desarrollo. Washington, DC.

González-Velosa, C., G. Rucci, M. Sarzosa, y S. Urzúa. 2015. "Returns to Higher Education in Chile and Colombia." No. IDB-WP-587, Serie de documentos de trabajo del BID, Banco Interamericano de Desarrollo, Washington, DC.

Hanushek, E. A., G. Schwerdt, L. Woessmann, y L. Zhang. 2017. "General Education, Vocational Education, and Labor-Market Outcomes over the Lifecycle." *Journal of Human Resources* 52 (1): 48–87.

Heckman, J., J. Stixrud, y S. Urzúa. 2006. "The Effects of Cognitive and Non-cognitive Abilities on Labor Market Outcomes and Social Behavior". *Journal of Labor Economics* 24(3): 411-482.

Hershbein, B., y L. B. Kahn. 2018. "Do Recessions Accelerate Routine-Biased Technological Change? Evidence from Vacancy Postings." *American Economic Review* 108 (7): 1737–72.

Jepsen, C., K. Troske, y P. Coomes. 2014. "The Labor-Market Returns to Community College Degrees, Diplomas, and Certificates." *Journal of Labor Economics* 32 (1): 95–121.

Kutscher, M., y S. Urzúa. 2020. "An Economic Argument for Short-Cycle Programs in Latin America and the Caribbean." Banco Mundial, Washington, DC.

Liu, V., C. Belfield, y M. Trimble. 2015. "The Medium-Term Labor Market Returns to Community College Awards: Evidence from North Carolina." *Economics of Education Review* 44 (C): 42–55.

MacLeod, W. B., E. Riehl, J. E. Saavedra, y M. Urquiola. 2017. "The Big Sort: College Reputation and Labor Market Outcomes." *American Economic Journal: Applied Economics* 9 (3): 223–61.

Minaya, V. y J. Scott-Clayton. 2017. "Labor Market Trajectories for Community College Graduates: New Evidence Spanning the Great Recession." Documento de trabajo de CAPSEE. Centro de Análisis de Educación Postsecundaria y el Empleo, Nueva York.

Minaya, V. y J. Scott-Clayton. 2019. "Labor market outcomes and postsecondary accountability: Are imperfect metrics better than none?" En *Productivity in Higher* Education, editado por C. Hoxby y K. Stange. Chicago: University of Chicago Press.

Mincer, J. 1974. "Schooling, Experience, and Earnings." Oficina Nacional de Investigaciones Económicas, Cambridge, MA.

Mountjoy, J. 2019. "Community Colleges and Upward Mobility." Manuscrito inédito. Universidad de Chicago.

Quintini, G., y T. Manfredi. 2009. "Going Separate Ways? School-to-Work Transitions in the United States and Europe." Documento de trabajo No. 90 de Trabajo Social, Empleo y Migración de la OCDE: OECD Publishing, París, https://doi.org/10.1787/221717700447.

Quintini, G., J. P. Martin, y S. Martin. 2007. "The Changing Nature of the School-to-Work Transition Process in OECD Countries." IZA DP No. 2582, Instituto de Economía Laboral, Bonn, Alemania.

Ryan, P. 2001. "The School-to-Work Transition: A Cross-National Perspective." *Journal of Economic Literature* 39 (1): 34–92.

Stevens, A., M. Kurlaender, y M. Grosz. 2015. "Career-Technical Education and Labor Market Outcomes: Evidence from California Community Colleges." Documento de trabajo de CAPSEE. Centro de Análisis de Educación Postsecundaria y el Empleo, Nueva York.

Verhaest, D., J. Lavrijsen, W. Van Trier, I. Nicaise, y E. Omey. 2018. "General Education, Vocational Education and Skill Mismatches: Short-Run versus Long-Run Effects." *Oxford Economic Papers* 70 (4): 974–93.

Xu, D., y M. Trimble. 2016. "What about Certificates? Evidence on the Labor Market Returns to Nondegree Community College Awards in Two States." *Educational Evaluation and Policy Analysis* 38 (2): 272–92.

CAPÍTULO 3

Oferta de programas de ciclo corto

María Marta Ferreyra[1]

Introducción

Los programas de ciclo corto (PCC) albergan la promesa de dotar a las personas de habilidades en un tiempo relativamente corto, al mismo tiempo que responden a las necesidades de la economía local. En una situación ideal, las instituciones crean PCC en respuesta a las necesidades del mercado, compiten entre sí para ofrecer una variedad de programas de alta calidad y diseñan sus productos para ofrecer no solo una buena formación, sino también buenos resultados en el mercado laboral. Cuando su oferta se comporta de este modo, los PCC pueden cumplir su promesa económica y social.

Para evaluar si los PCC en América Latina y el Caribe (ALC) son capaces de hacer realidad tal promesa, este capítulo investiga la oferta de PCC en la región. El capítulo parte de una comparación de las dinámicas del mercado de los programas universitarios y los PCC, analiza la creación de PCC —es decir, los factores que guían a las instituciones cuando deciden crear un nuevo programa— y compara la oferta de PCC en ciudades de diferentes tamaños. A continuación, el capítulo se centra en los países de la encuesta (Brasil, Colombia, Ecuador, Perú y la República Dominicana) para analizar un amplio conjunto de características de los distintos programas que describen los «productos» que ofrecen las instituciones.

Por lo general, se conoce poco sobre el lado de la oferta en la educación superior. Por ejemplo: el motivo por el que las instituciones crean o suspenden programas, o cómo compiten.[2] Aun con algunos indicadores cuantitativos, como el número de docentes y laboratorios, se sabe poco sobre las prácticas de los PCC; por ejemplo, cómo contratan y evalúan el plantel docente, cómo se relacionan con el sector privado y cómo ayudan a los estudiantes en la búsqueda de empleo. No obstante, las instituciones eligen adoptar tales prácticas por una razón y las utilizan para diferenciar su «producto». Además, como demuestra el capítulo 4, algunas características de los PCC se asocian claramente con los resultados académicos y laborales de los estudiantes.

Los principales resultados de este capítulo son los siguientes:

- El mercado de los PCC es muy dinámico, más que el de los programas universitarios. Los PCC se crean y suspenden («rotan») con más frecuencia que los programas universitarios.
- A la hora de decidir si crear un nuevo programa en una zona geográfica y un área de conocimiento determinados, las instituciones tienen en cuenta la demanda potencial de graduados en dicha área, de acuerdo con la actividad económica del sector correspondiente a nivel local y el empleo relativo de los graduados recientes en dicha área. Las instituciones de educación superior (IES) privadas y no universitarias son las instituciones que mejor se adaptan a las condiciones económicas locales.
- Las instituciones también tienen en cuenta los costos en el momento de decidir si crean nuevos programas, si añaden programas en áreas de conocimiento que ya incluyen en su oferta o si crean programas de bajo costo. El costo es una cuestión especialmente importante para las IES privadas, ya que dependen en gran medida de los ingresos derivados de los costos de matrícula.
- La matrícula de los programas se resiente cuando existen más competidores directos. No obstante, las instituciones tratan de atraer a los estudiantes diferenciando su producto en términos de costos de matrícula, área de conocimiento o zona geográfica. Los costos de matrícula es un factor especialmente importante que determina la distribución de los estudiantes entre las IES. La presencia de instituciones públicas subsidiadas es un factor fundamental de la estructura del mercado, sobre todo cuando estas son grandes y se encuentran repartidas por todo el país.
- Los PCC no se distribuyen por igual en el espacio, ya que la oferta de programas de educación superior es mucho mayor en las ciudades grandes y medianas que en las pequeñas. Sin embargo, los programas a distancia y en línea mitigan esta desigualdad, ya que amplían las opciones de los estudiantes al margen de los programas presenciales.
- En los países de la Encuesta de Programas de Ciclo Corto del Banco Mundial (EPCCBM), las IES que ofertan PCC son de reciente creación, y los programas son actuales y se renuevan con frecuencia. Los PCC imparten mayoritariamente un plan de estudios fijo, con especial énfasis en la formación práctica. En promedio, disponen de una buena infraestructura en términos de talleres y laboratorios, y una buena proporción entre estudiantes y plantel docente. Los instructores trabajan principalmente a tiempo parcial, son hombres, relativamente jóvenes, tienen buenas calificaciones académicas y suelen trabajar en su área de conocimiento. Casi todos ellos se someten a una evaluación al menos una vez al año, y las evaluaciones por los estudiantes constituyen una de las aportaciones más habituales para la evaluación del plantel docente. Antes de la

pandemia del COVID-19, la enseñanza en línea era poco frecuente, lo que sugiere que estos programas debieron enfrentarse a un gran desafío para impartirla.

- En promedio, los PCC de los países de la EPCCBM mantienen una estrecha relación con el sector privado, cuyos representantes suelen formar parte de las juntas directivas de las IES. Los programas suelen tener convenios de prácticas con empresas privadas, que a menudo participan en el diseño del plan de estudios y en la evaluación de los estudiantes. Aunque los programas ofrecen a los estudiantes múltiples apoyos en la búsqueda de empleo, el más común es uno relativamente pasivo: la provisión de información sobre el mercado laboral. Los servicios de utilidad más inmediata, como la organización de entrevistas de trabajo o la preparación de los estudiantes para aspectos prácticos de la búsqueda de empleo son menos comunes. Además, aunque los programas suelen evaluar el rendimiento de los estudiantes y del plantel docente más de una vez al año, es menos frecuente que se dediquen a actividades relacionadas con los resultados de los estudiantes en el mercado laboral, como solicitar la opinión de las empresas sobre sus graduados, indagar sobre las necesidades de las empresas o recopilar datos sobre el empleo de los graduados.
- Los PCC de los países de la encuesta tienden a creer que a los estudiantes les importa, sobre todo, la calidad de la formación, lo que podría explicar por qué parecen estar más atentos al plan de estudios, el plantel docente y la formación práctica que a la búsqueda de empleo y los resultados del mercado laboral de los estudiantes. Tal vez por esta razón, los PCC tienden a considerarse mejores que sus competidores en cuanto a la calidad de la formación, pero no en cuanto a los resultados en materia de empleo. Este resultado sugiere que, aunque estos programas se adaptan a la economía local e intentan ofrecer una buena formación, es posible que deban hacer más hincapié en los resultados de los estudiantes en el mercado laboral.

Dinámica y competencia en los mercados de PCC[3]

El mercado de los PCC es sumamente dinámico, ya que los programas se crean y suspenden con frecuencia. Esta sección analiza la dinámica del mercado a partir de dos países, Colombia y Chile.

El mercado de los PCC es más dinámico que el de los programas universitarios, ya que los primeros se caracterizan por una mayor renovación o «rotación» de los programas. La tabla 3.1 muestra que la vigencia promedio de un PCC es más corta que la de un programa universitario en ambos países. Entre los PCC ofertados en un año determinado en Colombia, en promedio, el 20,8 % de los programas es de nueva creación, mientras que solo el 7,2 % de los programas universitarios es nuevo. Además, los PCC no solo se crean en mayor proporción que los programas universitarios, sino que también se suspenden con mayor frecuencia. En Colombia, el 18 % de los PCC se suspende en un año determinado,

Tabla 3.1 Renovación promedio de los PCC, en comparación con los programas universitarios

	Colombia		*Chile*	
	PCC	*Programas universitarios*	*PCC*	*Programas universitarios*
Antigüedad promedio de los programas (años)	7,5	13,7	11,3	19,6
Nuevos programas por año (%)	20,8	7,2	12,0	5,9
Programas que se suspenden por año (%)	18,0	5,5	10,3	4,7

Fuente: Carranza *et al.* (2021), documento de referencia para este libro, basado en el Servicio de Información de Educación Superior (SIES), de 2005 a 2018 en el caso de Chile; y Sistema Nacional de Información de la Educación Superior (SNIES), de 2003 a 2017 en el caso de Colombia.
Nota: La tabla muestra los promedios a nivel de país para las variables listadas en las filas; los promedios corresponden a los programas y los años. PCC = programa de ciclo corto.

en comparación con el 5,5 % de los programas universitarios. En Chile se observan patrones similares.

Creación de PCC

Por tanto, una pregunta importante es: ¿qué lleva a las instituciones a crear nuevos programas? Es decir, ¿a qué se debe la creación de programas? Colombia y Chile son estudios de caso interesantes porque representan dos paradigmas de mercado muy diferentes (tabla 3.2). Los PCC captan casi la mitad de la matrícula de educación superior en Chile, mientras que en Colombia captan aproximadamente un tercio. En Colombia, una gran institución pública —el Servicio Nacional del Aprendizaje (SENA)— capta el 60 % de la matrícula total de los PCC; tiene sedes en todo el país y no cobra matrícula. El 40 % restante de la matrícula de los PCC se reparte casi por igual entre las instituciones públicas no pertenecientes al SENA (en adelante, instituciones públicas), que reciben subsidios públicos, pero cobran matrícula, y las instituciones privadas. Por el contrario, en Chile toda la matrícula de PCC se concentra en instituciones privadas,[4] cuatro de las cuales —Duoc, INACAP, AIEP y Santo Tomás— captan el 60 % de la matrícula de PCC y tienen sedes en todo el país.

En consecuencia, el mercado de PCC es un oligopolio con una oferta concentrada en ambos países. Sin embargo, los patrones de creación y competencia de los PCC difieren entre los dos países, debido a la presencia de un proveedor público grande y extendido en Colombia (es decir, el SENA), que no cobra matrícula, y a la ausencia de una institución de este tipo en Chile.[5] En Colombia, el tamaño, el alcance y los recursos del SENA dificultan enormemente que una institución privada crezca y tenga sedes en todo el país. Como resultado, en Colombia las IES son, en su mayoría, locales y pequeñas. La ausencia de una institución de este tipo en Chile ha permitido que algunas IES privadas crezcan y abran sedes en todo el país, lo que también concentra el mercado, pero en manos de unos pocos proveedores privados.

Tabla 3.2 Dos paradigmas de mercado: Colombia y Chile

Indicador	*Colombia*	*Chile*
Porcentaje de PCC en educación superior (%)	32	48
Matrícula en instituciones públicas (%)	79	0
Proveedor(es) más grande(s) (con cuota de mercado)	SENA (público – 60 %)	• Duoc (privado – 16 %) • INACAP (privado – 16 %) • AIEP (privado – 16 %) • Santo Tomás (privado – 12 %)

Fuente: Carranza *et al.* (2021), documento de referencia para este libro, basado en el Servicio de Información de Educación Superior (SIES) para 2018 en el caso de Chile; y Sistema Nacional de Información de Educación Superior (SNIES) para 2017 en el caso de Colombia.
Nota: La matrícula pública de Colombia incluye los programas del SENA. Las cifras se han redondeado al número entero más cercano. AIEP = Apex International Education Partners; INACAP = Instituto Nacional de Capacitación Profesional; PCC = programa de ciclo corto; SENA = Servicio Nacional de Aprendizaje.

La mayoría de los estudiantes de educación superior en ALC asisten a una institución local (Ferreyra *et al.* 2017), algo que ocurre especialmente en el caso de los estudiantes de PCC. En consecuencia, los proveedores de PCC atienden principalmente a estudiantes locales y compiten a nivel local. Los mercados de PCC no solo varían por ubicación, sino también por área de conocimiento. Por ejemplo, en Chile hay cuatro mercados distintos: el de la salud en Santiago, el de la salud en Valparaíso, el de los negocios en Santiago y el de los negocios en Valparaíso. Una determinada institución de Santiago, por ejemplo, puede competir ampliamente en el ámbito de la salud, pero no en el de los negocios. Además, aunque dicha institución tenga también una sede en Valparaíso, puede llegar a competir en el ámbito de la salud en Santiago, pero no en Valparaíso.

Considérese una institución que opera en un lugar determinado (un departamento en Colombia, o una región en Chile) y que está considerando la posibilidad de crear un nuevo programa en un área concreta (por ejemplo, enfermería).[6] El análisis estadístico que figura en el documento de referencia de Carranza *et al.* (2021) sugiere que la institución tendrá más probabilidades de crear el nuevo programa en al menos uno de los siguientes casos:[7]

- *La demanda de mano de obra es alta para el área de conocimiento.*
  La demanda de mano de obra es alta para el área cuando la actividad económica local en el sector correspondiente (la asistencia sanitaria, en este caso) es alta con respecto a la de otros sectores, o cuando los recién graduados en el área tienen muchas probabilidades de encontrar empleo con respecto a los de otras áreas. En este ejemplo, la institución tendrá más probabilidades de crear el programa de enfermería si los hospitales y centros sanitarios locales prosperan o si el personal de enfermería encuentra empleo fácilmente en la economía local.

  El gráfico 3.1 ilustra que los nuevos programas se crean para dar respuesta a la economía local. Los PCC se adaptan mejor que los programas universitarios a la demanda de mano de obra (panel a), lo que explica la mayor tasa de creación de PCC en la tabla 3.1. Entre los proveedores de PCC, las instituciones privadas son más dinámicas que las públicas (gráfico 3.1, panel b), tal vez porque su principal fuente de ingresos es la matrícula, y es más fácil atraer a los estudiantes cuando se ofertan programas relevantes para el mercado laboral local. Entre los proveedores privados de PCC, las IES no universitarias son más dinámicas que las universidades (panel c), tal vez porque tienen una estructura de costos menos compleja y, en la mayoría de los casos, se especializan plenamente en la oferta de PCC.

Como se señala en este capítulo, los PCC de la EPCCBM interactúan con el sector privado de múltiples maneras. Estas interacciones podrían ser una de las razones de su capacidad para adaptarse a las condiciones económicas locales.

- *El costo de la creación del programa es bajo.*
  El costo de crear el programa es bajo, por ejemplo, cuando la institución ya ofrece programas en la misma área, e incluso se especializa en dicha área. En este caso, la institución ya ha pagado el costo fijo de ofrecer programas en tal área. Por ejemplo, es posible que ya haya contratado al plantel docente y comprado el equipamiento correspondiente. Aunque el costo marginal de

Gráfico 3.1 Creación en el mercado de educación superior y condiciones económicas locales

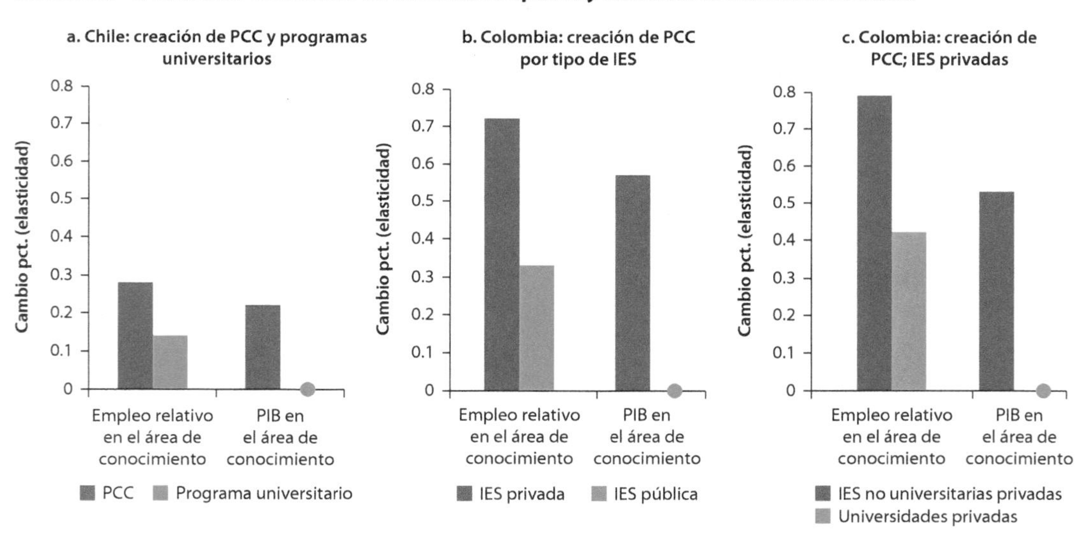

Fuente: Cálculos del Banco Mundial, basados en Carranza ***et al.*** (2021), documento de referencia para este libro.
Nota: El gráfico muestra el cambio porcentual promedio en la probabilidad de que una IES cree al menos un nuevo programa en su zona geográfica (departamento para Colombia y región para Chile) en un área determinada. La probabilidad se asocia con un aumento de 1 % en el PIB del área (con rezago) o en el empleo relativo del área para dicha ubicación y área. Un punto en el eje horizontal indica que la estimación correspondiente no es significativamente diferente de cero. El panel a compara la creación de PCC y programas universitarios en Chile. El panel b compara la creación de PCC en IES públicas y privadas en Colombia (las IES públicas no incluyen el Servicio Nacional de Aprendizaje [SENA]).
El panel c compara la creación de PCC en IES privadas (universidades e IES no universitarias). El PIB del área es la parte del PIB de la zona geográfica que puede asociarse con el área; la asociación se basa en la participación de graduados con un título especializado en el área y que trabajan en cada sector de la economía de la zona geográfica. El empleo relativo en el área es la participación de graduados de PCC empleados que cursaron y finalizaron un programa en el área. IES = institución de educación superior; PCC = programa de ciclo corto; PIB = producto interno bruto.

crear un programa adicional en un área existente es relativamente bajo, agregar una nueva área puede ser bastante costoso. Esta consideración es especialmente importante para las instituciones privadas, que dependen sobre todo de los ingresos procedentes de los costos de matrícula y no reciben fondos públicos para cubrir los costos fijos de introducir una nueva especialización.

En Colombia y Chile, es más probable que las IES creen un programa en un área determinada cuando dicha área capta una mayor participación en su matrícula, lo que significa que se han especializado relativamente en ella (gráfico 3.2, panel a). Además, tal como cabía esperar, la barra más alta de las IES privadas en Colombia indica que son más vulnerables a los costos que sus homólogas públicas.[8]

- *La institución tiene poder de mercado.*

  Es más probable que una institución cree un programa en un área determinada cuando se enfrenta a una menor competencia en la misma. En Colombia y Chile, la creación en un área determinada resulta más probable cuando la institución capta una mayor participación de la matrícula total del mercado en dicha área (gráfico 3.2, panel b), o cuando hay menos instituciones competidoras que ofrecen programas en la misma; es decir, cuando la IES goza de cierto poder de mercado en la zona geográfica y el área.

  La presencia del SENA configura la creación de PCC en Colombia. Cuando crean nuevos programas, las IES privadas solo responden a la competencia de otras IES privadas, mientras que las IES públicas reaccionan a la

Gráfico 3.2. Creación, costos fijos y poder de mercado

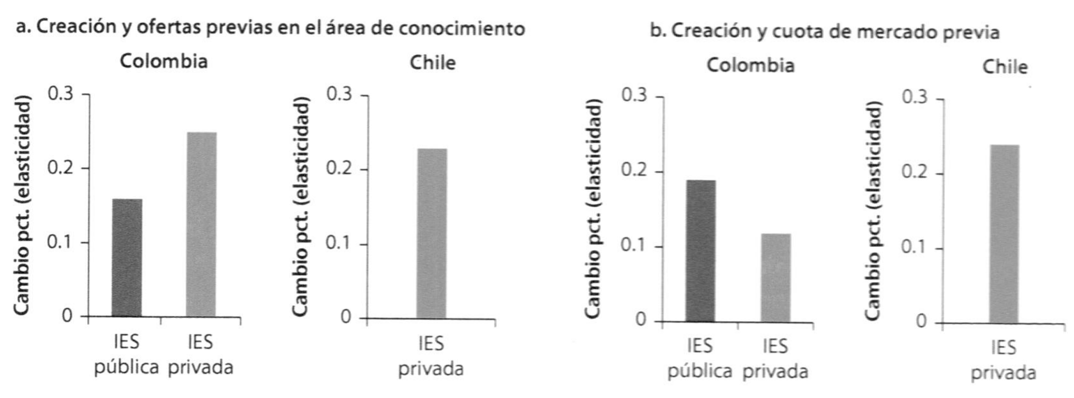

Fuente: Cálculos del Banco Mundial basados en Carranza et al. (2021), documento de referencia para este libro.
Nota: El panel a muestra el cambio porcentual promedio en la probabilidad de que una IES cree al menos un nuevo programa en su zona geográfica (departamento para Colombia, región para Chile) en un área determinada. La probabilidad se asociada con un aumento de un 1 % en la proporción (con rezago) de estudiantes de la IES matriculados en el área (con respecto a la matrícula total de la IES). Una participación elevada indica que la IES se especializa en dicha área. El panel b muestra el cambio porcentual promedio en la probabilidad de que una IES cree al menos un nuevo programa en su ubicación geográfica (departamento para Colombia y región para Chile) en un área determinada. La probabilidad se asocia con un aumento de un 1 % en la participación de matrícula de la IES (con respecto a todas las instituciones) en dicha ubicación y área. Una participación elevada indica que la IES tiene poder de mercado. En el caso de Colombia, las IES públicas no incluyen el SENA. IES = institución de educación superior.

competencia de todas las IES y del SENA. Este hecho se relaciona con los mecanismos de competencia de las IES colombianas, aspecto que se analiza más adelante en este capítulo. En Chile, la presencia del Duoc —la institución más grande— en un área y zona geográfica determinada, disuade la creación de programas por otras instituciones en dicho mercado.

Suspensión de PCC

En Colombia y Chile se observa que las IES que suspenden programas en un área determinada también suelen abrir otros nuevos en dicha área.[9] En aproximadamente el 90 % de las suspensiones de programas desde principios de la década de los años 2000, ha habido una creación simultánea de programas por parte de la misma IES, en la misma zona geográfica y área de especialidad. Las creaciones y suspensiones simultáneas pueden darse en varios casos. El primero es cuando una IES revisa el plan de estudios de un programa y lo modifica sustancialmente, con lo que crea un nuevo programa. El segundo es cuando una IES suspende un programa obsoleto en un área determinada (por ejemplo, gestión de turismo de aventura) y lo sustituye por uno nuevo más general (por ejemplo, gestión de hostelería) o diferente desde el punto de vista cualitativo (por ejemplo, gestión de organizaciones sin ánimo de lucro). El tercer caso es cuando una IES crea un nuevo programa, pero quiere protegerlo contra la competencia que ejercen sus propios programas en el área; es decir, para evitar la «canibalización» entre programas. El cuarto es cuando la IES suspende un programa que ha perdido matrícula en los últimos tiempos o no ha posicionado bien a los graduados en el mercado laboral. Este caso es especialmente relevante en Chile, donde el control público de los resultados laborales de los programas individuales incentiva a las IES a suspender los programas con una baja tasa de inserción laboral.

Competencia entre los PCC

Las instituciones compiten por los estudiantes en el mercado de PCC. En Colombia y Chile, la matrícula de una IES en un área determinada se resiente cuando aumenta el número de instituciones competidoras que ofrecen programas en dicha área (gráfico 3.3). En el caso de Colombia, la ampliación de la matrícula del SENA guarda una fuerte asociación negativa con la matrícula de las IES, especialmente las públicas, que compiten más directamente con el SENA.

Ante estas presiones competitivas, las IES diferencian sus programas (de los programas de otras instituciones) a través de los precios y la oferta de programas.

Colombia

En Colombia, el SENA es gratuito, las IES públicas cobran una matrícula subsidiada y las IES privadas cobran una matrícula más alta (gráfico 3.4, panel a). En consecuencia, estos proveedores atraen a diferentes tipos de estudiantes (gráfico 3.4, paneles b y c). En promedio, el SENA atrae a estudiantes de ingresos más bajos y con menos preparación académica. El resto de los estudiantes se distribuyen entre las IES públicas y privadas dependiendo, en parte, de su

Gráfico 3.3 Matrícula y competencia

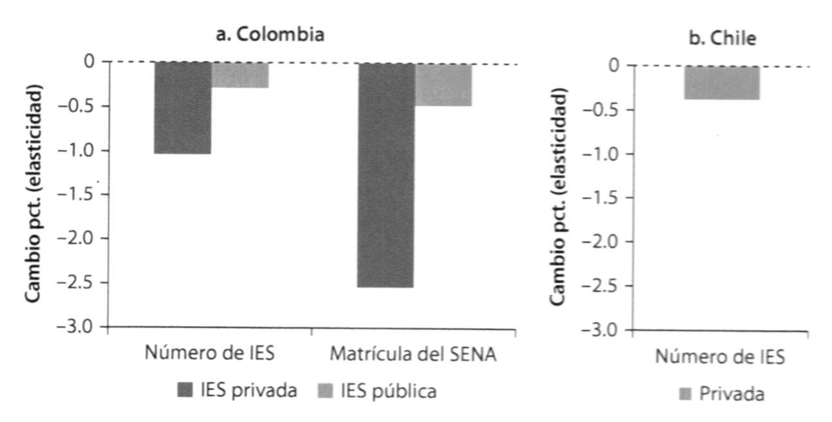

Fuente: Cálculos del Banco Mundial basados en Carranza et al. (2021), documento de referencia para este libro.
Nota: El gráfico muestra el cambio porcentual promedio en la matrícula de una IES (área, zona geográfica, año), en función de un aumento de un 1 % en el número de IES competidoras o en la matrícula del Servicio Nacional de Aprendizaje (SENA) (para Colombia) (en tal área, zona geográfica, año). En el caso de Colombia, las IES públicas no incluyen el SENA. El color azul y anaranjado reflejan la respuesta de las IES públicas y privadas, respectivamente. IES = institución de educación superior.

Gráfico 3.4 Matrícula y distribución de estudiantes en Colombia

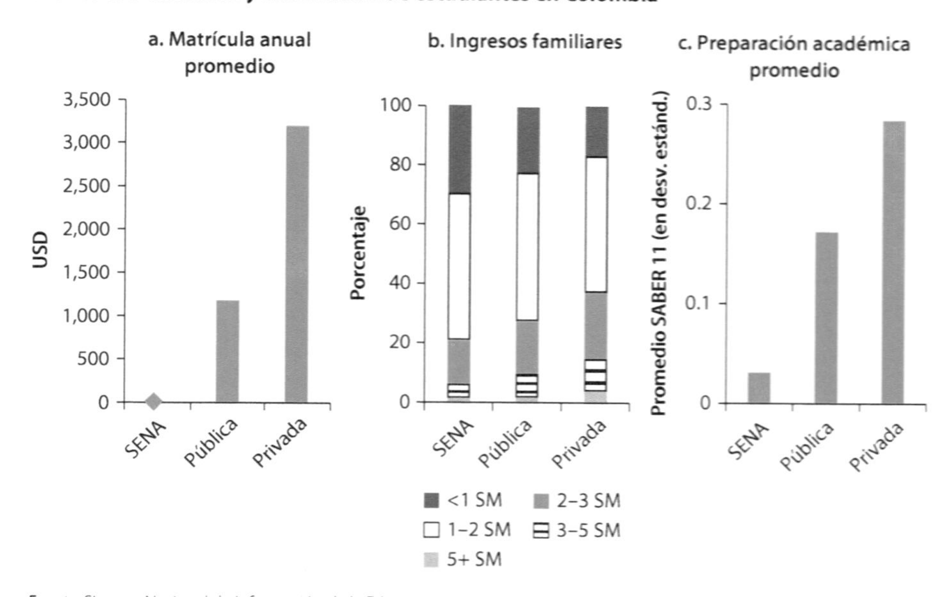

Fuente: Sistema Nacional de Información de la Educación Superior (SNIES) de Colombia 2019 para el panel a; Observatorio Laboral para la Educación (OLE) 2013, y Enfoque Sistémico para Lograr Mejores Resultados en la Educación (SABER) 11 (varios años) para los paneles b y c.
Nota: El panel a muestra la matrícula anual promedio por tipo de IES en dólares estadounidenses (PPA 2019). El rombo en el eje horizontal para el SENA indica que la matrícula es equivalente a 0. El panel b muestra, para cada tipo de IES, el porcentaje de estudiantes de cada nivel de ingreso familiar. El panel c muestra el promedio de SABER 11 (una medida de preparación académica) por tipo de IES. Los paneles b y c corresponden a los graduados de PCC que se incluyen en el OLE en 2013. Las IES públicas no incluyen el Servicio Nacional de Aprendizaje (SENA). IES = institución de educación superior; PCC = programa de ciclo corto; PPA = paridad del poder adquisitivo; SM = salario mínimo mensual.

preparación académica y de los ingresos familiares: en promedio, los que tienen más preparación y menos recursos asisten a las IES públicas, y lo contrario ocurre con los estudiantes que asisten a las IES privadas.

Al contar con una fuente propia de financiación, el SENA tiene la capacidad de ofrecer programas de alto costo, como los de ingeniería (gráfico 3.5), que abarcan especializaciones relacionadas con la tecnología. Las IES públicas, que también dependen de la financiación pública, también pueden financiar programas relativamente costosos. Dadas sus limitaciones de financiación pública, las IES privadas tienden a especializarse en áreas de menor costo, como los negocios, y hacen hincapié en el desarrollo de habilidades cognitivas y sociales de aplicación general. Como resultado de esta diferenciación, los proveedores públicos compiten con el SENA más estrechamente que los proveedores privados, en su mayoría por estudiantes de ingresos más bajos, mientras que también compiten con proveedores privados por estudiantes de ingresos más altos. Los proveedores privados, a su vez, compiten principalmente entre ellos. Estos patrones explican por qué la matrícula y la creación responden de manera diferente a competidores entre tipos de IES.

Gráfico 3.5 Distribución de las áreas de los PCC, por tipo de institución en Colombia

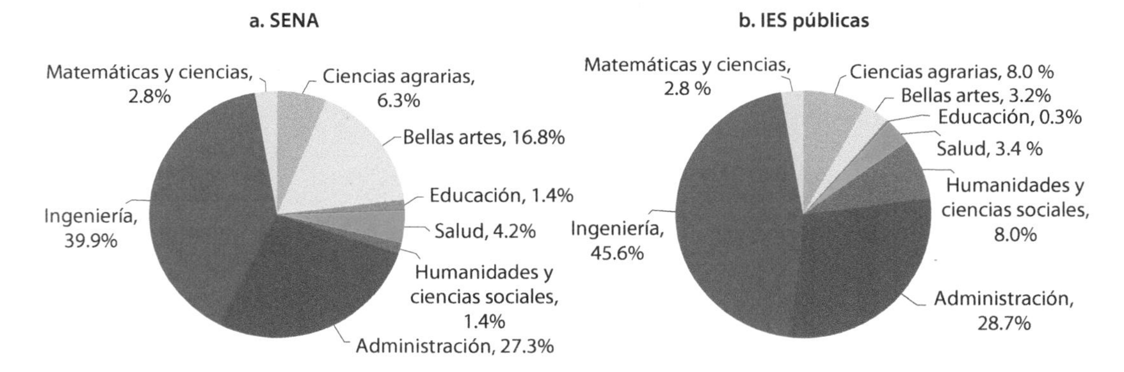

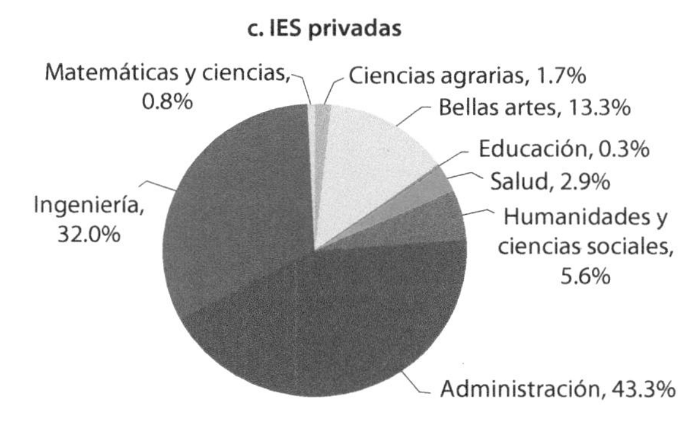

Fuente: Sistema Nacional de Información de la Educación Superior (SNIES) de Colombia 2017.
Nota: El gráfico muestra el porcentaje de programas que corresponden a cada área por tipo de institución. Las IES públicas no incluyen el SENA. IES = institución de educación superior; PCC = programa de ciclo corto; SENA = Servicio Nacional de Aprendizaje.

Chile

En Chile, las IES se distinguen de múltiples maneras. En primer lugar, se diferencian por su alcance geográfico (gráfico 3.6). Por ejemplo, el Duoc solo tiene sedes en las tres áreas metropolitanas más pobladas (Santiago, Valparaíso y Concepción, que se encuentran en las regiones Metropolitana, de Valparaíso y de Biobio, respectivamente). Asimismo, mientras que INACAP domina el mercado en la región del Maule, el mercado de Los Lagos está dominado por AIEP. Este alcance geográfico se relaciona de forma parcial con el modelo de negocio de las IES. Por ejemplo, el Duoc atiende a un modelo más bien centralizado que requiere la coordinación entre sedes y ofrece servicios y prestaciones a los estudiantes, con un alto costo fijo. Este modelo no sería viable fuera de las áreas metropolitanas más grandes.

En segundo lugar, las IES compiten en precios. Entre las cuatro IES más grandes, los precios de las matrículas son similares en Duoc e INACAP y superiores a los de AEIP y Santo Tomás (gráfico 3.7, panel a). Otras IES no universitarias cobran las matrículas más bajas del mercado. Ante esta competencia de precios, los estudiantes se distribuyen entre las IES en función de sus ingresos. En este caso, los ingresos se representan por tipos de centros de educación secundaria: públicos (municipales), privados subsidiados (privados con cheque escolar) y privados no subsidiados (privados). La participación de estudiantes de escuelas no públicas es mayor en el Duoc, que cobra la matrícula más alta (gráfico 3.7, panel b).

En tercer lugar, las IES diferencian su producto a través de otros elementos como la orientación académica, el apoyo a la búsqueda de empleo, la calidad de

Gráfico 3.6 Cuotas de mercado regionales de las IES más grandes de Chile

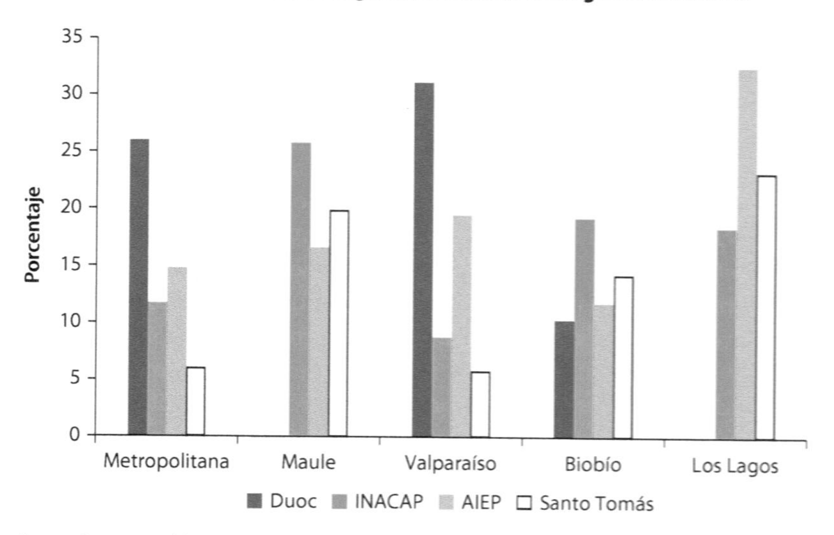

Fuente: Carranza *et al.* (2021), documento de referencia para este libro. Cálculos basados en el Servicio de Información de Educación Superior (SIES) para 2018.

Nota: Para cada región, el gráfico muestra la participación de matrícula de primer año en 2018 para Duoc, Apex International Education Partners (AIEP), Instituto Nacional de Capacitación Profesional (INACAP), y Santo Tomás. IES = institución de educación superior

Gráfico 3.7 Matrícula y características de los estudiantes en Chile

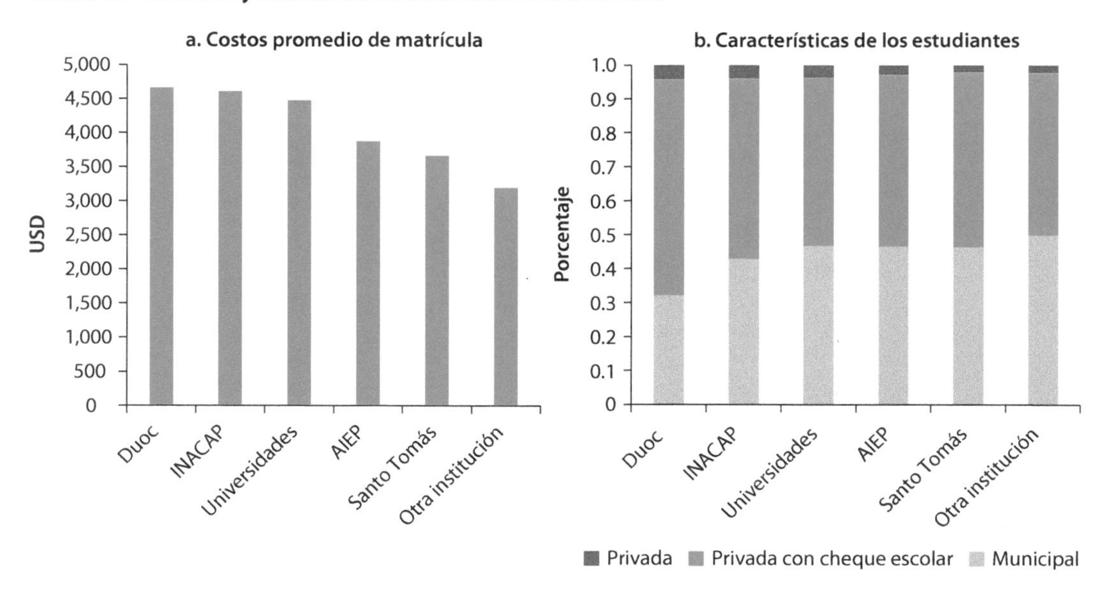

Fuente: Ministerio de Educación (Mifuturo.cl) para 2018.
Nota: Para cada IES o tipo de IES, el panel a muestra la matrícula promedio anual en dólares estadounidenses (PPA 2019). Las estadísticas de las universidades se refieren exclusivamente a PCC que se imparten en universidades. Para cada IES o tipo de IES, el panel b muestra el porcentaje de estudiantes que se graduaron en cada uno de los siguientes tipos de centros de educación secundaria: municipales (privados), privados con cheque escolar (privados subsidiados) o privados (privados no subsidiados). AIEP = Apex International Education Partners; IES = institución de educación superior; INACAP = Instituto Nacional de Capacitación Profesional; PCC = programa de ciclo corto.

las instalaciones y la vida estudiantil. En general, se diferencian por la creación de una «cultura» valorada por los estudiantes y una «marca» o reputación valorada por los empleadores y los estudiantes por igual.

La capacidad de las IES para competir en precios puede haber cambiado desde 2017, año en el que se promulgó la gratuidad de la educación superior —inclusives los PCC— para los seis deciles más bajos de la distribución de la renta. Dado que en la actualidad los costos de matrícula de todos los programas equivalen a cero, el precio ya no es un factor diferenciador entre programas. En lugar de ello, los estudiantes eligen entre los programas basándose en elementos no relacionados con el precio. Los datos anecdóticos indican que las instituciones que gozan de una mayor reputación se han enfrentado a un exceso de demanda desde la gratuidad y han establecido algunos requisitos de admisión, mientras que antes de la gratuidad cubrían sus plazas por riguroso orden de solicitud.

Los costos de matrícula se relacionan con los resultados del mercado laboral (gráfico 3.8.) En promedio, los graduados de instituciones con niveles más altos de costos de matrícula tienen tasas de empleo y salarios más altos. Aunque este dato no demuestra que las instituciones con costos de matrícula más altos tengan un mayor valor agregado, sugiere que los resultados del mercado laboral de dichas instituciones respaldan o «justifican» los precios que cobran.

Gráfico 3.8 Resultados del mercado laboral en Chile

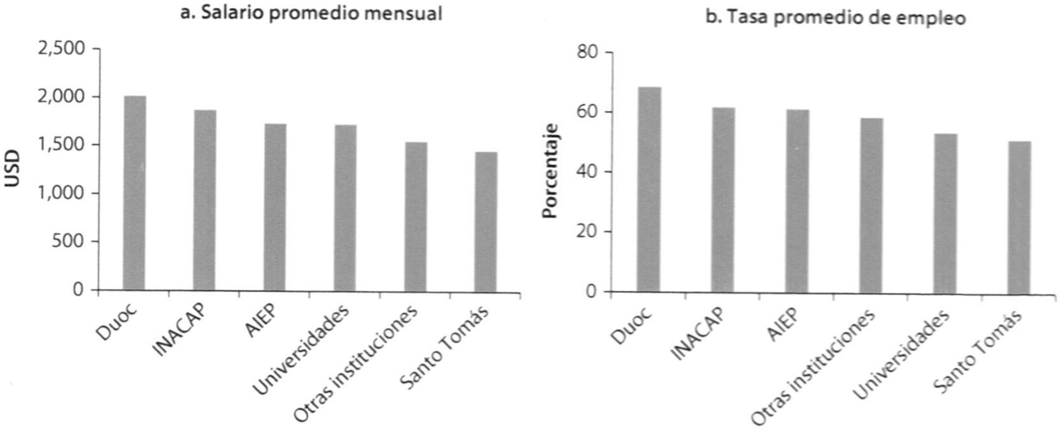

a. Salario promedio mensual

USD
2,500
2,000
1,500
1,000
500
0
Duoc
INACAP
AIEP
Universidades
Otras instituciones
Santo Tomás

b. Tasa promedio de empleo

Porcentaje
80
60
40
20
0
Duoc
INACAP
AIEP
Otras instituciones
Universidades
Santo Tomás

Fuente: Ministerio de Educación (Mifuturo.cl) para 2010-2020.
Nota: Para cada IES o tipo de IES, el gráfico muestra los salarios promedio de los graduados cuatro años después de graduarse, y la tasa de empleo promedio de los graduados un año después de graduarse. «Universidades» se refiere exclusivamente a PCC que se imparten en universidades. AIEP = Apex International Education Partners; IES = institución de educación superior; INACAP = Instituto Nacional de Capacitación Profesional; PCC = programa de ciclo corto.

Rol de la zona geográfica

No todas las zonas geográficas tienen el mismo acceso a PCC y, en general, a programas de educación superior (cuadro 3.3). En comparación con las ciudades pequeñas y medianas, es más probable que las más grandes tengan al menos una IES que ofrezca PCC o programas universitarios y que cuenten con más IES. En consecuencia, los estudiantes de las ciudades más grandes pueden elegir entre un mayor número de programas: programas universitarios y PCC.

Casi todas las ciudades grandes de Colombia disponen de una oferta de PCC del SENA, pero son muy pocas las ciudades pequeñas y medianas que cuentan con ella. En otras palabras, desde 2017 el SENA abarca áreas geográficas similares a las de otras IES, pero no necesariamente localidades más pequeñas y alejadas.[10] Los datos de Colombia también demuestran que, si bien los programas presenciales son menos comunes en las ciudades pequeñas y medianas, los programas a distancia son más comunes y abarcan una amplia variedad de modalidades. Por ejemplo, es posible que una IES no tenga sede en una determinada ciudad, pero que alquile un espacio en la misma para impartir clases cada dos fines de semana. Estos acuerdos permiten a las localidades más pequeñas y remotas acceder a opciones de educación superior.

El mercado de los PCC en Chile está muy concentrado en torno a los cuatro mayores proveedores. Cabe preguntarse si la concentración disminuye en las ciudades más pequeñas, donde es posible que algunos de estos proveedores no tengan sedes. Como muestra el índice de Herfindahl del cuadro 3.3,

Tabla 3.3 Oferta de PCC, por tamaño de ciudad

	Colombia: tamaño de ciudad				*Chile: tamaño de ciudad*			
Medida	*Muy grande*	*Grande*	*Mediana*	*Pequeña*	*Muy grande*	*Grande*	*Mediana*	*Pequeña*
Ciudades con al menos una institución que ofrece:								
Programas universitarios (porcentaje)	100	97,4	56,3	15,2	100	87,5	21,5	0
PCC (porcentaje)	100	97,4	40,2	8,1	100	87,5	31,2	0,5
Ciudades en las que el SENA imparte PCC (porcentaje)	100	89,5	14,2	0,9	n. c.	n. c.	n. c.	n. c.
Promedio de instituciones que ofrecen:								
Programas universitarios	57	9,3	1,1	0,2	127,0	9,2	0,4	0
PCC	42	5,8	0,7	0,1	82,0	7,4	0,7	0
Promedio de programas ofertados								
Programas universitarios	616,4	73,9	4,8	0,4	2,272	143,5	2,1	0
PCC en IES	403,6	56,6	3,6	0,3	1,544	108,8	6,2	0
PCC en SENA	123,8	27,7	1,6	0,1	n. c.	n. c.	n. c.	n. c.
Proporción promedio de programas								
Presenciales	0,76	0,55	0,47	0,46	n. d.	n. d.	n. d.	n. d.
A distancia	0,15	0,35	0,47	0,50	n. d.	n. d.	n. d.	n. d.
En línea	0,09	0,10	0,06	0,04	n. d.	n. d.	n. d.	n. d.
Índice promedio de Herfindahl en instituciones								
Programas universitarios	0,010	0,45	0,83	0,96	0,037	0,280	0,699	n. c.
PCC	0,359	0,623	0,915	0,99	0,122	0,315	0,752	n. c.
Número de municipios	5	38	254	770	1	24	93	182

Fuente: Cálculos del Banco Mundial, basados en datos del Sistema Nacional de Información de la Educación Superior (SNIES) (2017) en el caso de Colombia; y Servicio de Información de Educación Superior (SIES) (2018) en el caso de Chile.
Nota: La tabla muestra indicadores de disponibilidad de programas universitarios y PCC por tamaño de ciudad (municipio). Las categorías del tamaño de las ciudades dependen de la población y se definen como sigue: muy grande (población >1.000.000); grande (entre 100.001 y 1.000.000); mediana (población entre 20.001 y 100.000); y pequeña (hasta 20.000). En el caso de Colombia, los programas a distancia implican modalidades como clases presenciales una vez cada dos fines de semana; los programas en línea se atribuyen a los municipios donde residen los estudiantes. En un municipio determinado, el índice de Herfindahl se calcula como la suma de las cuotas de mercado al cuadrado para las instituciones en el municipio, donde la cuota de una institución es la proporción de sus estudiantes de programas universitarios (o PCC) con respecto al número total de estudiantes de programas universitarios (o PCC) en el municipio. Es una medida de concentración del mercado y oscila entre 0 y 1. Cuanto más se aproxima a 1, mayor es la concentración del mercado. IES = institución de educación superior; n. d.= no disponible; n. c. = no corresponde (el SENA se localiza en Colombia); PCC = programa de ciclo corto; SENA = Servicio Nacional de Aprendizaje.

la concentración del mercado es mayor en las ciudades pequeñas y medianas; no solo en Chile, sino también en Colombia. El motivo es que estas ciudades tienen menos proveedores. Por lo tanto, las ciudades pequeñas no solo tienen menos opciones, sino que también tienen menos competencia. No obstante, el número de opciones y el grado de competencia puede seguir aumentando a medida que se amplíe la oferta de programas a distancia y en línea.

En resumen, los PCC rotan en mayor medida que los programas universitarios, con creación y suspensión de programas más frecuentes. Esto se debe a que se adaptan mejor a la economía local y las necesidades del mercado laboral. Por su parte, las instituciones privadas y no universitarias son las que más se ajustan a la economía local. Las instituciones tienen en cuenta sus costos a la hora de decidir si crean nuevos programas, amplían el número de programas en áreas que ya forman parte de su oferta y ofrecen programas de menor costo en el caso de las IES privadas. La suspensión de programas está muy correlacionada con la creación de programas. Aunque la matrícula es susceptible al número de competidores, las instituciones diferencian su producto mediante los costos de matrícula, la amplitud de áreas y el alcance geográfico. En particular, los costos de matrícula contribuyen a la distribución de estudiantes en distintas instituciones. La existencia de instituciones públicas subsidiadas, especialmente cuando estas son grandes y se reparten por todo el país, es un factor condicionante fundamental de la estructura de mercado. Sin embargo, independientemente de estas instituciones, las grandes ciudades ofrecen a los estudiantes más opciones que las pequeñas, tanto en programas universitarios como en PCC, y generan mercados menos concentrados y más competitivos.

Programas y proveedores en ALC

Esta sección se centra en la oferta de PCC —proveedores y programas— en los países de la encuesta: Brasil, Colombia, Ecuador, Perú y la República Dominicana. En el caso de Brasil, la encuesta se centra en los estados de São Paulo y Ceará, y en el caso de Perú, se centra en los programas con licencia a partir de octubre de 2019. El número de PCC en estos países oscila entre 209 en la República Dominicana y 2.388 en Brasil (tabla 3.4). La mayoría de los programas pertenecen a IES privadas. En Brasil y Perú, donde se permiten las IES con ánimo de lucro, estas representan el 39 % y el 77 % de todos los PCC, respectivamente.

En todos los países, los negocios y la ingeniería (incluidos los programas relacionados con la informática) representan más del 50 % de la oferta (gráfico 3.9). Los negocios son más frecuentes en Brasil y Perú, que tienen la mayor fracción de programas ofertados por IES privadas, lo cual coincide con el hecho de que las instituciones privadas suelen inclinarse por campos de menor costo.

Tabla 3.4 Programas en los países de la EPCCBM

País	*Número de programas*	*Programas impartidos en IES privadas (%)*
Brasil (São Paulo y Ceará)	2.388	84
Colombia	2.130	60
Ecuador	543	62
Perú (programas con licencia)	387	100
República Dominicana	209	54

Fuente: Universos de los programas para los países de la EPCCBM.
Nota: EPCCBM = Encuesta de Programas de Ciclo Corto del Banco Mundial; IES = institución de educación superior.

Gráfico 3.9 Distribución de programas entre áreas de conocimiento, países de la EPCCBM

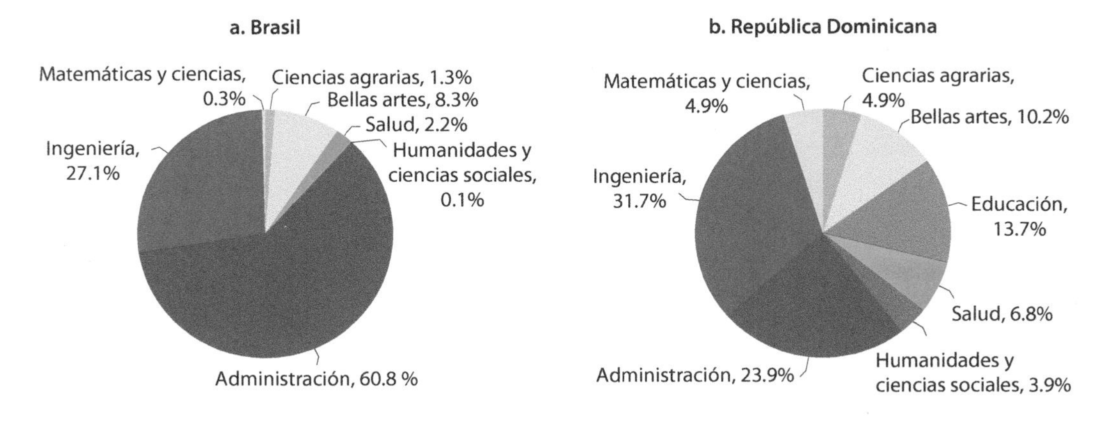

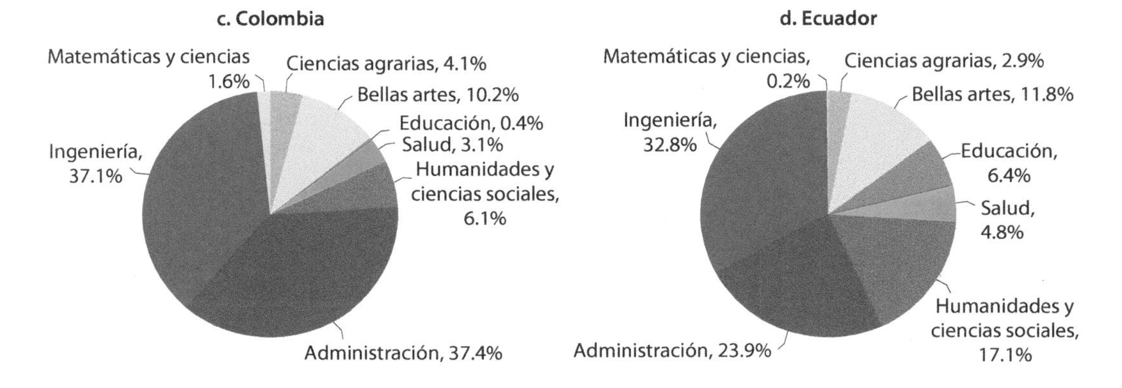

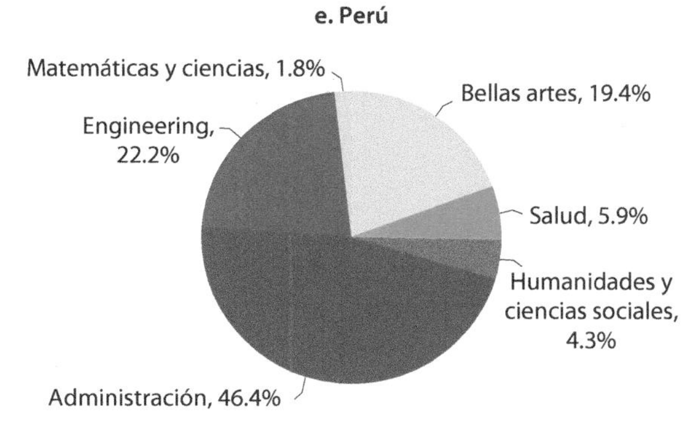

Fuente: Universos de los programas para los países de la EPCCBM.
Nota: El gráfico muestra el porcentaje de programas en cada área de conocimiento para cada país de la EPCCBM. EPCCBM = datos de la Encuesta de Programas de Ciclo Corto del Banco Mundial. En el caso de Brasil, solo se incluyen São Paulo y Ceará; y en el caso de Perú, solo los programas con licencia.

El resto de esta sección presenta una descripción exhaustiva de los proveedores y sus productos —los programas— conforme a la EPCCBM. Las características de los programas que se describen no son en absoluto aleatorias, sino que han sido elegidas por los programas para competir de la manera más eficaz en el mercado. En el capítulo 4 se analiza la relación de estas características con los resultados académicos y laborales de los estudiantes.

Características generales de los proveedores y programas

En los países que abarca la EPCCBM, casi todos los PCC tienen una duración de dos o tres años; la mayoría de ellos, de tres años. Algunas de las IES que imparten PCC tienen múltiples sedes en el país correspondiente y algunos programas se ofertan en múltiples ciudades por la IES correspondiente, especialmente en Colombia, Perú, y la República Dominicana (gráfico 3.10). En Brasil y Ecuador, en cambio, las IES operan mayoritariamente a nivel local.

Gráfico 3.10 Número de ciudades donde la institución ofrece un programa

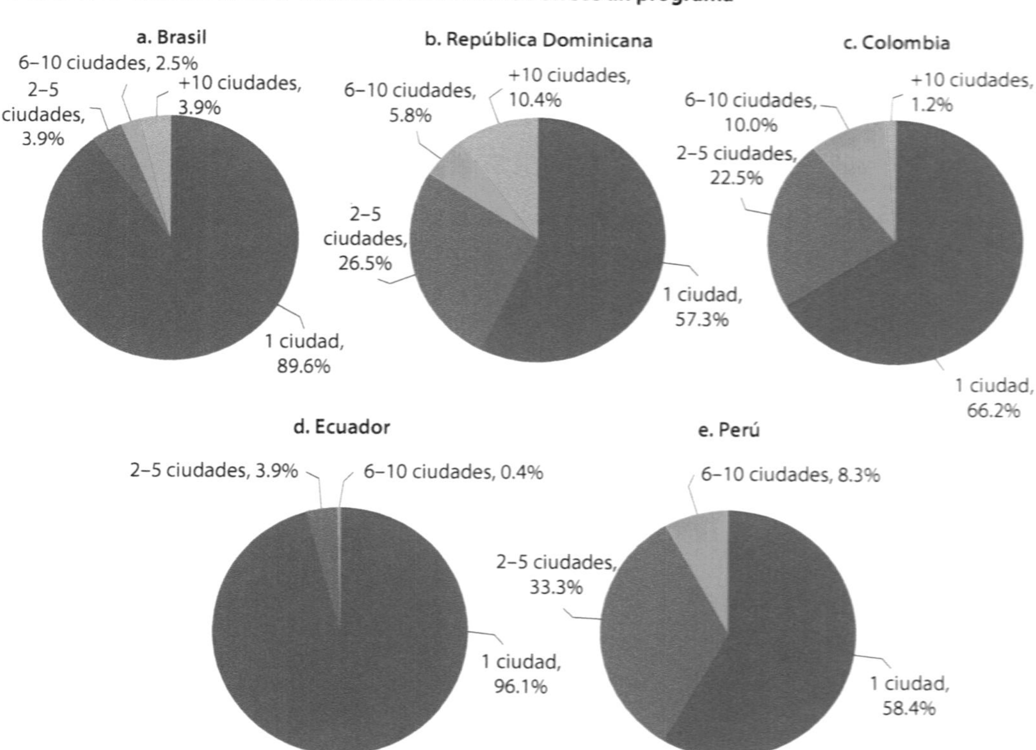

Fuente: Encuesta de Programas de Ciclo Corto del Banco Mundial (EPCCBM).
Nota: El gráfico muestra el porcentaje de programas que se imparten en 1 ciudad, 2-5 ciudades, 6-10 ciudades o en más de 10 ciudades por la IES correspondiente. En el caso de Brasil, solo se incluyen São Paulo y Ceará; y en el caso de Perú, solo los programas con licencia. IES = institución de educación superior.

La IES promedio es relativamente reciente, con una antigüedad de entre 24 y 50 años en Ecuador y la República Dominicana, respectivamente (gráfico 3.11, panel a). Además, no solo las IES son recientes, sino que los programas también lo son (gráfico 3.11, panel b). La antigüedad promedio de los programas oscila entre 10 y 18 años en Brasil y la República Dominicana, respectivamente, y aproximadamente la mitad de los programas de cada país datan de 10 años o menos. La matrícula promedio de los programas oscila entre 140 y 240 estudiantes en Brasil, Colombia, Ecuador y la República Dominicana; es considerablemente más alta en Perú, con 380 estudiantes (gráfico 3.11, panel c). En los cinco países, el tamaño más habitual se sitúa entre 101 y 300 estudiantes. Ecuador y Perú tienen la mayor participación de programas muy grandes, con más de 1.000 estudiantes.

Plan de estudios, formación y requisitos de graduación

En los cinco países, la mayoría de los programas tienen un plan de estudios fijo (gráfico 3.12, panel a). En vista de la experiencia negativa con el plan de estudios «al estilo bufé» de la mayoría de los colegios comunitarios estadounidenses (Bailey, Jaggars y Jenkins 2015), el plan de estudios fijo es una característica positiva. En promedio, los programas dedican aproximadamente la mitad del tiempo a la formación práctica en talleres, laboratorios o prácticas profesionales (gráfico 3.12, panel b). Como se mencionó en el capítulo 1, más del 80 % de los programas contempla clases de nivelación para estudiantes con poca preparación; estas actividades se desarrollan antes y/o durante el programa.

Como testimonio de la naturaleza profesionalizadora de estos programas, muchos de ellos incluyen prácticas obligatorias externas a la IES (gráfico 3.12, panel c). Aunque solo el 28 % de los programas de Brasil incluye prácticas, casi todos los programas de Ecuador las exigen, y más de la mitad de los programas

Gráfico 3.11 Antigüedad de las IES, antigüedad de los programas y tamaño de los programas

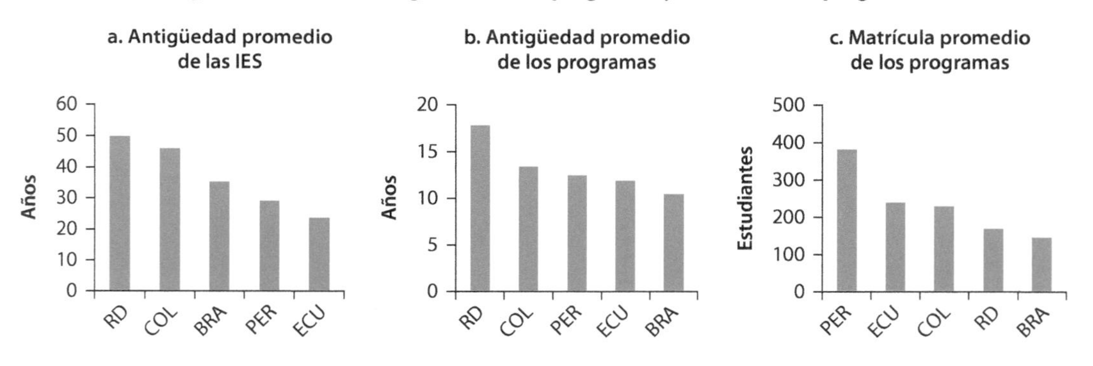

Fuente: Encuesta de Programas de Ciclo Corto del Banco Mundial (EPCCBM).
Nota: Para cada país, el gráfico muestra la antigüedad promedio de las IES (panel a), la antigüedad promedio de los programas (panel b) y la matrícula promedio de los programas (panel c). Si se imparten varios programas en la misma IES, cada programa se cuenta por separado. BRA = Brasil; COL = Colombia; IES = institución de educación superior; ECU = Ecuador; PER = Perú; RD = República Dominicana. En el caso de Brasil, solo se incluyen São Paulo y Ceará; y en el caso de Perú, solo los programas con licencia.

Gráfico 3.12 Plan de estudios y formación práctica

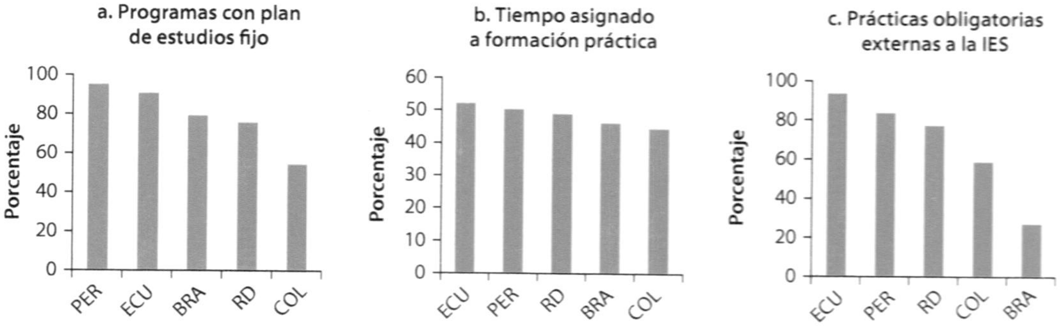

a. Programas con plan de estudios fijo

b. Tiempo asignado a formación práctica

c. Prácticas obligatorias externas a la IES

Fuente: Encuesta de Programas de Ciclo Corto del Banco Mundial (EPCCBM).
Nota: Para cada país, el gráfico muestra el porcentaje de programas con un plan de estudios fijo (panel a), el porcentaje promedio de tiempo asignado a la formación práctica a nivel de programa (panel b), y el porcentaje de programas con prácticas obligatorias externas a la IES (panel c). BRA = Brasil; COL = Colombia; IES = institución de educación superior; ECU = Ecuador; PER = Perú; RD = República Dominicana. En el caso de Brasil, solo se incluyen São Paulo y Ceará; y en el caso de Perú, solo los programas con licencia.

de Colombia, Perú y la República Dominicana también lo hacen. Las prácticas obligatorias pueden llevarse a cabo durante el programa, al final del mismo, o en ambos casos.

Además de enseñar habilidades específicas a las ocupaciones, los programas también pretenden formar a los estudiantes en un amplio conjunto de competencias generales. Estas se agrupan en cognitivas (lectura, escritura y aritmética), técnicas (uso de equipos informáticos para tareas básicas, presentaciones y tareas avanzadas), socioemocionales (comunicación, responsabilidad, trabajo en equipo y adaptabilidad) y hábitos de trabajo (capacidad para trabajar en condiciones difíciles o bajo presión, perseverancia en tareas complejas y capacidad para encontrar nuevas y mejores formas de hacer las cosas). Las habilidades socioemocionales, que son clave para las relaciones interpersonales, son las que se enseñan con más frecuencia (en el 90 % de los programas; véase el gráfico 3.13). Las habilidades tecnológicas para el uso de equipos informáticos es la segunda competencia más enseñada. Aunque más del 75 % de los programas afirma que enseña habilidades cognitivas, estas solo ocupan el tercer lugar entre las más enseñadas. Los hábitos de trabajo ocupan el cuarto lugar. En comparación con estas competencias generales, el gráfico muestra el porcentaje de programas que enseñan a leer y escribir en una lengua extranjera, que es la competencia menos enseñada.

Para graduarse de un PCC, los estudiantes deben cursar todas las clases obligatorias y, si fuera necesario, las prácticas obligatorias. Además, algunos programas tienen requisitos adicionales para graduarse (gráfico 3.14). Los programas de todos los países organizan exámenes de graduación específicos a cada institución; dichos exámenes son más frecuentes en Ecuador. En todos los países también se hacen pruebas profesionales o técnicas, que a menudo permiten a los graduados

Gráfico 3.13 Competencias enseñadas por los programas

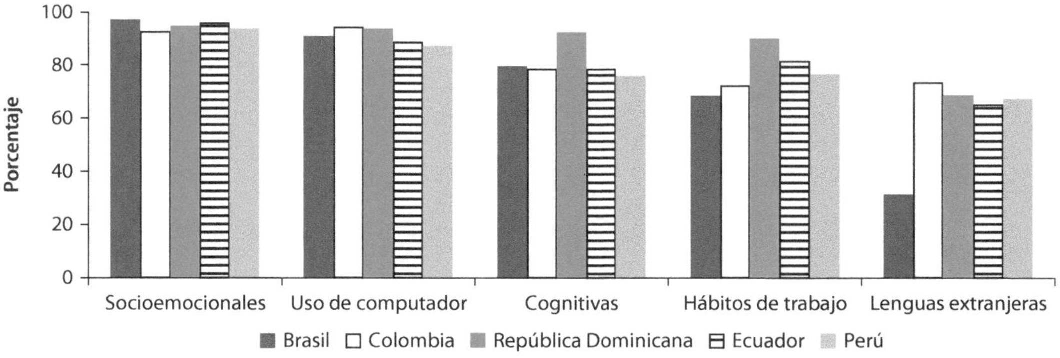

Porcentaje
100
80
60
40
20
0
Socioemocionales
Uso de computador
Cognitivas
Hábitos de trabajo
Lenguas extranjeras
Brasil
Colombia
República Dominicana
Ecuador
Perú

Fuente: Encuesta de Programas de Ciclo Corto del Banco Mundial (EPCCBM).
Nota: Para cada tipo de competencia (socioemocionales, uso de equipos informáticos, cognitivas, hábitos de trabajo y lenguas extranjeras), el gráfico muestra el porcentaje de programas en cada país que declara enseñarlas. Las competencias abarcan las siguientes habilidades: cognitivas (lectura, escritura y aritmética), técnicas (uso de equipos informáticos para tareas básicas, presentaciones y tareas avanzadas), socioemocionales (comunicación, responsabilidad, trabajo en equipo y adaptabilidad) y hábitos de trabajo (capacidad de trabajar en condiciones difíciles o bajo presión, perseverancia en tareas complejas y capacidad de encontrar formas nuevas y mejores de hacer las cosas). Se considera que un programa desarrolla un determinado conjunto de competencias cuando enseña todas las habilidades que engloba. En el caso de Brasil, solo se incluyen São Paulo y Ceará; y en el caso de Perú, solo los programas con licencia.

Gráfico 3.14 Requisitos de graduación adicionales

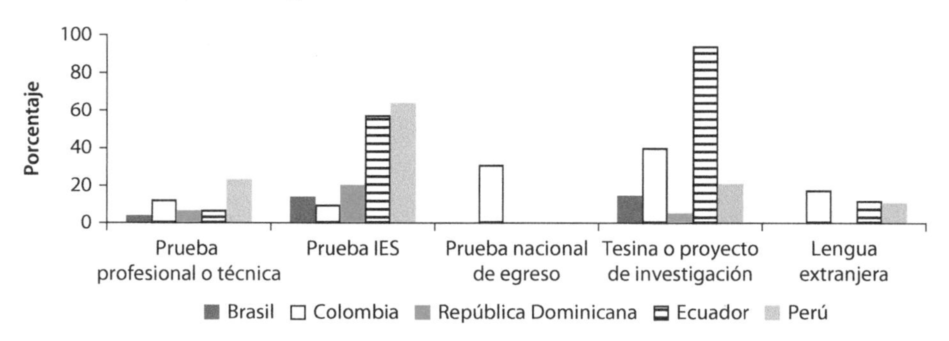

Fuente: Encuesta de Programas de Ciclo Corto del Banco Mundial (EPCCBM).
Nota: Para cada país, el gráfico muestra el porcentaje de programas que emplean cada requisito de graduación. Los programas pueden establecer más de un requisito. En Colombia, SABER T&T es el examen nacional de egreso. En el caso de Brasil, solo se incluyen São Paulo y Ceará; y en el caso de Perú, solo los programas con licencia.

obtener una licencia profesional en algunas áreas (como la salud). Una parte de los programas de todos los países exige que se elabore una tesina o un proyecto de investigación, lo que oscila entre el 5 % de los programas de la República Dominicana, el 40 % de Colombia y el 94 % de Ecuador. Aunque los requisitos adicionales para la graduación podrían contribuir a la «calidad» de los graduados, algunos de ellos podrían resultar problemáticos para los estudiantes y requerir habilidades que no se desarrollaron durante el programa, como podría ser el caso de la elaboración de un proyecto de investigación o el dominio de una lengua extranjera.

De acuerdo con su dinamismo, en promedio, los programas se han renovado muy recientemente: hace aproximadamente dos años en Brasil, la República Dominicana, Ecuador y Perú, y hace cuatro años en Colombia (gráfico 3.15, panel a). Los programas se actualizan por múltiples razones, tales como la percepción del mercado laboral por parte de la IES, las opiniones de los estudiantes, los resultados de los graduados en el mercado laboral, las peticiones de los empleadores y las normativas gubernamentales, todo lo cual demuestra el interés de las IES por satisfacer las necesidades del mercado laboral —del mismo modo que lo hacen cuando deciden crear un nuevo programa—.

Los programas deben contar con una licencia de funcionamiento para poder desarrollar su actividad. Además, pueden solicitar voluntariamente la acreditación en Perú, la acreditación de alta calidad en Colombia y la acreditación internacional en la República Dominicana (capítulo 1). El gráfico 3.15, panel b, muestra el porcentaje de programas en Perú, Colombia y la República Dominicana que tienen estas acreditaciones voluntarias, o que han sido consideradas de alta calidad por la autoridad reguladora en Brasil y Ecuador. Para facilitar la presentación, todos estos programas califican como «programas con acreditación de alta calidad». Según estos programas, sus beneficios son un aumento de la reputación entre los empleadores, una mayor capacidad para diferenciarse de los competidores y una mayor capacidad para atraer a buenos estudiantes y posicionar a los graduados en el mercado laboral.

Plantel docente

En promedio, los programas cuentan con una cantidad y «calidad» de instructores adecuadas. La relación promedio entre estudiantes y docentes es baja (entre 10 y 16), y los instructores suelen ser contratados por su experiencia práctica en el área de conocimiento y experiencia docente (gráfico 3.16, paneles a y b).

Gráfico 3.15 Actualización del plan de estudios y acreditación de alta calidad

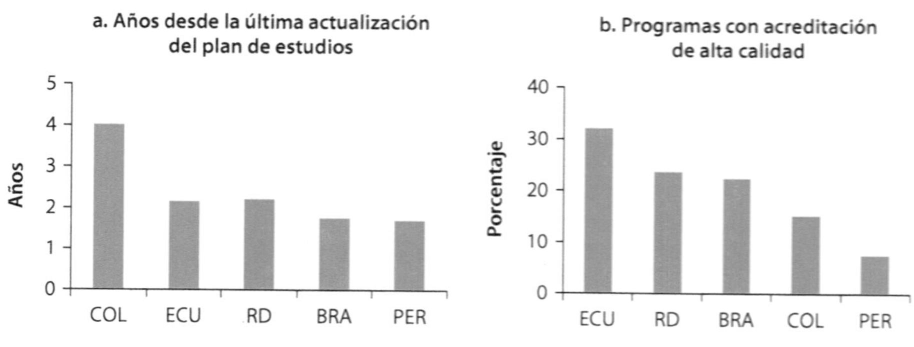

Fuente: Encuesta de Programas de Ciclo Corto del Banco Mundial (EPCCBM).
Nota: El panel a muestra el número promedio de años desde la última actualización del plan de estudios de los programas. El panel b muestra el porcentaje de programas en cada país con una acreditación de alta calidad (AAC). La AAC se define como sigue: Brasil (BRA): programas impartidos en IES con una puntuación IGP superior al percentil 75 del universo conjunto de São Paulo y Ceará; Colombia (COL): AAC otorgada por el Ministerio de Educación; Ecuador (ECU): AAC bajo régimen de acreditación pre-2018; Perú (PER): acreditación otorgada por el Ministerio de Educación; República Dominicana (RD): acreditación internacional. IES = institución de educación superior; IGP = índice general de programas. En el caso de Brasil, solo se incluyen São Paulo y Ceará; y en el caso de Perú, solo los programas con licencia.

Gráfico 3.16 Número de docentes y contratación

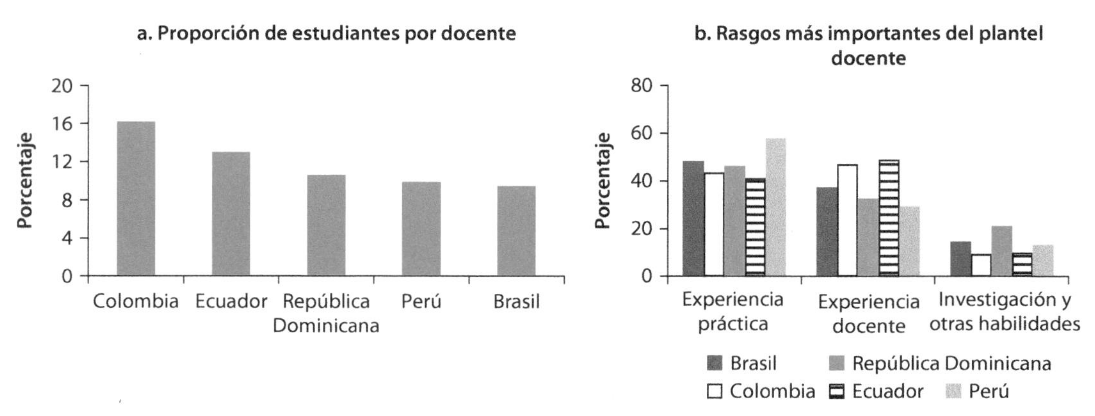

Fuente: Encuesta de Programas de Ciclo Corto del Banco Mundial (EPCCBM).
Nota: El panel a muestra la proporción promedio de estudiantes por docente a nivel de programa, calculada como la proporción de matrículas del programa por número de instructores. Ni la matrícula ni el número de instructores se ajustan en función de la dedicación parcial o total de los instructores. El panel b muestra el porcentaje de programas que citan cada característica (experiencia práctica en el área, experiencia docente, investigación u otras habilidades) como la más importante a la hora de contratar a los docentes. Las respuestas de cada país suman 100. En el caso de Brasil, solo se incluyen São Paulo y Ceará; y en el caso de Perú, solo los programas con licencia.

La proporción de docentes a tiempo completo es baja en la mayoría de los países, como cabría esperar de los instructores que trabajan en sus áreas de especialización (gráfico 3.17). Los instructores son relativamente jóvenes; entre el 30 % y el 40 % de ellos (e incluso más en Ecuador) tiene menos de 40 años. Los instructores jóvenes posiblemente tengan una formación más actualizada, aunque también pueden tener menos experiencia que los docentes de mayor edad. El porcentaje de docentes mujeres es bastante bajo —alrededor de un tercio— y menor que el porcentaje de estudiantes mujeres (entre el 37 % y el 53 %, dependiendo del país), aunque esto es algo que cabría esperar dada la naturaleza de los programas. El plantel docente está calificado a nivel académico: más del 78 % de los instructores tiene un título universitario. En Brasil y la República Dominicana, cerca de dos tercios de los instructores tienen títulos de postgrado.

Aunque la participación del plantel docente con cinco o más años de experiencia en el sector privado es alta en la República Dominicana, Brasil y Ecuador (por encima del 60 %), esta es menor en Colombia y Perú. Del mismo modo, la participación de docentes que trabaja en el sector privado en su área de especialización es especialmente alta en la República Dominicana (76 %), pero oscila entre el 35 % y el 45 % en el resto de los países. Dado que los estudiantes se benefician de los docentes que trabajan actualmente en el sector privado, es posible que esto constituya un punto débil de los programas. La sindicalización del plantel docente se sitúa por debajo del 10 % en Colombia, Ecuador y Perú, pero es mayor en la República Dominicana y Brasil (21 % y 37 %, respectivamente).

Cabe destacar que casi todos los programas evalúan a su plantel docente, y la mayoría lo hace más de una vez al año. Se aplican múltiples criterios, entre los

Gráfico 3.17 Características del plantel docente

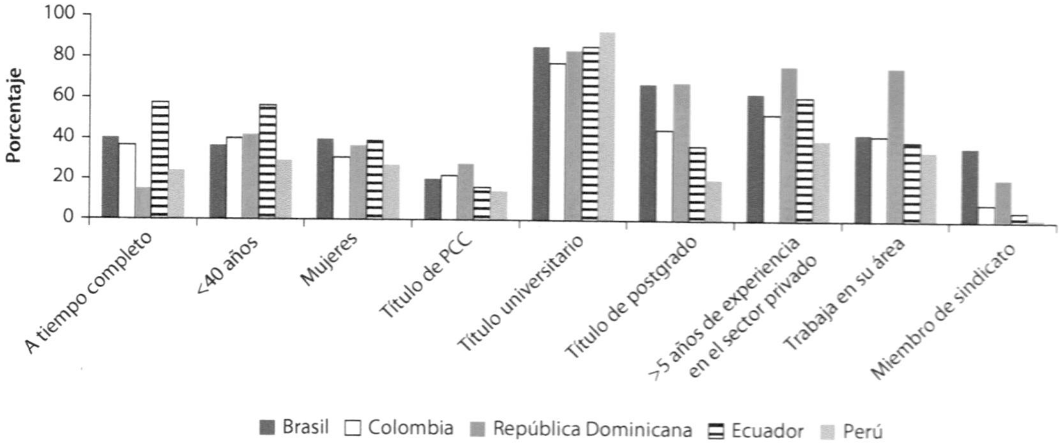

Fuente: Encuesta de Programas de Ciclo Corto del Banco Mundial (EPCCBM).
Nota: Para cada país, el gráfico muestra el porcentaje promedio de docentes con cada característica a nivel de programa. «Trabaja en su área» = los docentes trabajan en su área de especialización fuera de la IES. En el caso de Brasil, solo se incluyen São Paulo y Ceará; y en el caso de Perú, solo los programas con licencia. PCC = programa de ciclo corto.

que se incluyen las evaluaciones por los estudiantes; la revisión de las programaciones docentes y unidades didácticas; la observación en el aula; los comentarios informales de los estudiantes, de otros docentes y del personal; y las evaluaciones por pares (gráfico 3.18, panel a). Aunque los directores de programas consideran varios de estos criterios como «muy importantes», el más citado como tal en todos los países es el de las evaluaciones por los estudiantes. En cambio, el uso de otros criterios varía más entre los países. El desarrollo profesional y la formación también varían entre los países (gráfico 3.18, panel b). Durante el año anterior, el 70 % o más de los programas de Ecuador, Brasil y Perú brindó o financió el desarrollo profesional y la formación de todo o casi todo su plantel docente, pero solo entre el 40 % y el 50 % de los programas lo hizo en Colombia y la República Dominicana.

Infraestructura y modalidad de enseñanza

La infraestructura para la formación práctica incluye laboratorios y talleres, y parece ser suficiente, al menos en términos de cantidad: el número promedio de estudiantes por laboratorio o taller es bajo, y oscila entre tres y ocho en todos los países (gráfico 3.19, panel a), y la mayoría de los programas afirman tener una infraestructura suficiente para sus actividades (gráfico 3.19, panel b). No obstante, la infraestructura varía según los países: es suficiente en el 90 % de los programas de Brasil, pero solo en el 60 % de los de Ecuador. Además, mientras que el 83 % de los programas de Brasil hace un trabajo de mantenimiento anual en los laboratorios y talleres, menos del 60 % lo hace en Ecuador y la República Dominicana (gráfico 3.19, panel c).

Gráfico 3.18 Evaluación y formación del plantel docente

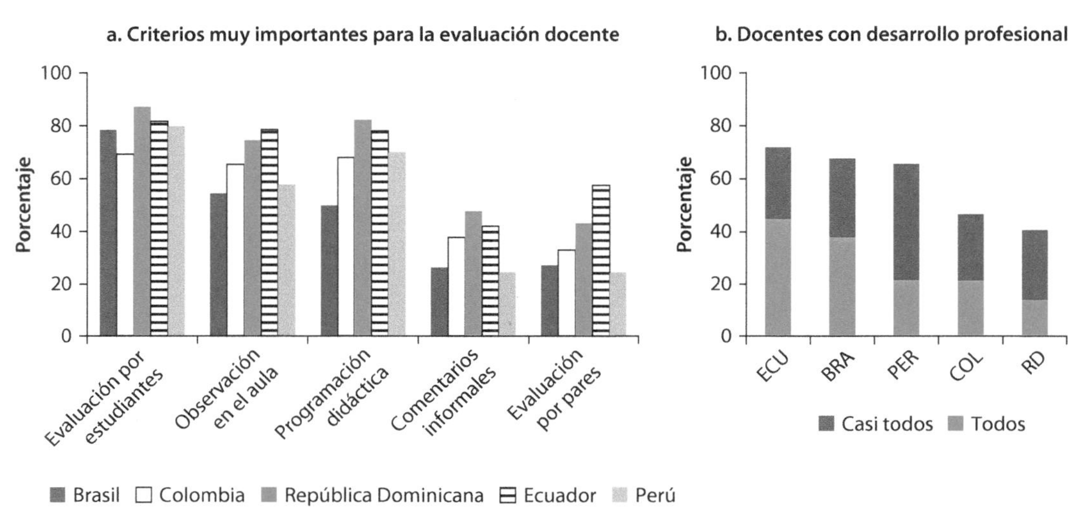

Fuente: Encuesta de Programas de Ciclo Corto del Banco Mundial (EPCCBM).
Nota: El panel a muestra el porcentaje de programas que consideran cada criterio de evaluación del plantel docente como «muy importante». Los programas pueden tener más de un criterio «muy importante». El panel b muestra el porcentaje de programas que declaran haber facilitado o financiado el desarrollo profesional de casi todo o todo el plantel docente el año anterior. En el caso de Brasil, solo se incluyen São Paulo y Ceará; y en el caso de Perú, solo los programas con licencia.

Gráfico 3.19 Infraestructura física

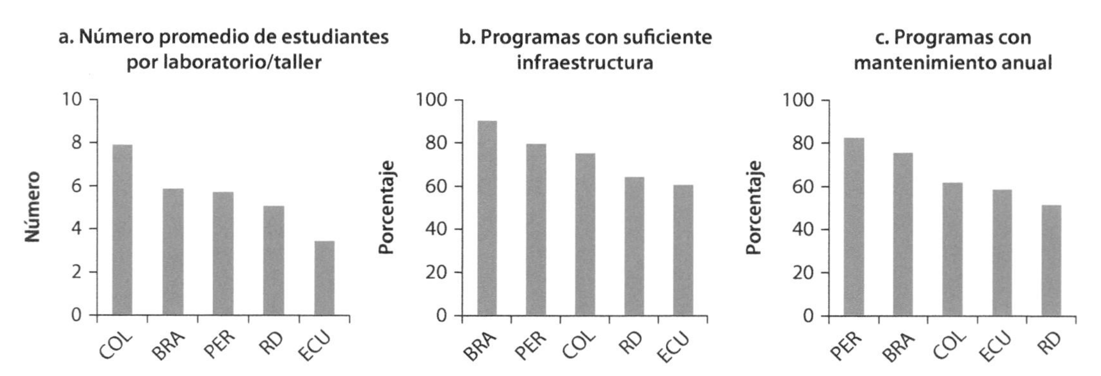

Fuente: Encuesta de Programas de Ciclo Corto del Banco Mundial (EPCCBM).
Nota: El panel a muestra el número promedio de laboratorios/talleres por estudiante a nivel de programa. El panel b muestra el porcentaje de programas que afirman tener suficiente infraestructura para todos sus estudiantes. El panel c muestra el porcentaje de programas que declaran hacer un mantenimiento anual de sus instalaciones. BRA = Brasil; COL = Colombia; ECU = Ecuador; PER = Perú; RD = República Dominicana. En el caso de Brasil, solo se incluyen São Paulo y Ceará; y en el caso de Perú, solo los programas con licencia.

La enseñanza en línea era poco frecuente antes de la pandemia del COVID-19. La mayoría de los programas no impartían clase en línea (gráfico 3.20). Incluso en los tres países donde las clases en línea eran más frecuentes (Brasil, Colombia y la República Dominicana), la mayoría de los programas ofrecen menos del 30 % de sus clases en línea. Antes de la pandemia, los estudiantes asistían a clases en línea por múltiples razones, entre ellas la incompatibilidad de horario (frecuentes en

Gráfico 3.20 Porcentaje de clases impartidas en línea

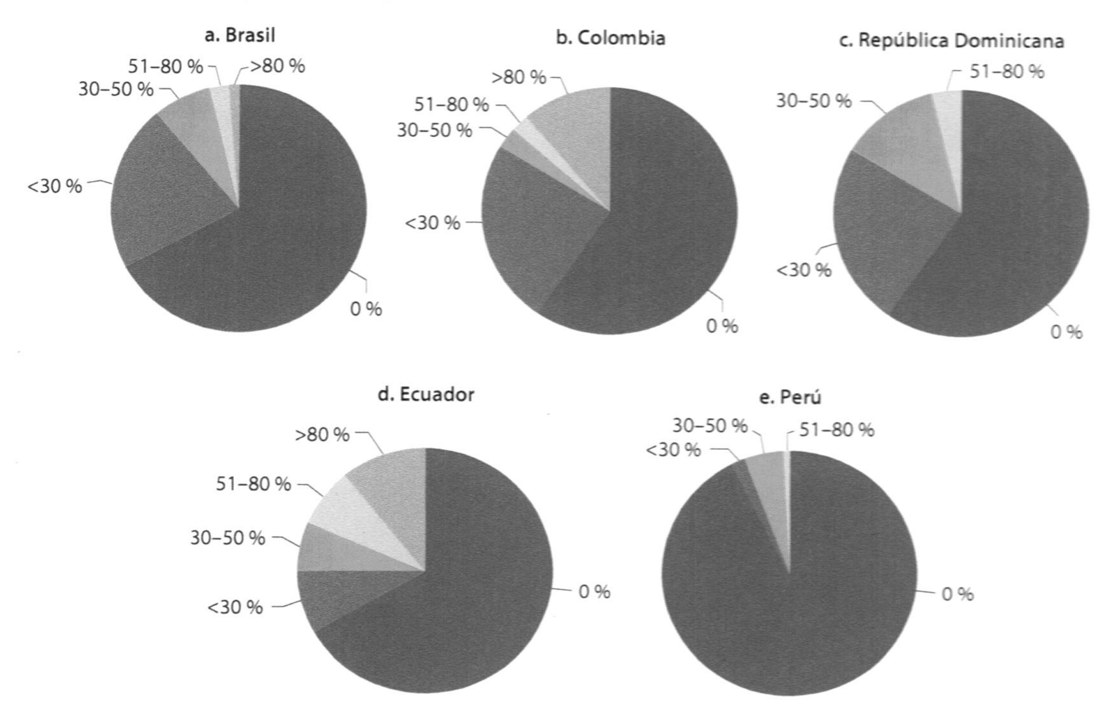

Fuente: Encuesta de Programas de Ciclo Corto del Banco Mundial (EPCCBM).
Nota: Para cada país, el gráfico muestra la fracción de programas que corresponden a cada una de las siguientes categorías según el porcentaje de clases que se imparten en línea: 0 %, menos del 30 %, 30 %-50 %, 51 %-80 %, más del 80 %. En el caso de Brasil, solo se incluyen São Paulo y Ceará; y en el caso de Perú, solo los programas con licencia.

Brasil, Colombia y Ecuador), la preferencia por el aprendizaje en línea (frecuente en la República Dominicana) y la distancia geográfica de la institución (frecuente en Perú). Dado que la enseñanza en línea era tan poco frecuente antes de la pandemia, es posible que la adaptación a esta modalidad de enseñanza haya sido especialmente difícil para los programas.

Gobernanza y conexiones con el sector privado

La mayoría de los programas se imparten en IES que tienen un órgano de gobierno distinto del rectorado (rector). Así ocurre en el 69 % de los programas de Perú y en más del 87 % de los programas de los demás países. El órgano de gobierno (o junta directiva) puede incluir al plantel docente, a los estudiantes, a las empresas privadas, a los funcionarios del Gobierno y a otras personas. En promedio, el plantel docente constituye la mayor parte de la junta directiva en todos los países, excepto en la República Dominicana, y tiene un papel especialmente destacado en Brasil y Ecuador (gráfico 3.21, panel a). Excepto en Ecuador, las empresas están mejor representadas que los estudiantes. Tal como cabría esperar, los funcionarios públicos son más frecuentes en las IES públicas que en las privadas.

Además de participar en las juntas directivas, el sector privado se relaciona con los programas de múltiples maneras (gráfico 3.21, panel b). La más común (por encima del 80 % de los programas) es mediante el acuerdo de convenios de prácticas para estudiantes. En más de la mitad de los programas de Colombia, Ecuador y Perú, el sector privado también participa en el diseño del plan de estudios o en la evaluación de los estudiantes y arrenda o suministra equipamiento. Además, el sector privado participa en la formación del plantel docente en el 45 % de los programas de la República Dominicana. Algunos programas tienen acuerdos con empresas para contratar a los graduados, especialmente en Perú. Cabe destacar que los programas con una mayor participación de estudiantes no tradicionales se comprometen a una mayor colaboración con el sector privado, pero a un menor apoyo a la búsqueda de empleo, lo que coincide con la idea de que estos estudiantes están particularmente interesados en programas con vínculos estrechos con la economía local, pero no necesitan mucha ayuda para encontrar un empleo, ya sea porque ya tienen un trabajo o porque tienen experiencia en encontrarlo. En general, la colaboración con el sector privado parece ser bastante firme.

Gráfico 3.21 Participación del sector privado

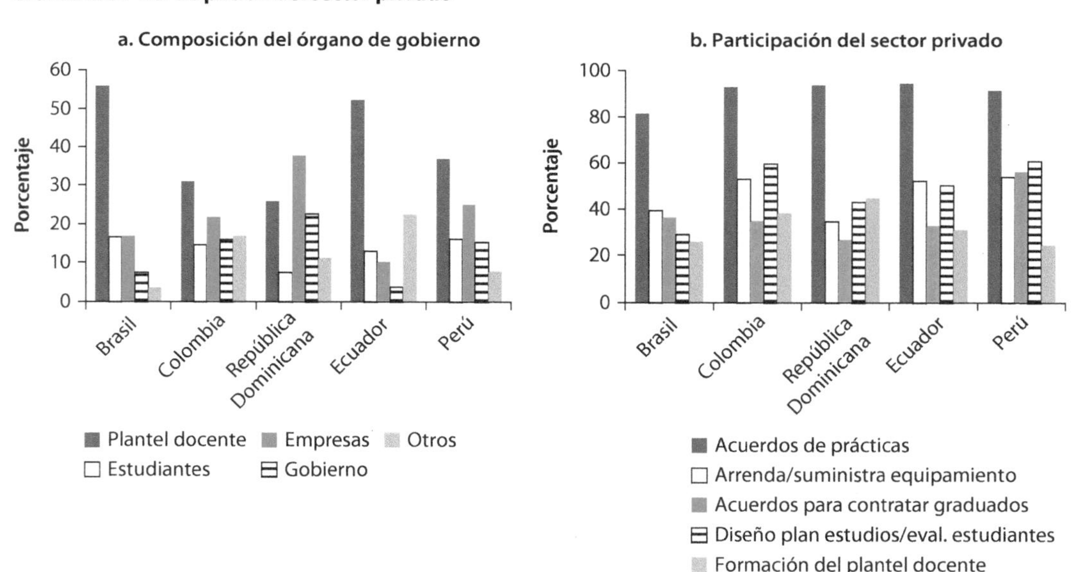

Fuente: Encuesta de Programas de Ciclo Corto del Banco Mundial (EPCCBM).
Nota: El panel a muestra la composición promedio de los órganos de gobierno de las instituciones de educación superior (IES) de cada país; es decir, el porcentaje promedio que representa a miembros del plantel docente, los estudiantes, los representantes de las empresas, los funcionarios públicos y otras partes (siempre que el programa tenga un órgano de gobierno distinto del rector). Los porcentajes de cada país suman 100. El panel b muestra el porcentaje de programas de cada país que se relacionan con el sector privado a través de cada uno de los siguientes mecanismos (no excluyentes entre sí): acuerdos de prácticas, acuerdos para la contratación de graduados del programa por parte del sector privado, formación del plantel docente por parte del sector privado, arrendamiento o suministro de equipamiento por parte del sector privado, participación en el diseño del plan de estudios o evaluación de los estudiantes. En este último caso, el gráfico muestra el porcentaje promedio de programas con participación en el diseño del plan de estudios y de programas con participación en la evaluación de los estudiantes. En el caso de Brasil, solo se incluyen São Paulo y Ceará; y en el caso de Perú, solo los programas con licencia.

Los programas confían sus colaboraciones con el sector privado a diferentes personas: la dirección del programa, miembros de la junta directiva, personas asignadas específicamente a dicha tarea o aquellas que estén disponibles (gráfico 3.22). Aparentemente, la colaboración de los programas con el sector privado es deliberada, ya que solo una pequeña parte afirma no relacionarse con él o delegar esta relación en «quienquiera que se encuentre disponible para dicha tarea».

Gráfico 3.22 Personas a cargo de las relaciones con el sector privado

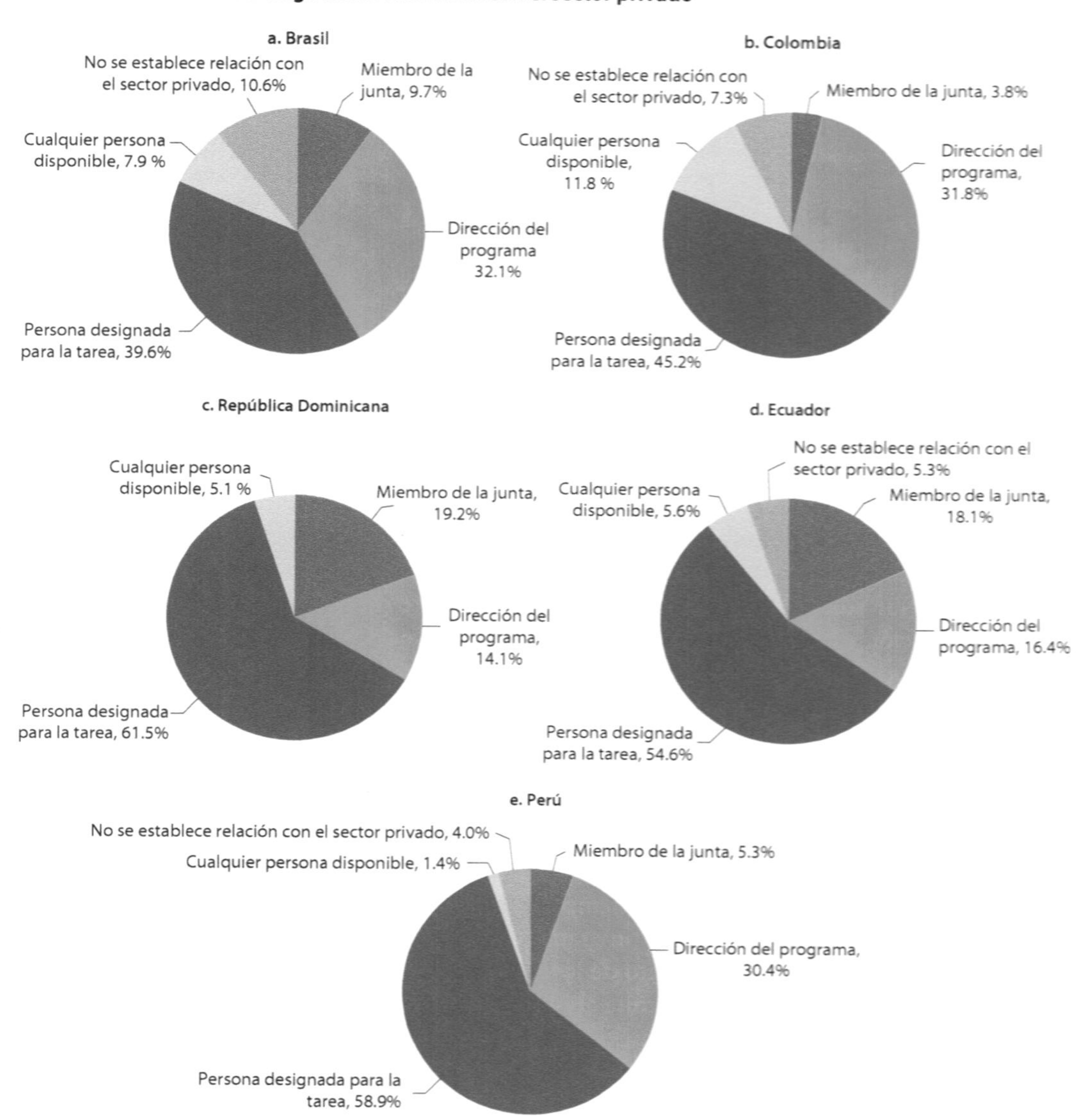

Fuente: Encuesta de Programas de Ciclo Corto del Banco Mundial (EPCCBM).
Nota: El gráfico muestra el porcentaje de programas de cada país en cada una de las categorías definidas por la persona encargada de relacionarse con el sector privado. En el caso de Brasil, solo se incluyen São Paulo y Ceará; y en el caso de Perú, solo los programas con licencia.

Gráfico 3.23 Actividades de apoyo a la búsqueda de empleo de los estudiantes

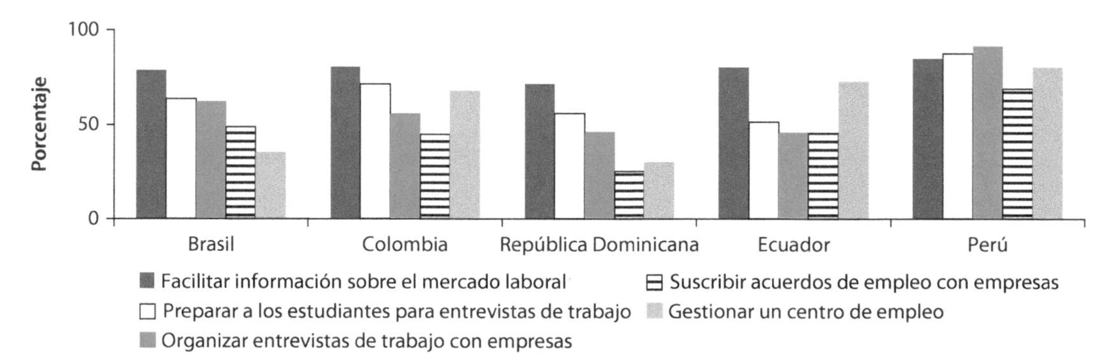

Fuente: Encuesta de Programas de Ciclo Corto del Banco Mundial (EPCCBM).
Nota: Para cada país, el gráfico muestra el porcentaje de programas que apoyan la búsqueda de empleo de los estudiantes a través de cada uno de los siguientes mecanismos: provisión de información sobre el mercado laboral, convenios de empleo por los que las empresas contratan a los graduados de los programas, preparación de los estudiantes para entrevistas de trabajo u organización de entrevistas de trabajo a su favor, y gestión de un centro de empleo o bolsa de trabajo. En el caso de Brasil, solo se incluyen São Paulo y Ceará; y en el caso de Perú, solo los programas con licencia.

Actividades relacionadas con la búsqueda de empleo y los resultados de los estudiantes

Para ayudar a los estudiantes en la búsqueda de empleo, los programas llevan a cabo diversas actividades, como proporcionar información sobre el mercado laboral, preparar a los estudiantes para entrevistas de trabajo, crear una bolsa de trabajo, coordinar entrevistas de trabajo con las empresas y firmar acuerdos con empresas privadas para que contraten a los graduados (gráfico 3.23). Proporcionar información sobre el mercado laboral es la principal actividad en todos los países. Tan solo en Perú esta actividad es ligeramente menos importante que la preparación y la organización de entrevistas de trabajo. La gestión de centros de empleo es popular en Colombia, Ecuador y Perú, a diferencia de Brasil y la República Dominicana.

Dado su enfoque en el empleo, los programas proporcionan relativamente poco apoyo a la búsqueda de empleo de los estudiantes. Aunque la provisión de información es útil, es posible que los estudiantes necesiten una ayuda más práctica e inmediata a la búsqueda de empleo, como la organización de entrevistas de trabajo o la asistencia a través de un centro de empleo para la gestión del currículum y las solicitudes de empleo.

Más del 78 % de los programas lleva a cabo evaluaciones del plantel docente y analizan el rendimiento de los estudiantes más de una vez al año (gráfico 3.24, panel a), lo que les permite abordar rápidamente los problemas relacionados con los estudiantes o el plantel docente. Otras actividades relacionadas con los resultados de los estudiantes en el mercado laboral son menos frecuentes. Es menos probable que los programas recopilen datos sobre el empleo de los graduados, que midan la satisfacción de los empleadores con los graduados del programa o que indaguen sobre las necesidades de las empresas locales más de una vez al año.

Gráfico 3.24 Actividades de apoyo a los resultados de los estudiantes en el mercado laboral

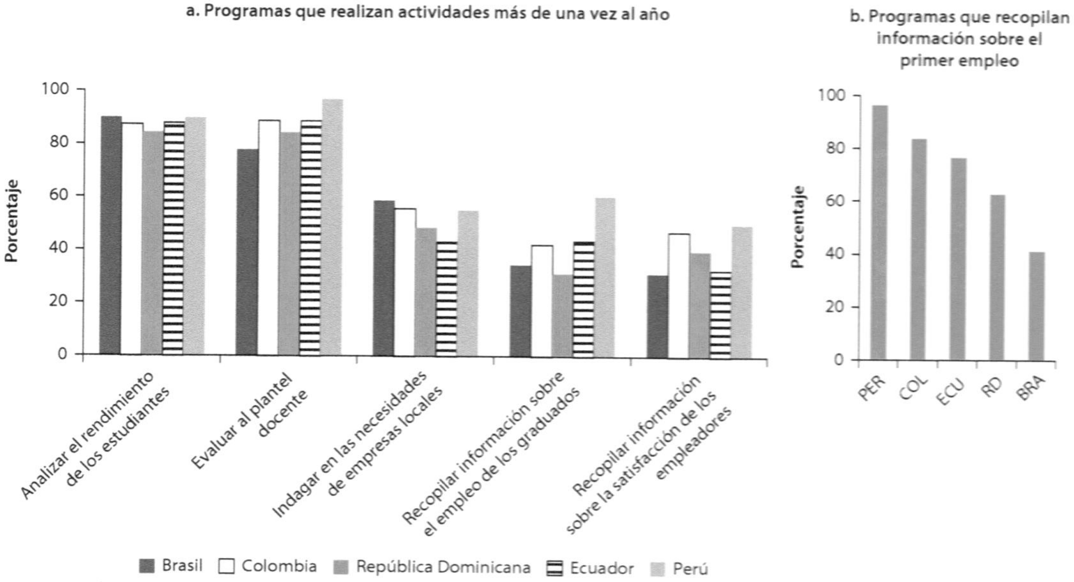

a. Programas que realizan actividades más de una vez al año

b. Programas que recopilan información sobre el primer empleo

Fuente: Encuesta de Programas de Ciclo Corto del Banco Mundial (EPCCBM).
Nota: El panel a muestra el porcentaje de programas que declaran desarrollar cada actividad más de una vez al año; las actividades no son mutuamente excluyentes. El panel b muestra el porcentaje de programas que recopilan información sobre el primer empleo de los graduados tras finalizar el programa. BRA = Brasil; COL = Colombia; ECU = Ecuador; PER = Perú; RD = República Dominicana. En el caso de Brasil, solo se incluyen São Paulo y Ceará; y en el caso de Perú, solo los programas con licencia.

Además, aunque algunos programas recopilan datos sobre el primer empleo de sus graduados (independientemente de la frecuencia), la fracción de estos programas varía mucho, desde el 42 % en Brasil hasta el 97 % en Perú (gráfico 3.24, panel b).

Programas y competidores

A juicio de los directores de programas, la característica de los programas más valorada por los estudiantes es la calidad de la formación, según la calidad académica del programa, la calidad del plantel docente y la formación práctica (gráfico 3.25, panel a). De hecho, más del 50 % de los directores de programas indicó que esta es la característica más valorada. En cambio, menos de una cuarta parte de los directores de programas indicó que el empleo (incluidas las perspectivas de trabajo, las prácticas, el apoyo a la búsqueda de empleo y las conexiones de las IES con las empresas) es la característica más valorada.

En todos los países, la mayoría de los programas consideran a otros PCC locales como sus principales competidores, y seguidamente a los programas universitarios locales (gráfico 3.25, panel b). Esto coincide con los resultados de la **sección Dinámica y competencia en los mercados de PCC**, que demuestran la capacidad de adaptación de los PCC a las condiciones del mercado local. En comparación con sus competidores (gráfico 3.26), más del 60 % de los

Gráfico 3.25 Principales características y competidores de los programas

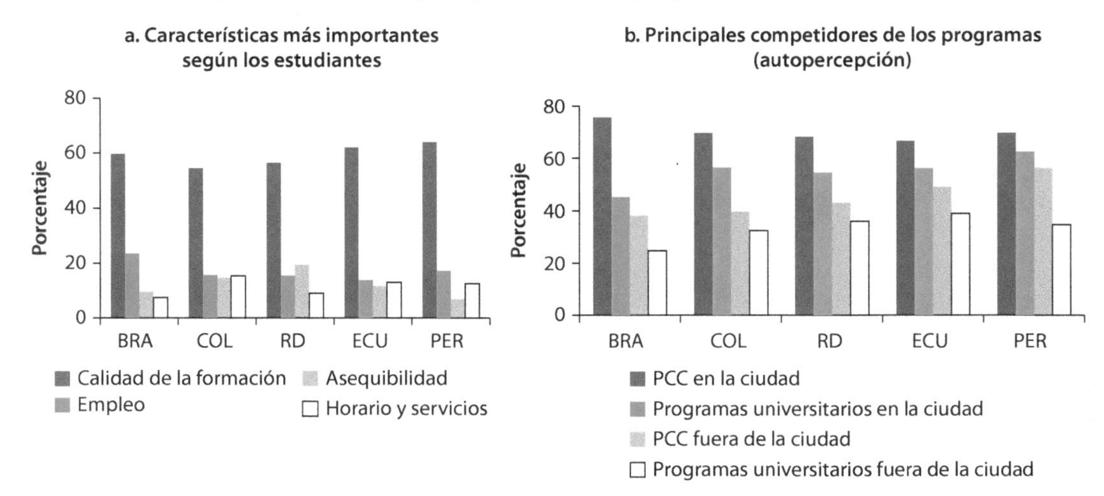

Fuente: Encuesta de Programas de Ciclo Corto del Banco Mundial (EPCCBM).
Nota: El panel a muestra el porcentaje de programas de cada país que señalan cada característica como la más importante para sus estudiantes. Las características son la calidad de la formación, la asequibilidad, el horario y los servicios para estudiantes, y el empleo. La «calidad de la formación» incluye la calidad del plantel docente, la formación práctica y la calidad académica; la «asequibilidad» incluye el costo del programa y la ayuda financiera de la IES; el «horario y los servicios» incluye el horario de las clases y la calidad de los servicios para estudiantes; el «empleo» incluye las perspectivas de empleo tras la graduación, las oportunidades de prácticas, el apoyo a la búsqueda de empleo y las conexiones de la IES con posibles empleadores. En el caso de la calidad de la formación, el gráfico muestra la suma del porcentaje de programas que mencionan cada uno de los tres componentes como el más importante para los estudiantes, y de manera similar para las demás características. Los porcentajes de cada país suman 100. El panel b muestra el porcentaje de programas que perciben como principal competidor a cada uno de los siguientes programas: PCC en la ciudad del programa; PCC fuera de la ciudad del programa; programas universitarios en la ciudad del programa; programas universitarios fuera de la ciudad del programa. Las categorías de competidores no son mutuamente excluyentes. BRA = Brasil; COL = Colombia; ECU = Ecuador; IES = institución de educación superior; PER = Perú; PCC = programa de ciclo corto; RD = República Dominicana. En el caso de Brasil, solo se incluyen São Paulo y Ceará; y en el caso de Perú, solo los programas con licencia.

programas cree que son mejores en formación (plan de estudios junto con formación académica y práctica); entre el 45 % y el 65 % de los programas creen que son mejores por lo que respecta a los servicios académicos, los materiales y el equipamiento; y entre el 40 % y el 60 % cree que son mejores en empleo (conexiones con el sector privado, oportunidades de empleo y apoyo a la búsqueda de empleo). Además, entre el 35 % y el 55 % cree que ofrecen mejores opciones de financiación.

Esta autopercepción con respecto a los competidores es interesante por múltiples razones. En primer lugar, es matemáticamente imposible que más de la mitad de los programas sean mejores que sus competidores a nivel de formación. Además, el hecho de que la mayoría de los programas se consideren superiores en cuanto a la formación, pero no en cuanto al empleo de los graduados sugiere que podrían estar haciendo hincapié en lo primero más que en lo segundo, y que son conscientes de ello. Tal vez consideren que su papel consiste en ofrecer la mejor formación posible, y confíen en que esta, por sí sola, permitirá a los estudiantes conseguir un buen empleo. Este punto de vista sería coherente con la percepción de que la formación es, de hecho, la característica más valiosa para los estudiantes. Puede que los programas crean que, dado que los estudiantes son

Gráfico 3.26 Aspectos en los que el programa cree que es mejor que sus competidores

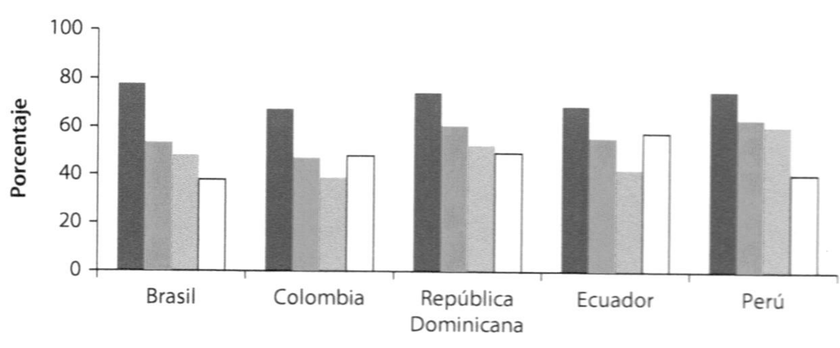

Fuente: Encuesta de Programas de Ciclo Corto del Banco Mundial (EPCCBM).
Nota: El gráfico muestra el porcentaje de programas de cada país que se consideran mejores que otros programas de ciclo corto similares en cada una de las siguientes categorías: formación, empleo, equipamiento y servicios, y ayuda económica. La «formación» incluye los siguientes aspectos: plan de estudios, formación académica y formación práctica. «Empleo» incluye apoyo a la búsqueda de empleo, oportunidades de empleo y contactos con el sector privado. «Equipamiento y servicios» incluye servicios académicos para estudiantes, y materiales y equipamiento. Para cada programa, «formación» es la respuesta promedio sobre sus tres ítems (respuesta igual a 1 si el programa se considera mejor que los competidores, y 0 en el caso contrario), y de manera similar para las otras categorías. En el caso de Brasil, solo se incluyen São Paulo y Ceará; y en el caso de Perú, solo los programas con licencia.

los que más valoran la formación, deben ofrecer mejor formación que sus competidores. Otra posibilidad es que crean que, dado que su formación es superior a la de sus competidores, esta es la característica más valorada por los estudiantes. En cualquier caso, parecen ser conscientes de cierta deficiencia en materia de empleo.

En resumen, la EPCCBM traza un panorama variado y cargado de matices de los PCC y sus proveedores en ALC. La mayoría de los proveedores son relativamente recientes. En consonancia con el dinamismo de este mercado, los programas también son recientes y se han actualizado hace poco tiempo. Suelen tener un plan de estudios fijo, dedican la mitad del tiempo a la formación práctica y requieren prácticas obligatorias. Antes de la pandemia del COVID-19, ofrecían una pequeña proporción de clases en línea, lo que sugiere que pueden haber tenido dificultades para adaptarse a la enseñanza en línea. En general, están bien dotados en cuanto a instalaciones para prácticas, tienen una baja proporción de estudiantes por docente, y sus docentes están calificados académicamente, son relativamente jóvenes y mantienen una estrecha relación con el sector privado. Los programas evalúan al plantel docente con esmero y las evaluaciones por los estudiantes son un criterio de evaluación importante. Involucran de forma deliberada al sector privado y lo hacen de múltiples formas, siendo la principal de ellas los convenios de prácticas.

Por otra parte, las características y las prácticas de los PCC varían considerablemente, al igual que sus resultados (capítulo 2). De hecho, el capítulo 4 se sirve de esta variación para investigar si las características y prácticas de los programas guardan relación con los resultados. Además, aunque los programas proporcionan diversas formas de apoyo a la búsqueda de empleo, el principal tipo de apoyo —la provisión de información sobre el mercado laboral— es relativamente pasivo y quizás menos útil que otros, como la organización de entrevistas de trabajo o la gestión de un centro de empleo. Es importante destacar que la mayoría de los directores de programas creen que lo que más valoran los estudiantes es la calidad de la formación —a diferencia, por ejemplo, del empleo—. Esta perspectiva de la demanda podría orientar la oferta. Es decir, si los estudiantes valoran más la calidad de la formación, es razonable que los programas se vuelquen en ella, quizá con la esperanza de que la formación, por sí sola, ayude a los estudiantes a encontrar empleo. Por otra parte, la mayoría de los programas se consideran mejores que sus competidores en cuanto a la calidad de la formación, pero no en cuanto al empleo. En definitiva, aunque los programas parecen estar decididos a ofrecer una buena formación y a comprometerse con el sector privado, es posible que necesiten centrarse más expresamente en los resultados del mercado laboral.

Conclusiones

Este capítulo comenzó considerando la contribución de la oferta de los PCC al cumplimiento de su promesa. Para cerrar el capítulo, esta sección concluye que los PCC en ALC tienen varias características positivas que podrían contribuir a cumplir su función; sin embargo, también podrían tener que hacer frente a algunas deficiencias.

Como aspecto positivo, el mercado de los PCC es dinámico, y presenta una mayor «rotación» (creación y suspensión de programas) que el de los programas universitarios. Las instituciones crean nuevos programas para responder a la economía local y al éxito de los graduados en el área de conocimiento correspondiente en el mercado laboral. Las instituciones privadas y las no universitarias son las que más se adaptan a las condiciones locales. La creación también responde a patrones competitivos que están relacionados con la existencia, el tamaño y la distribución geográfica de las IES públicas subsidiadas. Además, los programas están muy estructurados y se centran en la formación práctica. Se relacionan muy estrechamente con el sector privado y apoyan a los estudiantes en la búsqueda de empleo. La combinación de estas características podría ser una de las razones por las que las tasas de graduación son más altas en los PCC que en los programas universitarios, y por las que los graduados de PCC superan a los de programas universitarios en el mercado laboral (capítulo 1).

No obstante, existe una variación significativa en las características y prácticas de los programas. Además, los programas parecen centrarse más en la calidad de la formación que en el empleo, tal vez por creer que la calidad de la formación por sí sola ayudará a los estudiantes a encontrar un buen empleo. Sin embargo, es posible que los estudiantes precisen algo más. Por ejemplo, es posible que necesiten ayuda para solicitar un empleo, preparación para las entrevistas y contactos con empleadores potenciales. Esta falta de atención al empleo podría constituir un «punto flaco», no solo para los PCC, sino también para los estudiantes, que parecen valorar la calidad de la formación por encima del empleo.

¿Se puede eliminar dicho punto flaco? Quizá, si los estudiantes consiguen acceder a la información sobre el empleo y comienzan a exigir buenos resultados laborales o si la normativa y la financiación proporcionan a las instituciones mayores incentivos para centrarse en tales resultados. Repensar sus actividades, especialmente las relacionadas con los resultados de los graduados en el mercado laboral, parece ser una necesidad urgente para estos programas.

Notas

1. Por su excelente apoyo a la investigación, se reconoce con agradecimiento a Andrea Franco, Manuela Granda, Angelica Sánchez y Gabriel Suárez.
2. Para los Estados Unidos, Cellini (2009, 2010) observa que al aumentar la financiación de los colegios comunitarios disminuye la matrícula en las IES con ánimo de lucro. Grosz (2019) concluye que la adaptación de los colegios comunitarios a los cambios en el empleo local parece operar a través de la demanda de los estudiantes y no de la oferta de las IES. En el caso de Colombia, Carranza y Ferreyra (2019) señalan que es más probable que las IES creen programas universitarios en los mercados más grandes, donde hay menos competencia y un mayor número de estudiantes similares a los que atiende la IES, y en las áreas donde la IES ya oferta programas.
3. Esta sección se basa en el documento de referencia de Carranza *et al.* (2021), redactado para este libro.
4. En Chile, la primera IES pública para PCC se inauguró en 2018. Desde entonces, solo ha captado el 0,02 % de la matrícula en PCC. Fuente: Ministerio de Educación de Chile.
5. En el caso de Colombia, el análisis no estudia la creación por parte del SENA. Esta circunstancia se debe a que las decisiones sobre el SENA dependen del Ministerio de Trabajo (del que depende el SENA), en virtud de consideraciones de naturaleza política.
6. Aunque estos lugares puedan parecer demasiado grandes para representar mercados locales, en realidad son razonables. La mayoría de los mercados locales corresponden a áreas metropolitanas, y muchos estudiantes del departamento (o la región), que no viven en un área metropolitana, se desplazan hasta allí para asistir a las clases. Por lo tanto, el mercado local comprende, de hecho, todo el departamento (o la región).
7. Estos resultados se basan en coeficientes parciales de regresiones que controlan otros regresores, inclusives los efectos fijos de los departamentos, áreas y años. Véase Carranza *et al.* (2021) para más información.
8. Estos resultados son similares a los que se obtienen para programas universitarios exclusivamente en Carranza y Ferreyra (2019), descritos en Ferreyra *et al.* (2017).
9. Del mismo modo, la creación y desaparición de empresas en un sector determinado guardan una correlación positiva (Dunne, Roberts y Samuelson, 1988).
10. La participación de pequeños municipios amparados por el SENA aumentó entre 2003 y 2012 hasta llegar a un máximo de 56 %, y se redujo rápidamente en los años posteriores debido a la suspensión de muchos programas.

Referencias

Bailey, T., S. Jaggars, y D. Jenkins. 2015. *Redesigning America's Community Colleges: A Clearer Path to Student Success*. Harvard University Press.

Carranza, J. E., y M. M. Ferreyra. 2019. "Increasing Higher Education Coverage: Supply Expansion and Student Sorting in Colombia." *Journal of Human Capital,* 13(1), 95-136

Carranza, J. E.; Ferreyra, M. M.; Gazmuri, A.; Franco, A. 2021. "The Supply Side of Short-Cycle Higher Education Programs." Manuscrito inédito. Banco Mundial, Washington, DC.

Grosz, M. 2019. "Do Postsecondary Training Programs Respond to Changes in the Labor Market?" Documento de trabajo 34 de la Oficina de Economía de la Comisión Federal de Comercio, Washington, DC.

Cellini, S. R. 2009. "Crowded Colleges and College Crowd-Out: The Impact of Public Subsidies on the Two-Year College Market." *American Economic Journal: Economic Policy* 1 (2): 1-30.

Cellini, S. R. 2010. "Financial Aid and For-Profit Colleges: Does Aid Encourage Entry?" *Policy Analysis and Management,* 29(3), 526-52.

Dunne, T., M. J. Roberts y L. Samuelson. 1988. "Patterns of Firm Entry and Exit in US Manufacturing Industries." *The RAND Journal of Economics,* 19(4), 495-515.

Ferreyra, M. M., C. Avitabile, J. Botero, F. Haimovich, y S. Urzúa. 2017. *At a Crossroads: "Unemployment Insurance in Latin America and the Caribbean.* Washington, DC: Grupo Banco Mundial.

CAPÍTULO 4

Factores condicionantes de la calidad de los programas de ciclo corto en América Latina y el Caribe

Lelys Dinarte Díaz[1] y
Marina Bassi

Introducción

Los datos presentados en los capítulos anteriores indican que la ampliación de los programas de ciclo corto (PCC) en América Latina y el Caribe (ALC) podría ser una vía prometedora para mejorar las habilidades de la mano de obra. Sin embargo, los países de la región se enfrentan al reto de ampliar los sistemas de PCC y, al mismo tiempo, garantizar su calidad. Según lo descrito en el capítulo 2, los resultados y el valor agregado de los PCC en ALC presentan una gran dispersión, lo que indica una amplia variación en la calidad de los programas. Sin embargo, se conoce poco sobre los factores condicionantes que determinan la calidad de los PCC; es decir, lo que hace que un programa sea «bueno» tras tener en cuenta las características de los estudiantes. La calidad parece ser una «caja negra» en la que las características de los programas interactúan entre sí y con las características de los estudiantes y dan lugar a un buen rendimiento de los estudiantes.

La falta de datos que establezcan una relación clara entre los aspectos específicos de los programas y los resultados de los estudiantes se debe, en cierta medida, a la escasa disponibilidad de datos sobre las prácticas, los insumos y las características de los programas. Los datos que suelen recopilarse en las bases de datos administrativas incluyen, en el mejor de los casos, indicadores básicos de insumos y características de los programas, como el número de estudiantes matriculados, la duración del programa, y la proporción de estudiantes por docente. En general, no se recopila información sobre los métodos que utilizan las instituciones y los programas para contratar, formar y evaluar a los docentes; cómo apoyan el aprendizaje de los estudiantes; o cómo establecen vínculos con las empresas locales, que son los empleadores potenciales de los graduados. Para suplir este vacío, la Encuesta de Programas de Ciclo Corto del Banco Mundial (EPCCBM) recopiló datos exclusivos sobre estas actividades en cinco países —Brasil (los estados de São Paulo y Ceará), Colombia, Ecuador, Perú (programas con licencia) y la República Dominicana— gracias a la información facilitada por los directores de programas.

El objetivo de este capítulo es esclarecer los factores condicionantes de la calidad de los PCC. Para ello, se basa en Dinarte *et al.* (2021), un documento de referencia redactado para este libro. El análisis identifica las prácticas, los insumos y las características de los PCC que se asocian con los buenos resultados académicos y laborales de los graduados, después de tener en cuenta las características de los estudiantes y las instituciones. El capítulo comienza describiendo cuatro resultados que se utilizan como medidas de la calidad de los PCC: la tasa de deserción, el tiempo adicional para graduarse (TAG) que excede la duración oficial del programa, y el empleo formal y los salarios de los graduados. A continuación, los factores condicionantes de los PCC se agrupan en seis categorías que, según sugiere la bibliografía, podrían contribuir a la calidad. Estas categorías son la infraestructura, el plan de estudios y la formación, los costos y la financiación, la colaboración con el sector privado, el plantel docente y otras prácticas relacionadas con la admisión, la graduación y la gobernanza. Por último, el capítulo presenta las contribuciones estimadas de los factores condicionantes en estas seis áreas a los resultados de los PCC, tras tener en cuenta las características de los estudiantes y las instituciones.

Los principales resultados ponen de manifiesto que:

- En promedio, los programas declaran que siguen buenas prácticas y disponen de buenos insumos en términos de infraestructura, formación y plan de estudios, costos y financiación, colaboración con el sector privado, plantel docente y otras prácticas. Sin embargo, hay mucha variación entre los programas en estos aspectos. Aunque esta variación permite estimar la asociación entre los factores condicionantes de la calidad y los resultados, también suscita preocupación, ya que indica que muchos programas no adoptan buenas prácticas o insumos. Esto, a su vez, contribuye a la gran variación de los resultados que se documentó en el capítulo 2
- Entre las prácticas relacionadas con la colaboración del sector privado, y en concreto sobre el apoyo de los programas a la búsqueda de empleo de los estudiantes, aquellos PCC que cuentan con un centro de empleo suelen manifestar que casi todos sus graduados están empleados en el sector formal y que ganan salarios más altos. En cambio, algunos factores condicionantes relacionados con la colaboración del sector privado parecen guardar una relación negativa con los resultados de los graduados. En concreto, los programas en los que las empresas facilitan el equipamiento para la formación de los estudiantes tienden a informar de peores resultados en términos de empleo formal, mientras que los que tienen acuerdos para contratar a los graduados registran salarios más bajos, quizás porque los términos de dichos acuerdos no son

necesariamente beneficiosos para los estudiantes o porque los acuerdos podrían estar sustituyendo a otros acuerdos, como las oportunidades de prácticas.

- Numerosos factores condicionantes relacionados con la estructura y el contenido del plan de estudios también parecen contribuir a los buenos resultados. Los programas que tienen un plan de estudios fijo tienen menores tasas de deserción que otros programas con planes de estudios flexibles y mixtos. Además, el hecho de ofrecer clases de nivelación durante el programa para subsanar las carencias cognitivas previas se asocia con un mayor nivel de empleo formal y de salarios entre los graduados. Además, el reconocimiento de créditos para continuar cursando programas de educación superior más largos y la enseñanza de competencias numéricas se asocian con salarios más altos entre los graduados.
- Ciertas prácticas de admisión, requisitos de graduación y características de gobernanza también parecen ser relevantes para los resultados. Por ejemplo, los programas que cuentan con mecanismos de admisión más rigurosos (como entrevistas y pruebas de acceso adicionales para garantizar un conocimiento mínimo de los contenidos entre los estudiantes que comienzan sus estudios) informan de un TAG más corto y salarios más altos. Por el contrario, el requisito de una tesina para graduarse parece aumentar considerablemente el TAG promedio, lo que indica que los requisitos menos coherentes con el enfoque práctico de los PCC pueden ser menos eficaces. Además, los estudiantes de las instituciones de educación superior (IES) que cuentan con una junta directiva, además de un rectorado o decanato, muestran más probabilidades de finalizar el programa o de encontrar un empleo formal, lo que puede indicar que una estructura de gobierno más diversa puede atender mejor las necesidades de las distintas partes interesadas.
- En cuanto a los costos y la financiación del programa, una matrícula más alta se asocia con tasas de deserción más bajas y salarios más altos entre los graduados. La asociación entre la deserción y la matrícula posiblemente sea una señal de la alta reputación del programa entre los empleadores. Por otro lado, la oferta de becas de las IES se asocia con un nivel de empleo formal más alto, quizá porque estas becas alivian las limitaciones presupuestarias y permiten a los estudiantes centrarse plenamente en su formación.
- En general, la infraestructura se asocia positivamente con los resultados del mercado laboral. Los programas que declaran tener suficiente material y equipamiento para la formación, independientemente de la matrícula, y que proporcionan acceso a internet obtienen mejores resultados en el mercado laboral. Aunque la literatura especializada sobre educación en general coincide en que el aumento de los insumos no es eficaz por sí solo para mejorar los resultados de los estudiantes (puesto que los insumos podrían no emplearse bien), los resultados de este capítulo sugieren que la disponibilidad de equipamiento y materiales adecuados, que son clave para la formación práctica, aporta a los estudiantes más habilidades que se rentabilizan en el mercado laboral. A su vez, garantizar el acceso a internet puede ampliar las oportunidades de búsqueda de empleo de los estudiantes y, por tanto, aumentar el empleo formal.

- Entre las prácticas relativas al plantel docente, el uso de evaluaciones por pares para valorar el rendimiento docente se relaciona con menores tasas de deserción estudiantil. Del mismo modo, el hecho de incluir la programación didáctica como un elemento importante en la evaluación docente se asocia con un mayor empleo formal. Además, algunas características del plantel docente también guardan relación con los resultados. Los programas con una mayor participación de docentes con más experiencia laboral manifiestan que los estudiantes se gradúan más rápidamente y tienen mayores tasas de empleo formal. Además, un número mayor de mujeres en el plantel docente se asocia con una graduación más rápida. Por el contrario, una mayor participación de docentes jóvenes se asocia con un menor empleo formal, ya que es posible que tengan menos experiencia práctica. Por último, una mayor participación de docentes que trabajan en el sector privado se asocia con una mayor tasa de deserción. Este grupo de docentes podría atraer a los estudiantes a puestos de trabajo en el sector privado cuando aún están cursando los estudios, lo que podría llevarles a desertar.
- La mayor parte del capítulo presenta los resultados obtenidos a partir de datos a nivel de programa de la EPCCBM. Además, el capítulo se sirve de datos administrativos a nivel individual para estimar las contribuciones de las características de los programas a los resultados de los estudiantes para el caso de Brasil (al momento de redacción de este libro, Brasil era el único país que proporcionaba acceso a los datos administrativos). Las estimaciones muestran que ciertos factores condicionantes de la calidad —como ofrecer información sobre el mercado laboral y gozar de prestigio entre las autoridades reguladoras—, así como algunas características, como el tamaño del programa y el tipo de IES, contribuyen a los resultados académicos y laborales de los estudiantes.

Definición y medición de la calidad de los PCC

Cuestiones relacionadas con la medición de la calidad de los PCC

Medir la calidad de la educación superior supone todo un reto por un par de razones. En primer lugar, hay poco acuerdo acerca de las expectativas en materia de educación superior o de cómo medir la calidad de forma normalizada. Además, las medidas en un país determinado suelen depender de la disponibilidad de datos en su sistema de información sobre la educación superior.

Un segundo reto está relacionado con la cuestión de si la calidad debe medirse a través de los resultados de los estudiantes o del valor agregado de los programas. La diferenciación entre resultados y valor agregado, que se esbozó en la introducción de este libro y en el capítulo 2, contribuye a resolver este problema. Considérese el salario que gana la graduada de un programa inmediatamente después de su graduación. El salario constituye el resultado, que está condicionado por las aportaciones de la propia estudiante (capacidad, esfuerzo y otras características personales), sus pares y las aportaciones del programa. La contribución del programa al salario de la estudiante, neta de las contribuciones de la propia estudiante y de sus pares, es el valor agregado del programa.

La estimación del valor agregado de un PCC requiere datos detallados a nivel individual sobre todos los elementos de la función de producción que pueden afectar al salario de la graduada. Lamentablemente, es difícil obtener este nivel de detalle en los datos administrativos de educación superior de los países de la región. Algunos países no recopilan estos datos. Otros sí lo hacen, pero acceder a ellos supone un gran desafío ya que normalmente contiene información confidencial a nivel individual.[2] Recopilar los datos y facilitar su acceso sigue siendo una tarea fundamental en ALC.

Ante la falta de datos o la complejidad para acceder a ellos, este capítulo sigue un enfoque alternativo, que se describe en detalle en Dinarte *et al.* (2021). El capítulo se sirve de datos que los directores de programas comunican en la EPCCBM sobre la infraestructura de los programas, el plan de estudios y la formación, la colaboración con el sector privado, los costos y la financiación, el plantel docente y las prácticas adicionales, así como los datos sobre otras características de los programas, las instituciones y los estudiantes. Además, el capítulo emplea los datos recopilados por la EPCCBM sobre los resultados académicos y laborales promedio, inclusives las tasas de deserción, el tiempo transcurrido hasta la obtención del título, el empleo formal y los salarios.

A lo largo del capítulo, el término «factor condicionante» se refiere a las prácticas (por ejemplo, proporcionar información sobre el mercado laboral a los estudiantes), los insumos (por ejemplo, talleres de formación práctica) o las características de los insumos (por ejemplo, el porcentaje de docentes que tienen más de cinco años de experiencia laboral en el sector privado) que los programas pueden elegir y que podrían afectar potencialmente a los resultados de los graduados.

A partir de los datos de la EPCCBM correspondientes a los cinco países que cubre la encuesta —Brasil (los estados de Ceará y São Paulo), Colombia, Ecuador, Perú (programas con licencia) y la República Dominicana—, el capítulo estima las contribuciones marginales de los factores condicionantes que determinan los resultados académicos y laborales de los PCC, netas de las características de los estudiantes. Por ejemplo, se estima la relación entre la provisión de información sobre el mercado laboral por parte de los programas y las mejoras en el empleo formal de los estudiantes, después de tener en cuenta sus características. El análisis se centra en dos categorías de resultados: el rendimiento académico —que se mide por las tasas de deserción y el tiempo transcurrido hasta la obtención del título— y los resultados del mercado laboral, que incluyen el empleo en el sector formal y los salarios de los graduados.

Conviene hacer un par de observaciones. En primer lugar, el capítulo estima las asociaciones sin afirmar la existencia de causalidad. Para establecer el *efecto causal* de un factor condicionante —por ejemplo, la existencia de un centro de empleo— en un resultado de interés —por ejemplo, el empleo formal—, lo ideal sería distribuir aleatoriamente a las personas entre un grupo para el que se dispone de un centro de empleo y un grupo de control para el que no se dispone de él.

Dado que las personas serían muy similares entre los dos grupos, las diferencias en el empleo formal serían atribuibles al centro de empleo. Sin embargo, este enfoque no es factible para miles de programas y un gran número de factores condicionantes que determinan la calidad.

En segundo lugar, los directores de programas facilitaron los resultados *promedio* de los programas y las características *promedio* de los estudiantes, aunque no los resultados de los estudiantes a nivel individual. Para facilitar la explicación, imagínese que los directores de los programas informaron de un resultado promedio (el salario de los graduados), de una característica promedio de los estudiantes (el porcentaje de estudiantes a tiempo parcial) y de una característica del programa (si el programa ofrece clases de nivelación). La estimación responde a la siguiente pregunta: si los programas A y B tienen un estudiantado similar (el mismo porcentaje de estudiantes a tiempo parcial), pero el programa A ofrece clases de nivelación mientras que el programa B no lo hace, ¿cuál es la diferencia en los salarios promedio entre los graduados de los programas A y B? En este sentido, la estimación es un intento de cuantificar el valor agregado de los programas mediante los datos agregados de la EPCCBM.

El resto de esta sección describe los resultados de interés. También documenta los resultados promedio de los programas a partir de los datos de la EPCCBM. La siguiente sección describe los factores condicionantes de la calidad, y la posterior resume las principales asociaciones entre los factores condicionantes de la calidad y los resultados de interés. El anexo 4A presenta estadísticas resumidas de los resultados, los factores condicionantes de la calidad y otras características de los programas.

Resultados

Tasa de deserción y tiempo adicional para graduarse

Se recopilaron datos sobre dos resultados académicos: la tasa de deserción y el tiempo adicional para graduarse. Para medir la tasa de deserción, se pidió a los directores que se centraran en la cohorte que debía graduarse el año académico anterior. Para dicha cohorte, los directores comunicaron el porcentaje de estudiantes que lograron cada uno de los siguientes resultados: se graduaron a tiempo, desertaron y seguían estando matriculados en el programa. El porcentaje de estudiantes de esta cohorte que desertó del programa es la medida de la tasa de deserción.

En promedio, la tasa de deserción es de aproximadamente el 14 %. Como muestra el gráfico 4.1, las tasas de deserción promedio en todos los países son similares, y oscilan entre el 13 % en Ecuador y Perú, el 14 % en Colombia y el 15 % en Brasil y la República Dominicana.

La medida del tiempo adicional para graduarse es la cantidad de tiempo adicional que, en promedio, tarda una cohorte en obtener el título con respecto a la duración oficial del programa (en términos porcentuales). Se pidió a los directores que se centraran en los estudiantes que se graduaron el año académico anterior y que indicaran el tiempo promedio que tardaron dichos estudiantes en graduarse. Por ejemplo, si un programa dura dos años y los estudiantes tardan un

Gráfico 4.1 Resultados académicos de los estudiantes, por país

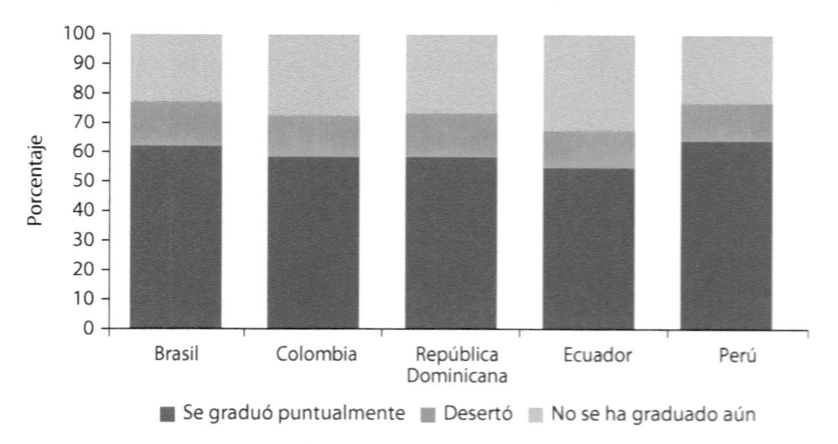

Fuente: Dinarte *et al.* (2021); cálculos basados en la Encuesta de Programas de Ciclo Corto del Banco Mundial (EPCCBM).
Nota: El gráfico muestra el promedio, sobre los programas, del porcentaje de estudiantes que obtienen cada resultado académico según los directores de programas. La pregunta se refiere a los estudiantes que deberían haberse graduado el año anterior. En el caso de Brasil, solo se incluyen São Paulo y Ceará; y en el caso de Perú, solo los programas con licencia.

promedio de tres años en graduarse, el tiempo adicional para graduarse es el 50%. Como se muestra en el gráfico 4.2, panel a, entre los países hay más variación en este resultado que en las tasas de deserción. El tiempo adicional promedio hasta la obtención del título oscila entre menos del 10 % en Perú y cerca del 31 % en la República Dominicana.

El tiempo adicional promedio para graduarse no se relaciona con la duración promedio del programa por país. Como muestra el gráfico 4.2, panel b, las duraciones promedio de los PCC en los cinco países es muy similar (promedio = 5,2 semestres), aunque el tiempo adicional para graduarse varía significativamente entre los países.

Empleo formal

El empleo de los graduados es una dimensión importante de la calidad de los PCC. En este sentido, los PCC de alta calidad deberían tener una alta participación de graduados que tienen un empleo —o trabajan por cuenta propia— en el sector formal, una baja participación de graduados que trabajan en el sector informal y una baja participación de graduados que no trabajan ni estudian («ninis», que ni estudian ni trabajan). Para entender cómo se distribuyen los graduados en estas tres situaciones laborales (empleo formal, empleo informal y ni trabaja ni estudia), se pidió a los directores que indicaran cuántos (con una escala que incluye: casi todos, algunos y casi ninguno) graduados de la cohorte más reciente se encontraban en cada situación.

El gráfico 4.3 presenta el porcentaje de directores que informan sobre resultados de graduados en una situación de empleo «buena»; es decir, la fracción que

Gráfico 4.2 Tiempo adicional promedio para graduarse y duración oficial de los programas, por país

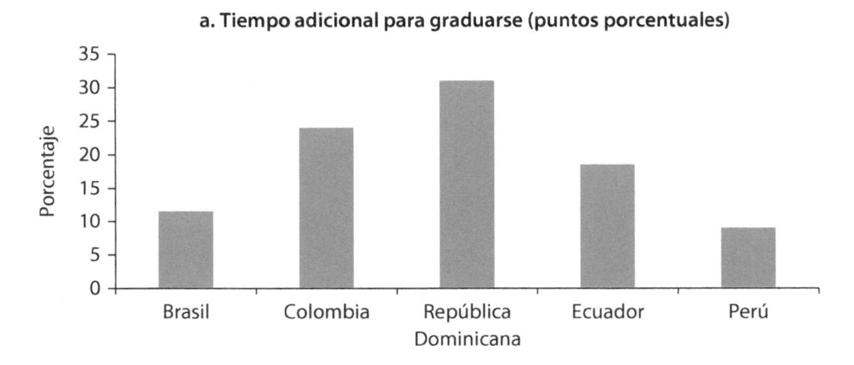

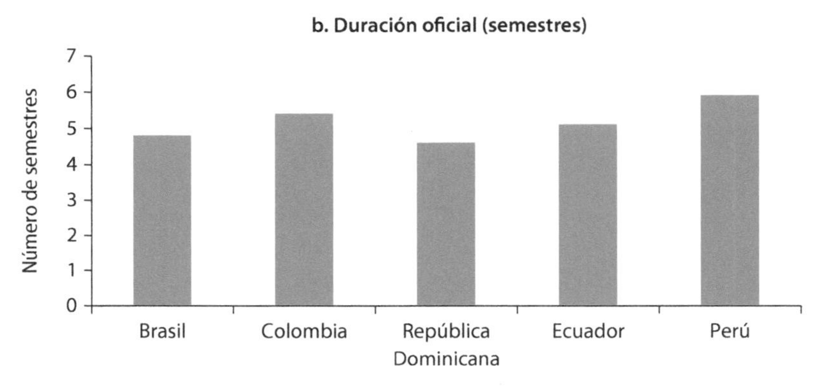

Fuente: Dinarte *et al.* (2021); cálculos basados en la Encuesta de Programas de Ciclo Corto del Banco Mundial (EPCCBM).
Nota: El panel a muestra el tiempo adicional promedio que tardan los estudiantes en graduarse de su programa, como porcentaje de la duración (oficial) del programa, y el panel b muestra la duración oficial del programa (semestres). La pregunta sobre el tiempo transcurrido hasta la obtención del título hace referencia a los estudiantes que se graduaron el año anterior. En el caso de Brasil, solo se incluyen São Paulo y Ceará, y en el caso de Perú, los programas con licencia.

afirma que «casi todos están empleados en el sector formal», «casi ninguno está empleado en el sector informal» y «casi ninguno ni estudia ni trabaja». Como muestra el panel a, el 59 % de los directores declaró que casi todos los graduados estaban empleados en el sector formal, donde el porcentaje más alto corresponde a Brasil (74 %) y el más bajo a Ecuador (39 %).

La informalidad ha sido uno de los retos más importantes y persistentes en las economías de ALC durante décadas. En promedio, cerca del 48 % de los trabajadores de América Latina se considera informal. En la muestra, cerca de un tercio de los directores declararon que casi ningún estudiante está empleado en el sector informal. Es decir, en aproximadamente dos tercios de los programas, hay al menos algunos estudiantes en el sector informal. El país con peores resultados en términos de empleo en el sector informal es la República Dominicana (gráfico 4.3, panel b).

Gráfico 4.3 Programas que comunican «buenos» resultados en materia de empleo (%)

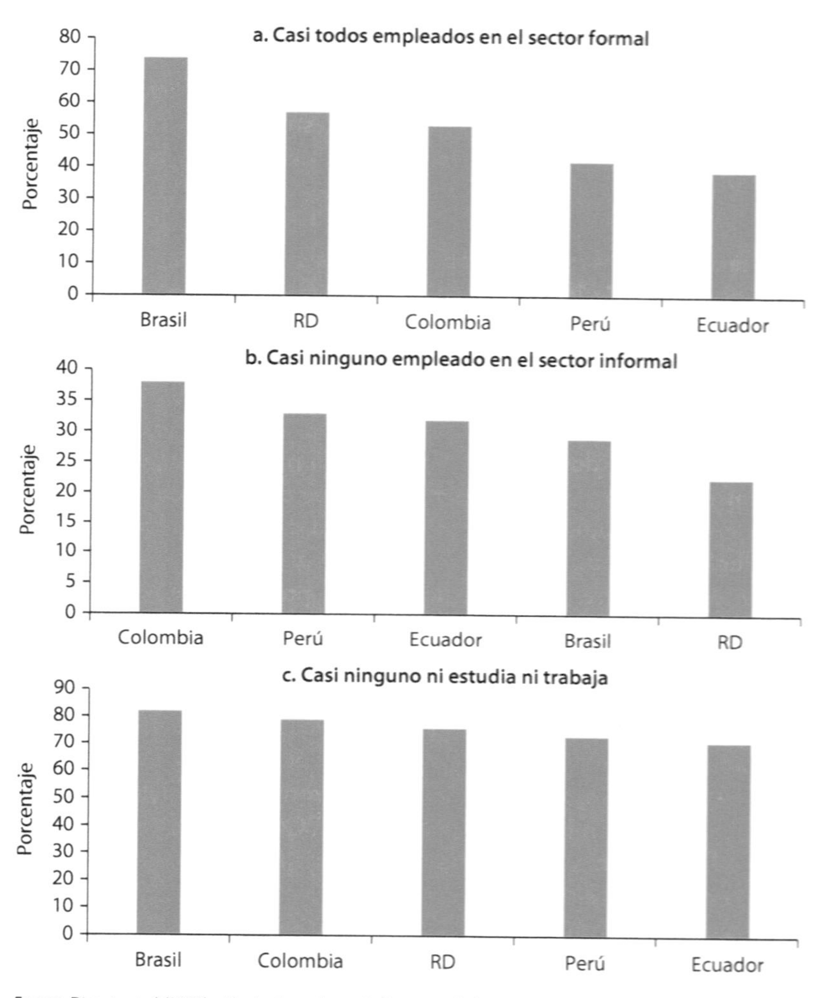

Fuente: Dinarte *et al.* (2021); cálculos basados en la Encuesta de Programas de Ciclo Corto del Banco Mundial (EPCCBM).
Nota: Para cada país, el gráfico muestra el porcentaje de programas que declara cada uno de los tres resultados en materia de empleo: casi todos los estudiantes están empleados en el sector formal; casi ningún estudiante está empleado en el sector informal; casi ningún estudiante ni trabaja ni estudia. Los resultados fueron facilitados por los directores de programas. En el caso de Brasil, solo se incluyen São Paulo y Ceará; y en el caso de Perú, solo los programas con licencia. RD = República Dominicana.

Según un informe sobre el empleo juvenil, uno de cada cinco jóvenes de ALC —más de 20 millones de personas de entre 15 y 24 años— era «nini» en 2015, con mayor incidencia entre los hogares más pobres.[3] La alta incidencia de ninis puede acarrear algunos efectos negativos en el bienestar de los hogares debido a su correlación con la violencia, la delincuencia y la persistencia intergeneracional de la desigualdad. La gran mayoría de los directores declaró que casi ningún graduado de sus programas era «nini» (gráfico 4.3, panel c).

En conjunto, estos resultados indican que los programas de Brasil y Colombia obtienen los mejores resultados en materia de empleo. En el caso de Brasil, en particular, la probabilidad de que casi todos los graduados de los PCC estén empleados en el sector formal se aproxima al 73 %, según informan los directores de programas. Además, menos del 18 % de los directores de dichos países informa de que algunos de sus graduados ni trabajan ni estudian, una cifra que es inferior a la de los demás países de la muestra.

Salarios

La mayoría de los datos recientes sobre el valor agregado en la educación superior analizan los efectos de la calidad de los programas tomando los salarios como resultado.[4] Por ello, se pidió a los directores que indicaran el salario promedio obtenido por los estudiantes de la última cohorte de graduados. Los directores declararon un único promedio, que no distingue entre los graduados empleados en el sector formal o informal.

Se han computado dos medidas salariales. En primer lugar, para comparar los salarios entre los países, los salarios promedio se expresan en dólares estadounidenses (PPA 2019) (ajustados según la paridad del poder adquisitivo, PPA). En segundo lugar, para comparar los salarios de los graduados de los PCC con otros salarios en el país correspondiente, los salarios promedio se expresan como un múltiplo del salario mínimo del país. El cuadro 4.1 presenta un resumen de las medidas salariales.

Entre los recién graduados de PCC, el salario promedio anual (ajustado a la PPA) en ALC se acerca a los 10.700 dólares estadounidenses, y oscila entre los 7.481 dólares estadounidenses en Perú y los 11.900 dólares estadounidenses en Ecuador. Estos salarios corresponden a un promedio de 1,5 veces el salario mínimo en la región. En Brasil, un graduado de PCC gana, en promedio, cerca del doble del salario mínimo de un trabajador asalariado; el múltiplo es menor (entre 1,3 y 1,4) en los demás países.

Factores condicionantes que determinan la calidad de los PCC

En esta sección se describen los diferentes factores condicionantes que pueden contribuir a la calidad de los PCC, tal como se define en los resultados descritos en la sección anterior. También sintetiza el conocimiento previo, a partir de la literatura especializada, sobre la asociación entre los factores condicionantes de la calidad y las medidas de la calidad de la educación superior.

A partir de la EPCCBM, se recopilaron datos sobre varias prácticas, insumos y características elegidas por los programas que pueden funcionar como factores condicionantes de la calidad. Estos factores se agruparon en seis categorías. Además, se recopiló información sobre las características de los programas, las instituciones y los estudiantes para «controlar» otros elementos que pueden afectar a los resultados, pero que no son factores condicionantes que los programas pueden elegir.

Cuadro 4.1 Evaluación de la eficacia de los PCC en línea y presenciales en Colombia

La matrícula en educación superior ha crecido de forma vertiginosa en Colombia durante las últimas décadas. Se duplicó entre 2000 y 2013, en parte debido a la creación de nuevos programas de ciclo corto (PCC) y a la ampliación de los ya existentes (Ferreyra *et al.* 2017; Carranza y Ferreyra 2019). Un porcentaje importante de los estudiantes de PCC cursan estudios en línea. Según el Ministerio de Educación de Colombia, alrededor de 359.020 estudiantes estaban matriculados en alguna forma de educación superior híbrida o totalmente en línea en 2017 (programas universitarios y PCC), lo que representa aproximadamente el 15 % de la matrícula total del país en educación superior (SNIES 2019).

La creciente popularidad de la educación en línea suscita interrogantes sobre su eficacia. A pesar de la existencia de varios estudios que pretenden medir los efectos de la educación en línea en los resultados de los estudiantes en Colombia, ninguno de ellos ha abordado la importante cuestión de la autoselección y, por lo tanto, no aportan estimaciones causales.

En un documento de referencia para este libro, Cellini y Grueso (2020) aplican métodos ponderados de puntuaciones de propensión para abordar la autoselección en PCC presenciales y en línea, con el fin de estimar la eficacia de los programas en línea con respecto a los programas presenciales en el campus. Los autores se sirven del sistema único de exámenes de egreso de la universidad en Colombia para comparar el rendimiento de los estudiantes en el examen de egreso entre estudiantes en línea y presenciales. Sus datos incluyen un gran número de estudiantes, programas e instituciones.

Cellini y Grueso (2020) comparan el rendimiento de los exámenes en análisis cuantitativo, lectura, escritura y habilidades técnicas de los estudiantes de PCC en línea y presenciales. Los resultados que obtienen son heterogéneos. En primer lugar, en la mayoría de las instituciones los estudiantes en línea parecen tener puntuaciones significativamente más bajas en los exámenes de egreso (en torno a una desviación estándar de 0,04) que los estudiantes presenciales, un resultado que se mantiene para las matemáticas, la lectura y la escritura. Estos resultados son similares a los de Bettinger *et al.* (2017), que utilizan datos de Estados Unidos.

Sin embargo, después de incluir los efectos fijos de la institución, las estimaciones indican ganancias positivas y significativas en las puntuaciones de las pruebas de los estudiantes en línea (en torno a una desviación estándar de entre 0,09 y 0,11). Para explorar cómo afectan las características institucionales a los resultados, los autores analizan el efecto relativo de los programas en línea en dos muestras. La primera incluye todos los programas que ofrece la mayor institución pública de formación profesional, el Servicio Nacional de Aprendizaje (SENA), y la segunda contiene todos los programas que no pertenecen al SENA. Las estimaciones de la segunda muestra indican que los estudiantes en línea obtienen peores resultados en los exámenes de egreso que los matriculados en programas presenciales, con una desviación estándar de alrededor de 0,06. Sin embargo, en la primera muestra, los estudiantes del SENA que cursan estudios en línea obtienen puntuaciones más altas en los exámenes de egreso

continúa en la siguiente página

Cuadro 4.1 Evaluación de la eficacia de los PCC en línea y presenciales en Colombia *(continuación)*

(desviación estándar de aproximadamente 0,169) que los estudiantes del SENA que solo cursan estudios presenciales. Este resultado se mantiene y es notablemente uniforme en cuanto a su magnitud incluso cuando se consideran las diferencias exclusivamente dentro del mismo título y especialidad. En otras palabras, los programas en línea son más eficaces que los programas presenciales en el SENA, pero son menos eficaces en las instituciones que no pertenecen al SENA.

Aunque Cellini y Grueso (2020) no pueden descartar que los estudiantes en línea del SENA sean seleccionados de forma favorable, las entrevistas con el personal del SENA —Departamento de Formación, Grupo de Formación Virtual y a Distancia— sugieren que sus programas en línea pueden tener características que se traducen en un mayor éxito que otros programas en línea. Por ejemplo, la mayoría de las clases en línea del SENA son en tiempo real, lo que significa que los estudiantes se encuentran (virtualmente) cara a cara con instructores, en lugar de visualizar vídeos previamente grabados. Además, las enseñanzas del SENA se basan en el aprendizaje por proyectos, que constituye el elemento central de la experiencia de los estudiantes.

Tabla 4.1 Salario promedio anual de los graduados de PCC, por país (dólares estadounidenses)

Medida del salario promedio	*Brasil*	*Colombia*	*República Dominicana*	*Ecuador*	*Perú*
Salario en paridad del poder adquisitivo	10.730 USD	10.313 USD	11.275 USD	11.910 USD	7.481 USD
Múltiplo del salario mínimo	2,2	1,3	1,3	1,4	1,3

Fuente: Dinarte ***et al.*** (2021); cálculos basados en la Encuesta de Programas de Ciclo Corto del Banco Mundial (EPCCBM).
Nota: La tabla presenta el salario promedio anual por país, en dólares estadounidenses (PPA 2019) o como múltiplo del salario mínimo anual del país. El ajuste de los salarios en términos de PPA se hizo utilizando el factor condicionante de conversión de paridad del poder adquisitivo (PPA) de 2019. El salario promedio en términos de salarios mínimos (SM) se estimó utilizando el salario mínimo disponible del año anterior en la divisa local. Salario promedio anual en salarios mínimos = salario promedio anual / SM, donde SM = salario mínimo anual = salario mínimo mensual * 12. Todas las estadísticas descriptivas y las estimaciones de este capítulo se efectúan excluyendo los valores atípicos, es decir, excluyendo los percentiles 1 y 99 de la distribución salarial dentro de cada país. En el caso de Brasil, solo se incluyen São Paulo y Ceará; y en el caso de Perú, solo los programas con licencia.

En la siguiente subsección se describen las seis categorías, los factores condicionantes específicos que se incluyen en cada una de ellas, así como su nivel promedio en los países de la EPCCBM y, cuando se dispone de ellos, los datos existentes sobre su impacto basados en otros estudios. A continuación, la sección describe otras características de los programas, las IES y los estudiantes que se incluyen en el análisis como variables de control. Para facilitar la interpretación de los resultados de las estimaciones, el anexo 4A resume los niveles promedio de dichos factores condicionantes en los países de la EPCCBM empleando únicamente los programas que se incluyen en las estimaciones. Las características de los estudiantes se describen en el capítulo 1, y la variación de algunos factores condicionantes entre países se analiza en el capítulo 3.

Categorías de factores condicionantes de la calidad

Partiendo de investigaciones anteriores sobre lo que implica un buen programa,[5] los factores condicionantes de la calidad se organizan en torno a seis categorías: infraestructura, plan de estudios y formación, costos y financiación, colaboración con el sector privado, plantel docente y otras prácticas relacionadas con la admisión, la gobernanza y la acreditación.

Infraestructura

Dado que los PCC imparten una formación práctica orientada a profesiones específicas, suelen necesitar infraestructuras e instalaciones como laboratorios, talleres, equipamiento y acceso a internet. A veces deben impartir clases en línea para adaptarse a las necesidades de los estudiantes.

Datos procedentes de la educación primaria y secundaria sugieren que las intervenciones que se limitan a proporcionar insumos educativos fundamentales (como libros de texto, pupitres o infraestructura), en general, no son eficaces para mejorar el aprendizaje de los estudiantes. En el caso de la educación superior, y en particular de los PCC, los datos disponibles son muy limitados.[6] En general, los PCC de ALC cuentan con una buena infraestructura y materiales para la formación práctica. El programa promedio tiene alrededor de 6,3 talleres para la práctica, y el 73 % de los programas declara tener suficientes materiales en los laboratorios. Casi 6 de cada 10 programas realizan tareas de mantenimiento en sus laboratorios al menos una vez al año.

Además, el acceso a internet es casi universal según la encuesta. Los datos muestran que el 92 % de los programas proporcionan acceso a internet al plantel docente, a los estudiantes o a ambos. Un acceso amplio a internet puede favorecer los resultados de los estudiantes en el mercado laboral. Datos previos indican que la adopción actual de las tecnologías digitales en toda la región de ALC es muy heterogénea[7], lo que demuestra que aún existe un enorme potencial para la adopción adicional de tecnología en ALC y para los beneficios de productividad y crecimiento inclusivo que la acompañan.

Además, la enseñanza en línea de clases y programas es de gran importancia por la flexibilidad que brinda. Sin embargo, los estudios que se han realizado en Colombia y Estados Unidos presentan resultados dispares sobre la eficacia de los programas de educación superior en línea en comparación con la enseñanza presencial (véase el cuadro 4.1).[8] Un documento de referencia redactado para este libro (Cellini y Grueso 2020) señala que, en el caso de los PCC en Colombia, ciertas características de diseño suponen una diferencia notable. Este es el caso, por ejemplo, de la enseñanza en tiempo real y las oportunidades de interacción entre docentes y estudiantes.[9]

En la EPCCBM, solo el 35 % de los programas ofrece al menos una clase en línea como parte de su plan de estudios. No se pueden extraer conclusiones de la encuesta respecto a cómo adaptaron la enseñanza los proveedores de PCC en ALC durante la pandemia del COVID-19. Sin embargo, es muy probable que una oferta en línea tan reducida haya complicado la transición hacia el aprendizaje a distancia, y los datos preliminares así lo sugieren (véase el capítulo 5).

Plan de estudios y formación

Esta categoría abarca los factores condicionantes relacionados con el contenido del programa; es decir, el grado de flexibilidad del plan de estudios (por ejemplo, para cursar clases optativas), las competencias que el programa pretende desarrollar, si el programa requiere prácticas obligatorias y si las enseñanzas pueden reconocerse como créditos para programas universitarios.

La mayoría de los PCC de la muestra tiene un plan de estudios fijo (70 %). En promedio, los programas declaran que dedican aproximadamente la mitad del tiempo a la formación práctica. Un plan de estudios flexible, si se lleva a cabo correctamente, podría animar a los estudiantes a establecer sus propios objetivos dentro de una determinada estructura. Sin embargo, los datos de Estados Unidos demuestran que una mayor flexibilidad tiene efectos no deseados en los resultados de los estudiantes.[10] En el modelo que algunos autores denominan «al estilo bufé», en el que se espera que los estudiantes exploren opciones con una orientación mínima o nula, los estudiantes terminan por cursar materias que no siguen una secuencia coherente para dominar las habilidades y los conocimientos relevantes para sus objetivos.

Otros resultados de la EPCCBM demuestran que la mayoría de los programas afirman que enseñan una variedad de competencias, inclusives competencias numéricas y lenguas extranjeras. Los programas actualizan sus planes de estudio con regularidad, sobre todo para atender las demandas de los empleadores.

En la encuesta, la mayoría de los directores señalaron que sus estudiantes tienen importantes carencias académicas (véase el capítulo 1). Sin embargo, los programas podrían abordar estas carencias. Como demuestran los datos de Estados Unidos, las clases de nivelación tienen efectos positivos en los resultados académicos, como la persistencia temprana en la educación.[11] Alrededor del 91 % de los directores declaró que sus programas ofrecen algún tipo de clases de nivelación, y el 51 % y el 56 % de los programas ofrecen clases de nivelación antes y durante el PCC, respectivamente.

Para fomentar la formación práctica, algunos programas exigen prácticas obligatorias (61 %), una prueba de egreso profesional o técnica (43 %) o un proyecto de investigación independiente (40 %).

Costos y financiación

Esta categoría incluye elementos del costo económico de los programas para los estudiantes, como los costos de matrícula y la disponibilidad de opciones de financiación. Como se ha comentado en el capítulo 1, los PCC son relativamente asequibles en algunos países (Colombia, Ecuador y la República Dominicana), pero no lo son tanto en otros (Brasil y Perú). En promedio, los costos anuales de matrícula son de 2.207 dólares estadounidenses (PPA), y oscilan entre cero y 25.516 dólares estadounidenses (PPA).

Los costos de matrícula pueden tener efectos importantes en la tasa de matrícula, especialmente en el caso de los estudiantes no tradicionales. Por ejemplo, los datos de Estados Unidos indican que una disminución del precio de la matrícula en los colegios comunitarios aumentó el número de estudiantes matriculados en dichas instituciones el primer año después de la enseñanza secundaria y aumentó las transferencias desde los colegios comunitarios hacia las instituciones que ofrecen estudios de cuatro años.[12]

La disponibilidad (y el tipo) de instrumentos de financiación para los estudiantes puede influir en la matrícula y en los resultados de los estudiantes. Los datos de Estados Unidos demuestran que la vinculación de la ayuda financiera con el rendimiento académico puede mejorar las calificaciones y la persistencia en la educación.[13] En concreto, las becas y los préstamos pueden aumentar el número de créditos cursados y las calificaciones en la educación superior.[14] En California, por ejemplo, las ayudas financieras estatales han aumentado la graduación y, en el caso de algunos grupos de estudiantes, incluso han aumentado los ingresos anuales.[15]

Según lo expuesto en el capítulo 1, en ALC existen préstamos y becas de las IES o los Gobiernos, aunque las becas son la fuente de ayuda económica más común para estudiantes. Sin embargo, como se documenta en el capítulo 1, las opciones de financiación benefician a muy pocos estudiantes. Esto significa que, en su mayoría, los estudiantes costean la matrícula y otros gastos con sus propios recursos. Tal vez por ello, la mayoría de los directores señaló que las dificultades económicas son el principal motivo de deserción de los estudiantes. Además, menos del 34 % de los directores afirmó que sus programas o instituciones recibían fondos adicionales del Gobierno o el sector privado.

Colaboración con el sector privado

Esta categoría incluye prácticas de los PCC que tratan de establecer conexiones entre el programa y el sector privado, y entre los estudiantes y el mercado laboral. Estos factores condicionantes incluyen la participación de las empresas en el diseño y la actualización del plan de estudios, la participación en la junta directiva de la institución y la evaluación de los estudiantes. También incluye si el programa recopila información sobre el empleo de los estudiantes después de la graduación o sobre la satisfacción de los empleadores, si el programa asigna personal para entablar relaciones con el sector privado y el apoyo que presta el programa a los estudiantes en la búsqueda de empleo.

La información de la encuesta muestra que los programas se relacionan con el sector privado de múltiples maneras. Muchos programas cuentan con una persona encargada de promover las relaciones con el sector privado, como un miembro de la junta directiva (84 %). Otras prácticas frecuentes son la representación de las empresas en la junta directiva de las IES y la recopilación de información sobre las necesidades de las empresas o su nivel de satisfacción con los graduados del programa.

Los programas también colaboran con las empresas a través de acuerdos para ofrecer prácticas a los estudiantes, contratar a los graduados del programa, formar a los docentes o facilitar el equipamiento del programa para la formación. La fracción de directores que informó de este tipo de acuerdos varía entre el 90 % (acuerdos para hacer prácticas) y el 36 % (acuerdos para formar al plantel docente).

Los PCC de la muestra llevan a cabo actividades adicionales orientadas a apoyar la empleabilidad de los graduados. La más frecuente es facilitar información sobre el mercado laboral a los estudiantes, algo que hace el 81 % de los programas. El 83 % de los programas forma a los estudiantes o se coordina con las empresas para hacer entrevistas de trabajo, el 76 % recopila datos sobre la situación laboral de sus graduados y el 63 % gestiona un centro de empleo *in situ*.

Plantel docente

A pesar de que existen multitud de publicaciones sobre la educación primaria y secundaria que concluyen que las prácticas docentes son más eficaces para predecir el rendimiento de los estudiantes que las características de los docentes (como la formación y la experiencia),[16] algunas de estas características parecen estar asociadas con los buenos resultados de los estudiantes de educación superior. Por ejemplo, los datos de Colombia documentan que la participación de docentes contratados a tiempo completo guarda una relación positiva y significativa con la tasa de egreso en las universidades.[17] Además, los estudios de la literatura sobre modelos de conducta demuestran que las características del plantel docente se relacionan con los resultados de los estudiantes. Por ejemplo, el género del plantel docente o los instructores influye en los resultados de las estudiantes mujeres.[18] Los datos de los estudios sobre el plantel docente de la educación superior sugieren que las políticas en materia de personal —que aún están poco desarrolladas en la educación superior— pueden ser cruciales para mejorar el aprendizaje de los estudiantes.[19]

A la vista de estos datos, esta sección explora la relación entre las características y las prácticas del plantel docente, y los resultados de los estudiantes de PCC. La categoría «plantel docente» incluye factores condicionantes como las características del plantel docente (por ejemplo, el género y la edad) y las prácticas relacionadas con la contratación, la formación y la evaluación de los docentes.

En la encuesta, el programa promedio dispone de un plantel docente de aproximadamente 20 docentes o instructores, la mayoría de los cuales poseen una amplia formación y experiencia. Alrededor del 83 % de los directores declaró que la mayoría de sus instructores tienen un título universitario, y el 48 % informó de que la mayoría ha cursado programas de postgrado. La mayor parte del plantel docente del programa promedio trabaja a tiempo parcial y es de género masculino, y más de la mitad del plantel docente tiene más de cinco años de experiencia profesional en el sector privado. En general, no están sindicados, excepto en Brasil.

Casi todos los directores señalaron haber evaluado el rendimiento del plantel docente. En lo que respecta a la evaluación de los docentes, casi el 65 % señaló que la observación en el aula o la programación didáctica son prácticas muy importantes. Sin embargo, solo el 34 % manifestó que las evaluaciones por pares son una práctica muy relevante para la evaluación. Los directores de programas también facilitaron información sobre la formación de los docentes: el 55 %

afirmó que todo o casi todo el plantel docente había recibido formación el año anterior.

Otras prácticas

Además de los factores condicionantes de la calidad asignados a las cinco categorías, los programas adoptan otras prácticas relacionadas con los procesos de admisión, gobernanza y certificación de alta calidad. En cuanto a los requisitos de admisión, el 58 % de los programas exige una prueba de conocimientos generales o específicos, y el 64 % exige un promedio mínimo de las calificaciones de educación secundaria o puntuaciones de pruebas. Además, el 52 % de los programas requiere una entrevista.

La mayoría de los programas (89 %) declara que tiene una junta directiva, además del rector. Aunque esta práctica aún no se ha analizado en la literatura, un órgano de gobierno diverso podría dar voz a las necesidades de las distintas partes interesadas (por ejemplo, los estudiantes, el plantel docente y el sector privado) en el diseño y la puesta en práctica de las actividades del programa.

Por último, se recopilaron datos administrativos para medir la participación de los programas que han superado un proceso de acreditación de alta calidad. Aunque tener una acreditación de alta calidad[20] puede suponer beneficios potenciales para los resultados de los graduados, los datos de la encuesta muestran que solo el 20 % de los programas ha recibido la acreditación de las autoridades locales.[21] No obstante, casi el 94 % de los directores de PCC acreditados cree que la acreditación ha impulsado la reputación de sus programas de cara al sector privado.

Otras características de los programas, las instituciones y los estudiantes

El objetivo de este capítulo es estimar las asociaciones entre los factores condicionantes de la calidad de los programas y los resultados académicos y laborales de los graduados, tras tener en cuenta las características de los estudiantes, y aproximar en la medida posible (dadas las limitaciones de los datos) las contribuciones del valor agregado. Para ello, se recopiló información sobre características adicionales de los programas, las instituciones y los estudiantes, que se utiliza para controlar las estimaciones de estos elementos.

Los resultados de la encuesta revelan que el programa promedio tiene un estudiantado formado mayoritariamente por estudiantes hombres, menores de 25 años y estudiantes a tiempo parcial. La mayoría de los directores informó de que los estudiantes acceden a los programas con deficiencias en matemáticas, lectura y escritura. Por ejemplo, el 81 % de los programas informó de que los estudiantes de nuevo ingreso carecen de conocimientos de matemáticas. Por último, los directores indicaron que la IES promedio tiene 38 años de antigüedad y oferta programas en cuatro ciudades.

En general, los programas adoptan buenas prácticas y cuentan con buenos insumos en términos de infraestructura, formación y plan de estudios, costos y financiación, colaboración con el sector privado, plantel docente y otras prácticas relacionadas con la admisión, la graduación y la gobernanza. Sin embargo, hay mucha variación entre los programas en estos aspectos (véase el anexo 4A). Esta variación permite estimar la asociación entre los factores condicionantes de la calidad y los resultados. Al mismo tiempo, la variación resulta preocupante porque indica que muchos programas no se valen de buenas prácticas o insumos, lo que, como se muestra en la siguiente sección, se asocia con la variación de resultados entre los programas.

Asociaciones entre los factores condicionantes de la calidad de los PCC y los resultados de los estudiantes

Esta sección analiza el grado de asociación entre los factores condicionantes de la calidad descritos en la **sección Factores condicionantes que determinan la calidad de los PCC** y los resultados académicos y laborales que se comentan en la **sección Definición y medición de la calidad de los PCC**. En otras palabras, la sección responde a preguntas como las siguientes: ¿guarda relación la provisión de información sobre el mercado laboral a los estudiantes con su tasa de deserción, el tiempo adicional para graduarse, el empleo formal o los salarios? En caso afirmativo, ¿cuál es su grado de relación?

La estrategia empírica utilizada para estimar estas contribuciones o asociaciones se describe en el cuadro 4.2[22] y los resultados se resumen en los gráficos 4.4 a 4.7. Los valores de los gráficos corresponden solo a las variables que mostraron una correlación relevante con el resultado correspondiente (es decir, los gráficos incluyen solo las asociaciones que son estadísticamente significativas a un nivel de 10 % o menos). Las magnitudes de los coeficientes son comparables dentro de los gráficos, pero su interpretación es diferente según el resultado analizado. Para aproximar las estimaciones a un enfoque de valor agregado, las principales especificaciones incluyen controles para las características de los estudiantes, los programas y las IES, como se describe en el cuadro 4.2.

Rendimiento académico y factores condicionantes de la calidad de los PCC

Tasa de deserción

El gráfico 4.4 resume los factores condicionantes de la calidad que se asocian con la tasa de deserción. Las estimaciones muestran cuatro factores condicionantes relacionados con una menor tasa de deserción. El primero de ellos está relacionado con el plan de estudios: los programas con un plan de estudios fijo tienden a tener tasas de deserción más bajas. Este resultado coincide con estudios de Estados Unidos, que demuestran que los programas con un plan de estudios completamente flexible pueden afectar negativamente a los resultados de los estudiantes, como la continuación de los estudios y el empleo.[23]

El segundo factor condicionante asociado con tasas de deserción (ligeramente) más bajas se refiere a los costos. Los PCC con matrículas más altas tienen tasas de deserción más bajas. Una posible explicación de ello es que una matrícula más alta aumenta las probabilidades de que un estudiante se gradúe para así recuperar su inversión. Otra posible explicación es que el aumento de la matrícula capta

Cuadro 4.2 Estimación de las contribuciones de los factores condicionantes de la calidad a los resultados académicos y del mercado laboral: un enfoque de regresión LASSO

Para estimar las contribuciones de las prácticas e insumos de los programas a los resultados académicos y del mercado laboral, la Encuesta de Programas de Ciclo Corto del Banco Mundial (EPCCBM) tiene la fantástica ventaja de proporcionar un amplio conjunto de variables explicativas que pueden considerarse como factores condicionantes de la calidad. Sin embargo, el gran número de variables explicativas plantea dos cuestiones. La primera es la selección del conjunto «adecuado» de variables explicativas. Por un lado, utilizar muy pocos controles o los inadecuados puede crear un sesgo de variables omitidas. Por otro lado, utilizar demasiados puede llevar a un sobreajuste del modelo. La segunda cuestión es que el tamaño de las muestras de algunos países es pequeño. Por ejemplo, en la República Dominicana solo existen 80 PCC. Dado que puede haber más variables que observaciones, cabe la posibilidad de no identificar el modelo.

Para abordar la primera de estas cuestiones, se podrían crear índices dentro de cada una de las cinco categorías de factores condicionantes mediante el uso de técnicas estadísticas de reducción de datos, como los análisis de factores condicionantes o de componentes principales. Sin embargo, esta técnica precisa de datos a nivel de intervalo, requisito que no cumplen algunas de las variables de la encuesta. Además, los tipos de variables (variables a nivel de intervalo o *dummy*) variarían dentro de cada factor condicionante, lo que impediría el uso de estas técnicas.

Por lo tanto, para resolver los problemas de selección de las variables explicativas y la posible subidentificación o no identificación del modelo, los parámetros de interés se estiman mediante la técnica de operador de selección y contracción mínima absoluta (LASSO, por sus siglas en inglés). Esta técnica se utiliza en la literatura especializada para estimar parámetros en modelos lineales con varios controles, a fin de mejorar el ajuste del modelo. De forma intuitiva, LASSO descarta las variables que contribuyen poco al ajuste.

Se sigue un proceso en dos fases. La primera fase utiliza una metodología LASSO adaptativa y estima el siguiente modelo para cada resultado de interés:

$$y_{jc} = \alpha_0 + \sum_{d=1}^{6} \mathbf{Q}_{jc}^{d\,\prime} \alpha_1 + \mathbf{C}_{jc}{}' \boldsymbol{\alpha}_2 + \phi_c + \epsilon_{jc} \qquad \text{(B4.2.1)}$$

donde y_{jc} representa el resultado promedio académico (tasas de deserción y tiempo adicional para graduarse) o laboral (empleo formal y salarios) de interés para los graduados del PCC j en el país c. Q_{jc}^{d} es un vector que incluye todas las variables dentro de cada una de las seis categorías de factores condicionantes de la calidad.

$\mathbf{C}_{jc}$ es un vector de variables de control a nivel de programa e institución de educación superior (IES). Estos controles son características del programa o de la IES que no constituyen un factor condicionante de la calidad, como los años de funcionamiento de la IES y la antigüedad del programa, entre otros. Algunas de estas características (como que la IES sea una institución con ánimo de lucro, sea pública o privada, o sea una universidad) se «fijan»

continúa en la siguiente página

Cuadro 4.2 Estimación de las contribuciones de los factores condicionantes de la calidad a los resultados académicos y del mercado laboral: un enfoque de regresión LASSO *(continuación)*

en la primera fase. Es decir, «se pide» a LASSO que las mantenga como controles para la primera y la segunda fase. Otras características, como la antigüedad de la IES, el número de sedes y las características de los estudiantes, no son fijas. En otras palabras, el procedimiento LASSO puede incluirlas o descartarlas.

El vector de los coeficientes $\boldsymbol{\alpha}_1$ se corresponde con las asociaciones entre el resultado y cada factor condicionante de la calidad. Asimismo, los coeficientes $\boldsymbol{\alpha}_2$ reflejan las correlaciones entre las variables de control y el resultado. Para las estimaciones entre países, se incluyen los efectos fijos de los países ϕ_c. Por último, ϵ_{jc} es el término de error. En todos los modelos específicos a cada país y agrupados (con todos los países), se estiman los errores estándares agrupados a nivel de IES.

Entre todos los factores condicionantes de la calidad incluidos en Q^d_{jc}, LASSO calcula un parámetro de «penalización» que determina el conjunto de variables que minimiza el error cuadrático mínimo de las estimaciones para la muestra. En este sentido, LASSO efectúa una selección basada en los datos del conjunto de factores condicionantes, **Q***, que brinda el mejor ajuste a los datos.

En la segunda fase, se regresiona cada resultado de interés y_{jc} sobre el conjunto de factores condicionantes seleccionados y se estima la siguiente ecuación:

$$y_{jc} = \beta_0 + \sum_{d=1}^{6} \boldsymbol{Q}^{*d}_{jc}{}'\beta_1 + \boldsymbol{N}_{jc}{}'\beta_2 + \gamma_c + \omega_{jc}, \quad \text{(B4.2.2)}$$

donde $\mathbb{N}_{jc}$ es un vector de variables de control a nivel de programa y de IES que LASSO incluye o fija durante la primera fase para esta segunda, *Yc* corresponde a los efectos fijos de los países, y ω_{jc} es el término de error. El resto de las variables se definen como se hizo anteriormente.

La ecuación B4.2.2 se estima mediante mínimos cuadrados ordinarios para la tasa de deserción, el tiempo adicional para graduarse y los salarios, y el probit se utiliza para el empleo formal. Los parámetros estimados de interés figuran en el vector $\widehat{\beta_1}$, que refleja la asociación entre los factores condicionantes de la calidad y los resultados en la muestra. Al igual que en la primera fase, en todos los modelos transnacionales y específicos a cada país, los errores estándares agrupados se estiman a nivel de IES.

---

aspectos no medidos de la calidad del programa (por ejemplo, la calidad de los laboratorios o el tamaño de la biblioteca) que ayudan a los estudiantes a graduarse.

El tercer factor condicionante se refiere a la evaluación del plantel docente. Los programas en los que los docentes se someten a una evaluación presentan menores tasas de deserción que los programas que no emplean esta práctica. Los datos sobre las evaluaciones de los docentes por parte de sus pares en la educación superior muestran que dicha evaluación tiene una aceptación positiva y se percibe como una forma de promover las buenas prácticas en la enseñanza.[24]

Gráfico 4.4 Asociaciones entre los factores condicionantes de la calidad de los PCC y las tasas de deserción

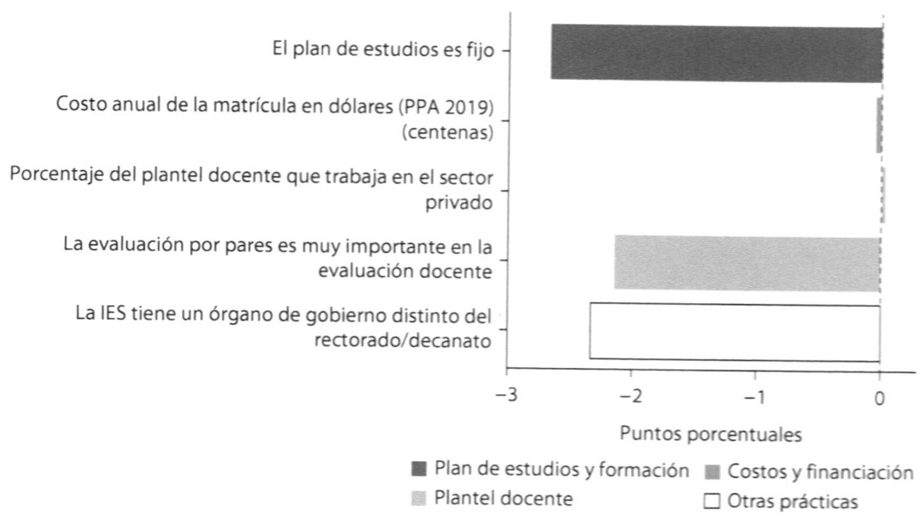

Fuente: Dinarte *et al.* (2021).
Nota: El gráfico muestra la variación de la tasa de deserción asociada con los factores condicionantes de la calidad (en puntos porcentuales). La estimación se hizo tomando en cuenta solo los programas para los que se puede calcular la tasa de deserción y que tienen datos sobre todos los factores condicionantes de la calidad. La tasa promedio de deserción para este conjunto de programas es del 14,1 %. Todas las variables son variables *dummies*, excepto cuando se indica lo contrario. Un cambio positivo denota que las tasas de deserción empeoran; un cambio negativo indica que mejoran. IES = institución de educación superior; PCC = programa de ciclo corto; PPA = paridad del poder adquisitivo; USD = dólares estadounidenses.

Cuando los docentes reciben comentarios de sus pares sobre su rendimiento, pueden mejorar el entorno de aprendizaje, lo que puede ayudar a los estudiantes a finalizar el programa.[25] Cabe destacar que la asociación entre la tasa de deserción y las evaluaciones por pares en las evaluaciones del plantel docente se debe principalmente a las IES privadas (véase el gráfico 4B.1, en el anexo 4B).

El cuarto factor condicionante asociado con menores tasas de deserción es la presencia de un órgano de gobierno distinto del decanato o rectorado. Uno de los posibles motivos es que la participación de distintas partes interesadas —incluidos el plantel docente, los estudiantes y el sector privado— permite que los programas tengan en cuenta las demandas y necesidades de todas ellas, y adapten convenientemente su formación y sus planes de estudio para ayudar a los estudiantes a graduarse.

El análisis también revela la existencia de una característica del plantel docente que está ligeramente asociada con mayores tasas de deserción: la participación del plantel docente que trabaja en el sector privado. Los datos anecdóticos sugieren que los docentes que trabajan en el sector privado a veces invitan a sus estudiantes a trabajar con ellos en proyectos específicos cuando todavía están matriculados en el programa. Aunque esto puede aumentar su empleabilidad a largo plazo, también limita el tiempo que pueden dedicar al programa, lo que aumenta las probabilidades de deserción.[26]

En resumen, el análisis sugiere que un plan de estudios fijo y tener un órgano de gobierno distinto del rectorado (rector) se asocian con las mayores disminuciones de la tasa de deserción. Tener un plan de estudios fijo se asocia con la mayor reducción de la tasa de deserción (2,7 puntos porcentuales). Si se tiene en cuenta que la tasa promedio de deserción del programa es del 14,1 %, tener un plan de estudios fijo se asocia con una reducción del 19,1 % en la tasa promedio de deserción. Aunque el análisis no puede constatar que un plan de estudios fijo conduzca a una reducción de la tasa de deserción, la asociación es, en todo caso, informativa.

De acuerdo con los datos de la EPCCBM, las tasas de deserción no varían según el tipo de administración (pública o privada). Después de contabilizar todos los factores condicionantes de la calidad y otras características de la IES y del programa, no se observan diferencias estadísticamente significativas en las tasas promedio de deserción entre las IES públicas y privadas.

Tiempo adicional para graduarse

El gráfico 4.5 refleja que hay tres factores condicionantes que se asocian con un periodo de tiempo menor hasta la obtención del título. En primer lugar, los PCC que tienen una mayor participación de docentes con experiencia en el sector privado tienen un TAG (ligeramente) más reducido. Dado que este tipo de docentes puede traducir sus conocimientos y experiencia en una formación más

Gráfico 4.5 Asociaciones entre los factores condicionantes de la calidad de los PCC y el tiempo adicional para graduarse

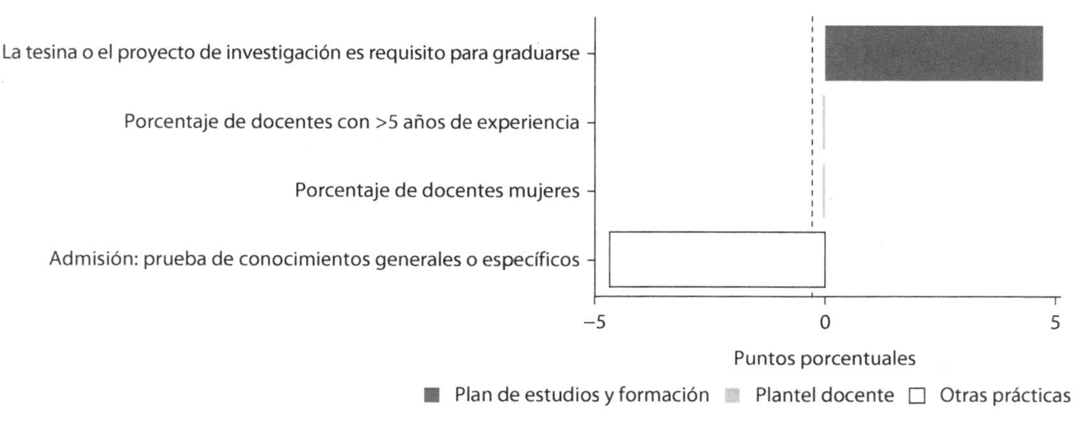

Fuente: Dinarte *et al.* (2021).

Nota: El gráfico muestra el cambio en el tiempo adicional para graduarse con respecto a la duración oficial del programa, que se asocia con los factores condicionantes de la calidad (en puntos porcentuales). La estimación se efectuó tomando en consideración únicamente los programas para los que se disponía de datos sobre la duración del programa, el tiempo promedio hasta la obtención del título para la última cohorte de graduados y todos los factores condicionantes de la calidad. El tiempo promedio adicional para graduarse para este conjunto de programas es del 18,6 %. Todas las variables son variables *dummies*, excepto cuando se indica lo contrario. Un cambio positivo denota que el resultado empeora; un cambio negativo indica que mejora. PCC = programa de ciclo corto.

práctica, es posible que los estudiantes se sientan más motivados para aprender y finalizar el programa puntualmente. De hecho, los programas con una mayor participación de docentes con experiencia en el sector privado tienden a ser aquellos cuyos estudiantes consideran que la calidad de la formación es la característica más importante del programa, lo que sugiere que dichos docentes mejoran la calidad de la formación.[27]

Una segunda característica del plantel docente que se asocia con un menor TAG es la participación de docentes mujeres. Los PCC con una mayor participación de docentes mujeres tienden (ligeramente) a tener cohortes que se gradúan a su debido tiempo. Los datos existentes en la literatura especializada demuestran que la presencia de docentes mujeres puede influir positivamente en los resultados académicos de las estudiantes mujeres.[28] De hecho, en la EPCCBM, los programas con una mayor participación de docentes mujeres también tienen una mayor participación de estudiantes mujeres.

Exigir una prueba de admisión de conocimientos generales o específicos es el tercer factor condicionante asociado con un menor TAG. Esta asociación se debe principalmente a las IES públicas (véase el gráfico 4B.2, en el anexo 4B), que suelen contemplar requisitos de admisión con mayor frecuencia que las IES privadas. Entre todos los factores condicionantes, esta práctica es la que tiene una mayor asociación con el TAG (4,8 puntos porcentuales). Es de suponer que la elección de quiénes son admitidos permite al programa elegir a los estudiantes más adecuados para el mismo y que, por tanto, finalizarán el programa antes. Este resultado concuerda con los datos indicativos de que los estudiantes de los PCC impartidos por instituciones más «selectivas» obtienen mejores resultados que los de instituciones menos selectivas (aunque, como se ha comentado en el capítulo 1, los PCC no suelen ser selectivos en un sentido convencional).[29]

Por otro lado, los PCC que exigen la elaboración de una tesina como requisito para graduarse tienen un TAG *más alto*. En promedio, el requisito de una tesina para la graduación se asocia con un aumento de 4,8 puntos porcentuales en el TAG. Si se considera un TAG promedio del 18,6 %, este factor condicionante puede aumentar el TAG en un 26 %. En la encuesta, esta práctica es más común en las IES públicas y en las áreas de educación, humanidades y ciencias sociales. Este resultado pone en duda la idoneidad de la tesina o el proyecto de investigación como requisito de graduación para programas cortos con un enfoque práctico (como los PCC).

En general, los resultados de las asociaciones entre los factores condicionantes de la calidad y el TAG indican que un examen de acceso se asocia con una reducción significativa del TAG, mientras que el requisito de una tesina para graduarse se asocia con un aumento notable.

Resultados del mercado laboral y factores condicionantes de la calidad de los PCC

Empleo en el sector formal

El gráfico 4.6 resume las asociaciones estimadas entre los factores condicionantes de la calidad y la probabilidad de que casi todos los graduados estén

Gráfico 4.6 Asociaciones entre los factores condicionantes de la calidad de los PCC y el empleo formal

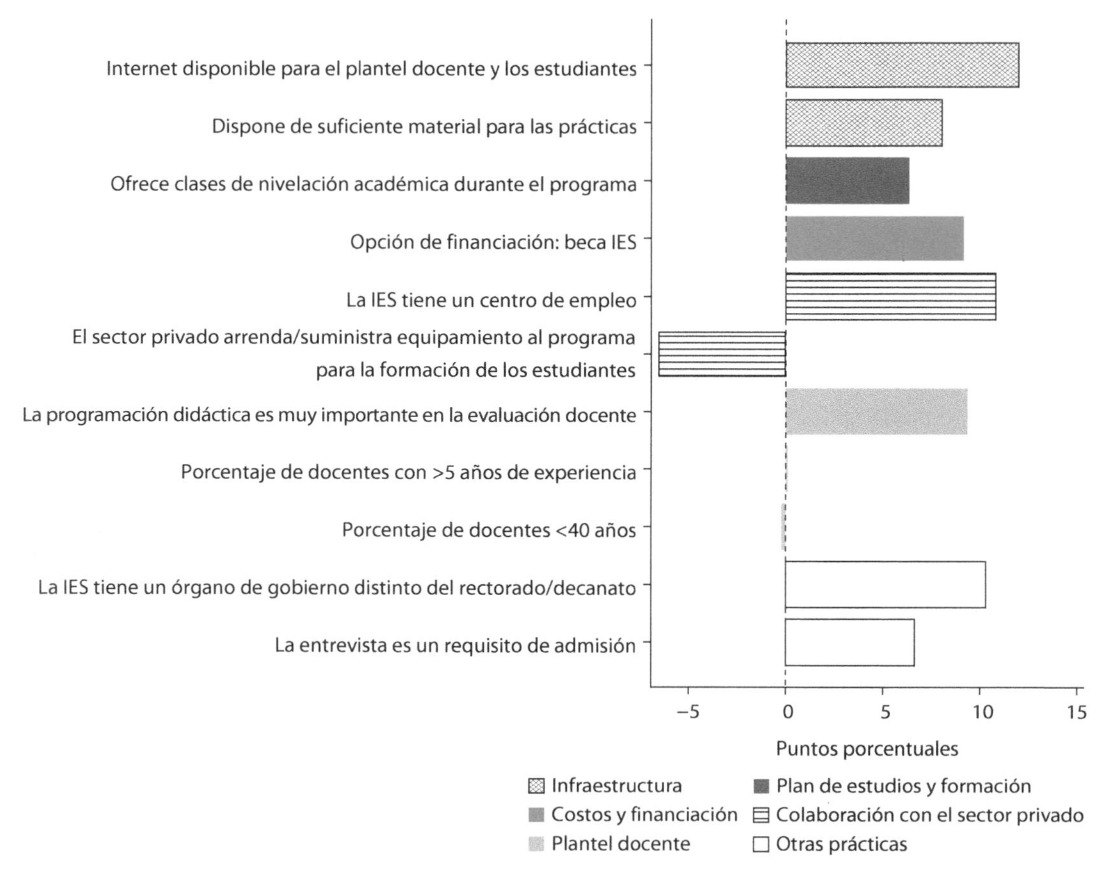

Fuente: Dinarte *et al.* (2021).
Nota: El gráfico muestra el cambio en la probabilidad promedio de que casi todos los graduados obtengan un empleo formal (en puntos porcentuales), que se asocia con los factores condicionantes de la calidad. La estimación se efectuó tomando en cuenta únicamente los programas para los que se disponía de datos sobre la probabilidad de que casi todos los graduados obtengan un empleo formal y todos los factores condicionantes de la calidad. En promedio, el 58 % de los PCC manifiestan que casi todos sus graduados trabajan en el sector formal. Todas las variables son variables *dummies*, excepto cuando se indica lo contrario. Un coeficiente positivo denota una mejora; una asociación negativa indica que el resultado empeora. PA = promedio académico; IES = institución de educación superior; PCC = programa de ciclo corto.

empleados en el sector formal. Por simplicidad, este resultado se denomina «empleo formal».

El empleo formal se asocia con factores condicionantes en todas las categorías. En primer lugar, dos factores condicionantes de la infraestructura para la formación práctica se asocian con el empleo formal. Los resultados sugieren que los graduados de programas que cuentan con internet para el plantel docente y los estudiantes, y los que proporcionan suficiente equipamiento y materiales para las prácticas, tienen una mayor tasa de empleo formal. Como estos insumos complementan la formación práctica, los estudiantes podrían estar mejor preparados para el mercado laboral. Proporcionar acceso a internet *in situ* también se asocia con más empleo formal —probablemente porque facilita la búsqueda de empleo de los estudiantes—.

Una segunda categoría de factores condicionantes asociados con el empleo formal concierne al plan de estudios. Los graduados de PCC que ofrecen clases de nivelación durante el programa (a diferencia de los que no tienen o las contemplan únicamente antes del programa) tienen mayores tasas de empleo formal. Dependiendo de si los estudiantes finalizan o no el programa, estas actividades parecen reforzar la formación.

También existe un factor condicionante asociado con un mayor empleo formal de una tercera categoría: los costos y la financiación. Los graduados de los PCC en los que los estudiantes se acogen a las becas de las IES tienden más a tener un empleo formal. Como las restricciones de financiación se reducen gracias a la disponibilidad de becas de las IES, los estudiantes suelen centrarse más en finalizar sus estudios y su formación práctica, con lo que consolidan sus competencias y mejoran sus perspectivas de empleo formal.

La cuarta categoría de factores condicionantes asociados con mayores niveles de empleo formal es la vinculación con el sector privado. En este caso, los resultados son heterogéneos. Por un lado, los programas de las IES que cuentan con un centro de empleo declaran que sus graduados tienen mayores niveles de empleo formal. Este resultado es acorde con los datos que demuestran que la formación técnica, complementada con asesoramiento personalizado para la búsqueda de empleo, mejora los resultados en materia de empleo.[30] Por otro lado, los programas que tienen acuerdos para permitir que los estudiantes utilicen el equipamiento de las empresas para la formación práctica declaran que sus graduados tienen niveles de empleo formal más bajos. La literatura especializada señala que el éxito de la formación profesional incluye contratos bien diseñados entre los proveedores de formación y los empleadores locales.[31] Los acuerdos que se limitan a permitir a los estudiantes el uso de equipamiento podrían entrañar un escaso compromiso por parte de las empresas y restar importancia a otros tipos de acuerdos.

En quinto lugar, existen asociaciones positivas entre las características del plantel docente y el empleo formal. Los programas que tienen una mayor participación de docentes con experiencia profesional en el sector privado manifiestan que los graduados tienen una tasa (ligeramente) más alta de empleo formal. Por el contrario, una mayor participación de docentes jóvenes se asocia con un nivel de empleo formal (ligeramente) más bajo. Los docentes con experiencia en el sector privado probablemente saben qué competencias son las más relevantes en el mercado laboral y las enseñan, mientras que los docentes jóvenes pueden no tener suficiente experiencia para atender las necesidades de los estudiantes.[32] Además, los programas en los que la evaluación docente depende en gran medida de la programación didáctica registran un nivel de empleo formal más alto.

Por último, existen asociaciones positivas entre la categoría «otras prácticas» y el empleo formal. Exigir una entrevista para la admisión se asocia con una tasa de empleo formal más alta entre los graduados. Como muestra la literatura especializada, la selectividad puede estar asociada a mejores resultados de empleo.[33]

De estos resultados se pueden extraer dos lecciones importantes. En primer lugar, al menos una práctica de cada categoría de factores condicionantes de la calidad parece estar asociada positivamente con el empleo formal. Entre estos factores condicionantes, proporcionar acceso a internet al plantel docente y a los estudiantes es el que se asocia con el mayor aumento de empleo formal (unos 12 puntos porcentuales).

En segundo lugar, algunas prácticas pueden tener efectos no deseados en el empleo formal cuando sustituyen a otras que pueden ser más eficaces para mejorar la empleabilidad de los graduados. Por ejemplo, los acuerdos con el sector privado en los que las empresas desempeñan un papel pasivo, como permitir que los estudiantes utilicen el equipamiento de las empresas, quizás puedan estar sustituyendo a otras formas de acuerdos en los que el sector privado se implica más, como ofrecer oportunidades de prácticas.

Tras tener en cuenta los factores condicionantes de la calidad y otras características de los programas y de las IES, no se observa ninguna asociación entre el tipo de administración (pública o privada) y las tasas de empleo formal. Además, algunas asociaciones entre los factores condicionantes de la calidad y el empleo en el sector formal son similares entre las instituciones públicas y las privadas (véase el gráfico 4B.3, en el anexo 4B). Este es el caso de la asociación entre la evaluación de los docentes basada en la programación didáctica y el empleo formal.

Salarios

El gráfico 4.7 resume los principales resultados sobre las asociaciones entre los salarios y los factores condicionantes de la calidad de los PCC. Son ocho los factores condicionantes del programa que se asocian con salarios más altos.

Al igual que en el caso del empleo formal, los salarios de los graduados procedentes de programas con suficientes materiales para la formación práctica —independientemente de la matrícula— son más altos que los correspondientes a graduados de otros programas. Un número mayor de oportunidades de formación práctica puede proporcionar a los estudiantes competencias adicionales que reciben una recompensa en el mercado laboral por medio de salarios más altos.

Hay tres factores condicionantes del plan de estudios y la formación del programa que se asocian positivamente con salarios más altos: se trata de la concesión de créditos para la formación continua de los estudiantes, la enseñanza de competencias numéricas y la ayuda a los estudiantes poco preparados.

Los graduados de PCC que ofrecen créditos para títulos universitarios obtienen salarios más altos. Es posible que los empleadores valoren el hecho de que, si sus empleados quieren obtener un título universitario, no tengan que empezar de cero, algo que podría provocar que renuncien al trabajo. Por otra parte, es posible que los créditos para títulos universitarios solo se concedan en programas de gran prestigio, en cuyo caso esta asociación positiva podría reflejar la rentabilidad de la reputación del programa.

Gráfico 4.7 Asociaciones entre los factores condicionantes de la calidad de los PCC y los salarios de los graduados

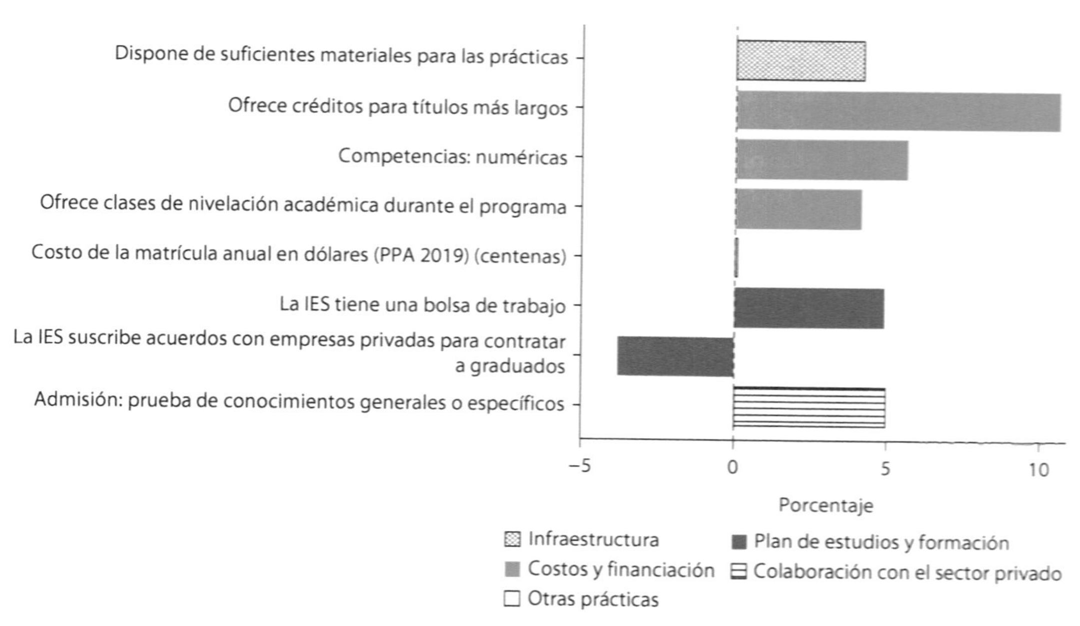

Fuente: Dinarte *et al.* (2021).
Nota: El gráfico muestra el cambio porcentual en los salarios promedio declarados, que se asocia a los factores condicionantes de la calidad. El cambio asociado con la variable X se calcula como (exp(coeficiente sobre X) − 1) * 100. La estimación se efectuó tomando en consideración únicamente los programas para los que se disponía de datos sobre los salarios y todos los factores condicionantes de la calidad. El salario promedio de los graduados para este conjunto de programas (ajustado por PPA) es de 10.435 dólares estadounidenses. Todas las variables son variables *dummies*, excepto cuando se indica lo contrario. Un cambio positivo indica un aumento en los salarios, mientras que un cambio negativo indica una reducción en los salarios de los graduados. IES = institución de educación superior; PPA = paridad del poder adquisitivo; PCC = programa de ciclo corto.

Ofrecer clases de nivelación a los estudiantes poco preparados durante el programa se asocia con salarios más altos. Como se ha demostrado recientemente, los estudiantes que reciben clases de nivelación tienen más probabilidades de continuar sus estudios.[34] Al subsanar las carencias, estos programas pueden estar permitiendo que los estudiantes aprendan más a lo largo de sus estudios y obtengan salarios más altos después de graduarse. Asimismo, en consonancia con las conclusiones del *Informe sobre Desarrollo Mundial 2019: La naturaleza cambiante del trabajo* en lo que respecta a las competencias, los resultados indican que los graduados de programas que enseñan competencias numéricas parecen tener más probabilidades de obtener salarios más altos que los graduados de programas que no las enseñan.

Además, hay un factor condicionante relacionado con los costos y la financiación que se asocia con salarios más altos. Los precios de las matrículas anuales más elevados se asocian con salarios más altos, quizás porque los programas con mayor prestigio pueden cobrar matrículas más altas. Por otra parte, un precio de matrícula más elevado podría proporcionar recursos para mejorar la calidad de los programas, por ejemplo, al contratar a plantel docente más calificado, mejorar la infraestructura o proporcionar más servicios a los estudiantes, todo lo cual podría mejorar la adquisición de competencias y contribuir a que los graduados obtengan salarios más altos.

Al igual que en el caso del empleo formal, existen asociaciones heterogéneas entre los salarios y los factores condicionantes relacionados con las conexiones con el sector privado. Por un lado, los graduados de programas o instituciones con un centro de empleo declaran tener salarios más altos que los de programas sin este servicio, un resultado coincidente con datos que demuestran que el apoyo a la búsqueda de empleo mejora los resultados laborales.[35] Por otro lado, los programas que tienen acuerdos con empresas para contratar a sus graduados informan de salarios más bajos entre sus graduados. Estos acuerdos podrían generar una disyuntiva: aunque las empresas acepten contratar a los graduados, lo hacen por un salario más bajo.[36]

La asociación entre el tipo de administración (pública o privada) y los salarios no es estadísticamente significativa cuando se tienen en cuenta todos los demás factores condicionantes. Sin embargo, las estimaciones revelan que la mayor parte de las asociaciones entre los factores condicionantes y los salarios corresponden a las IES privadas (véase el gráfico 4B.4, en el anexo 4B). Es decir, aunque el tipo de gobernanza (pública o privada) no está intrínsecamente asociado con los salarios, la relación entre los factores condicionantes de la calidad y los salarios es diferente para los programas públicos y privados.

Hasta el momento, el capítulo ha presentado los resultados obtenidos a partir de los datos de los programas de la EPCCBM. En un contexto ideal, los resultados se calibrarían con datos administrativos a nivel individual. En el momento de redactar este informe, Brasil era el único país que proporcionaba acceso a dichos datos. El cuadro 4.3 describe el uso de tales datos para estimar las contribuciones de las características y prácticas de los programas a los resultados de los estudiantes en Brasil. Las estimaciones demuestran que los factores condicionantes de la calidad —como la provisión de información sobre el mercado laboral y la obtención de una calificación alta por parte de las autoridades reguladoras—, así como algunas características —como el tamaño del programa y el tipo de IES— se asocian con los resultados académicos y laborales de los estudiantes.

Conclusiones

Existe poca información sobre los factores condicionantes que determinan la calidad de los PCC; es decir, las prácticas, los insumos y las características de los programas que contribuyen a la obtención de buenos resultados por parte de los graduados. Los detallados datos recopilados por la EPCCBM constituyen una oportunidad única para progresar en esta cuestión. Como se describe en este capítulo, los factores condicionantes específicos que pueden adoptar los programas y las características específicas de los programas, los estudiantes y las IES se asocian con mejores resultados académicos y laborales.

Cuadro 4.3 Factores condicionantes de calidad y valor agregado: el caso de Brasil

Como se ha expuesto en la **sección Definición y medición de la calidad de los PCC**, una posible medida de la calidad de los programas es el valor agregado a los resultados de los estudiantes. La estimación del valor agregado requiere datos detallados a nivel individual sobre todos los elementos que podrían influir en los resultados de los estudiantes, para desentrañar las contribuciones de todos los insumos involucrados, incluyendo las características personales y la capacidad de los estudiantes, las características personales y la capacidad de los pares, etc.

Dichos datos se obtuvieron para Brasil, concretamente para los estados incluidos en la Encuesta de Programas de Ciclo Corto del Banco Mundial: São Paulo y Ceará. Se combinaron datos de varias fuentes: los informes anuales de información social (*Relação Anual de Informações Sociais*, RAIS), una base de datos con pares de datos empleador-empleado de todos los trabajadores y empresas del sector formal; el censo de educación superior (INEP); y el examen nacional de educación secundaria (*Exame Nacional de Ensino Médio*, ENEM), la evaluación nacional a la que se someten los estudiantes al término de la educación secundaria. Además de las puntuaciones de las pruebas, el ENEM incluye las características de los estudiantes y de sus familias. Por lo tanto, la base de datos contiene información detallada sobre la preparación académica para la educación superior y el entorno socioeconómico de los estudiantes y sus pares, así como los resultados del mercado laboral (salarios y empleo) para los graduados del programa de ciclo corto (PCC) que obtienen un empleo en el sector formal después de graduarse.

Con estos datos, se utiliza un enfoque en dos fases para estimar las contribuciones a nivel de programa, netas de las contribuciones propias de una estudiante y de sus pares. Se consideran tres resultados entre los graduados de PCC: graduación, empleo en el sector formal y salarios. En la primera fase, siguiendo el documento de referencia de Ferreyra *et al.* (2020), se estima el siguiente modelo:

$$Y_{ijt}^{k} = \boldsymbol{R}_i^{k}{}'\alpha_1 + \boldsymbol{Z}_{ijt}^{k}{}'\alpha_2 + \hat{u}_j^{k} + \epsilon_{ijt}^{k}, \qquad \text{(B4.3.1)}$$

donde Y_{ijt}^{k} es el resultado de interés, $k = \{1,2,3\}$, para la estudiante *i*, en el programa *j*, y la cohorte *t*. $\boldsymbol{R}_i^{k}$ incluye características personales, como la puntuación obtenida en el ENEM, el género, la edad, el nivel socioeconómico y la educación de los progenitores. $\boldsymbol{Z}_{ijt}^{k}$ es un vector de las características de los pares, inclusives la puntuación promedio en el ENEM, la edad, el nivel socioeconómico y la educación parental de los pares *i* de la estudiante. Por último, u_j^{k} representa los efectos fijos de los programas. El vector de las estimaciones de efectos fijos ($\hat{\boldsymbol{u}}$) constituye el principal vector de interés en la primera fase —las contribuciones estimadas a nivel de programa (la aplicación de esta metodología al caso de Colombia se describe en el capítulo 2)—.

En la segunda etapa, el vector $\hat{\boldsymbol{u}}$ se combina con las características de los programas inventariadas a través de la Encuesta de Programas de Ciclo Corto del Banco Mundial (EPCCBM). Luego se aplica la técnica de operador de selección y contracción mínima absoluta (LASSO,

continúa en la siguiente página

Cuadro 4.3 Factores condicionantes de calidad y valor agregado: el caso de Brasil *(continuación)*

por sus siglas en inglés) para identificar los factores condicionantes que explican conjuntamente la mayor variación en $\hat{\boldsymbol{u}}$ (véase el cuadro 4.2).

Los resultados demuestran que las tasas de graduación de los PCC en Brasil se asocian con un factor condicionante importante y dos características de los programas o las instituciones de educación superior (IES) (véase el gráfico B4.3.1). Los programas que recibieron una alta calificación de la autoridad reguladora el año anterior y los impartidos por universidades tienen tasas de graduación más altas. Además, las tasas de graduación son más altas para los programas con mayores costos de matrícula.

El nivel de empleo formal es más alto en los programas que proporcionan información sobre el mercado laboral a los estudiantes, lo que coincide con los resultados de la EPCCBM. Curiosamente, la oferta de clases en línea guarda una relación negativa con el empleo formal de los graduados, en consonancia con los resultados de Ferreyra *et al.* (2020) para los PCC de las grandes ciudades de Colombia.

Los resultados para los salarios muestran que el único factor condicionante que contribuye de forma considerable es tener una calificación alta. ¿Qué explicación tiene este resultado? Tal como se ha comentado en el capítulo 1, el *Instituto Nacional de Estudos e Pesquisas Educacionais Anísio Teixeira* (INEP) evalúa anualmente los programas en Brasil. Para dicha evaluación, el INEP utiliza los datos del Sistema Nacional de Evaluación de la Educación Superior, que asigna una calificación preliminar a cada programa (*Conceito Preliminar de Curso*, CPC) de acuerdo con múltiples indicadores. Estas calificaciones están relacionadas con los insumos de los programas y el valor agregado al aprendizaje de los estudiantes, aunque no con los resultados del mercado laboral.

La calificación del índice general de cursos (*Índice Geral de Cursos*, IGC) es un resumen a nivel de IES de otros indicadores, incluidos los correspondientes a la CPC. Por lo tanto, la calificación del IGC es un indicador general de la calidad de las IES. Por la disponibilidad de datos, se emplea el IGC y se establece que un programa tiene una calificación alta si se sitúa en el cuartil superior de la distribución de calificaciones del IGC para todos los programas en los universos de la EPCCBM de São Paulo y Ceará. Teniendo en cuenta que el IGC refleja algunos factores condicionantes del programa —incluidos los insumos y, potencialmente, las prácticas—, no es de extrañar que sea el único factor condicionante asociado con el valor agregado del programa a los salarios.

¿Significan estos resultados que todas las evaluaciones reguladoras (como la CPC, el IGC y los procesos de acreditación) pueden identificar los programas que hacen contribuciones positivas a los resultados del mercado laboral? No necesariamente; depende de la estructura y el contenido de las evaluaciones. Cuando están bien diseñadas, estas evaluaciones deberían identificar programas de alto valor agregado. En el caso de Brasil, las evaluaciones parecen estar cumpliendo dicha función.

continúa en la siguiente página

Cuadro 4.3 Factores condicionantes de calidad y valor agregado: el caso de Brasil *(continuación)*

Gráfico B4.3.1 Factores condicionantes de la calidad de los PCC y valor agregado de los PCC en Brasil

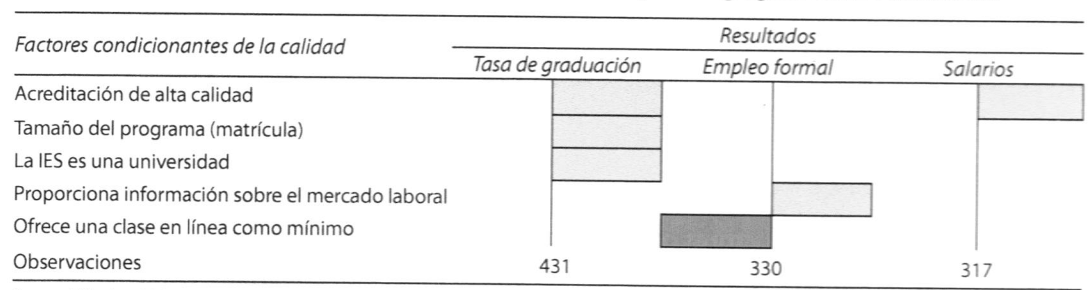

Fuente: Cálculos del Banco Mundial, basados en Dinarte *et al.* (2021).
Nota: El gráfico presenta un resumen de los factores condicionantes de la calidad que se correlacionan con estimaciones del valor agregado de la tasa de graduación, el empleo formal y los salarios. El verde indica que la característica «mejora» el resultado, mientras que el rojo indica que la característica «empeora» el resultado. IES = institución de educación superior; PCC = programa de ciclo corto.

La variación de los factores condicionantes entre los programas es útil para fines de investigación porque permite estimar las correlaciones entre los factores condicionantes y los resultados de los estudiantes. Al mismo tiempo, también resulta preocupante desde el punto de vista de las políticas. El hecho de que determinadas prácticas, insumos y características se asocien con buenos resultados indica que los programas que no los incorporan pueden obtener peores resultados. En otras palabras, al menos una parte de la gran variación de los resultados entre los PCC documentada en el capítulo 2 puede relacionarse con la variación en los factores condicionantes de los programas. Para mejorar los resultados y eliminar la cola más baja de la distribución se precisa, al menos en cierta medida, la adopción de buenas prácticas como las documentadas en este capítulo.

Cabe hacer dos observaciones finales. En primer lugar, una asociación negativa entre un factor condicionante y un resultado no indica que el factor condicionante sea no deseable. Sin embargo, indica la necesidad de centrarse en determinados factores condicionantes específicos y evaluar cómo se adecuan a los objetivos del programa. Por ejemplo, los resultados acerca de los acuerdos con el sector privado para la contratación de graduados no significan que no sean deseables, sino que es muy importante comprender cómo se relacionan estos acuerdos con los resultados del programa.

En segundo lugar, aunque este capítulo no puede afirmar que haya identificado los factores condicionantes de los programas que hacen que un programa sea mejor que otro, estas conclusiones —las primeras de este tipo— no dejan de ser particularmente interesantes; podrían servir a la regulación y a los mecanismos de supervisión para garantizar que los programas y las instituciones adopten buenas prácticas con mayor frecuencia. También podrían servir para diseñar y replicar los PCC de alta calidad, que son, en última instancia, los únicos capaces de cumplir la promesa de los PCC. Por último, estos resultados podrían estimular la recopilación de datos más detallados y matizados sobre los programas e instituciones, lo que proporcionaría más información sobre estas prácticas y características de la que suele encontrarse en las bases de datos administrativas. Además, lo ideal sería que los resultados alentaran a las autoridades educativas a crear sistemas de recopilación de datos más eficaces y facilitaran la combinación de diversas bases de datos administrativos, lo que permitiría obtener información mucho más detallada sobre la calidad de la educación superior.

Anexos

Anexo 4A: Factores condicionantes de la calidad y resultados

Tabla 4A.1 Estadísticas descriptivas

Panel A. Categorías de factores condicionantes de la calidad	*Media*	*Mediana*	*D.E.*	*Mín.*	*Máx.*
Plan de estudios y formación					
El plan de estudios es fijo	0,70	1,00	0,46	0,00	1,00
Enseña competencias numéricas	0,80	1,00	0,40	0,00	1,00
Enseña competencias de lectura y escritura	0,97	1,00	0,18	0,00	1,00
Enseña lenguas extranjeras	0,62	1,00	0,48	0,00	1,00
Enseña competencias de comunicación	0,99	1,00	0,08	0,00	1,00
Ofrece clases de nivelación antes de empezar el programa	0,51	1,00	0,50	0,00	1,00
Ofrece clases de nivelación durante el programa	0,56	1,00	0,50	0,00	1,00
Exige una prueba para graduarse	0,43	0,00	0,49	0,00	1,00
Exige una tesina o un proyecto de investigación para graduarse	0,40	0,00	0,49	0,00	1,00
Exige una segunda lengua para graduarse	0,12	0,00	0,32	0,00	1,00
Ofrece créditos para títulos más largos	0,90	1,00	0,30	0,00	1,00
Actualiza el plan de estudios con más frecuencia que la mediana de tiempo	0,70	1,00	0,46	0,00	1,00
Más de una vez al año: analiza el rendimiento de los estudiantes para resolver problemas	0,88	1,00	0,33	0,00	1,00
Más de una vez al año: recopila datos sobre la satisfacción de los estudiantes	0,71	1,00	0,45	0,00	1,00
Tiempo asignado a la formación práctica (%)	46,80	50,00	16,67	0,00	90,00
Las prácticas externas a la institución son obligatorias	0,61	1,00	0,49	0,00	1,00
Infraestructura					
El programa ofrece al menos una clase en línea	0,35	0,00	0,48	0,00	1,00
>30 % de las clases se pueden cursar en línea	0,16	0,00	0,37	0,00	1,00
Internet disponible para el plantel docente y los estudiantes	0,92	1,00	0,27	0,00	1,00
Número de talleres o laboratorios disponibles para las prácticas	6,33	4,00	7,30	0,00	76,00
Tiene más laboratorios que la mediana en el país	0,60	1,00	0,49	0,00	1,00
Tiene suficientes materiales para las prácticas	0,73	1,00	0,45	0,00	31,00

(la tabla continúa en la siguiente página)

Tabla 4A.1 Estadísticas descriptivas *(continuación)*

Panel A. Categorías de factores condicionantes de la calidad	*Media*	*Mediana*	*D.E.*	*Mín.*	*Máx.*
Costos y financiación					
Costos anuales de matrícula, dólares PPA 2019 (centenas)	22,07	22,44	18,19	0,00	255,16
Beca de la IES como posible fuente de financiación	0,79	1,00	0,41	0,00	1,00
Beca del Gobierno como posible fuente de financiación	0,64	1,00	0,48	0,00	1,00
Préstamo de la IES como posible fuente de financiación	0,29	0,00	0,45	0,00	1,00
La IES ha recibido fondos del Gobierno	0,34	0,00	0,47	0,00	1,00
La IES ha recibido financiación del sector privado	0,20	0,00	0,40	0,00	1,00
Plantel docente					
Número de docentes	19,80	14,00	18,96	1,00	200,00
Porcentaje de docentes a tiempo completo	38,65	31,25	30,16	0,00	100,00
Porcentaje de docentes <40 años	40,51	35,71	29,25	0,00	100,00
Porcentaje de docentes mujeres	34,63	30,77	23,21	0,00	100,00
Porcentaje de docentes con títulos de ET	19,93	5,71	29,90	0,00	100,00
Porcentaje de docentes con títulos universitarios	83,03	100,00	28,83	0,00	100,00
Porcentaje de docentes con títulos de postgrado	47,70	41,67	32,21	0,00	100,00
Porcentaje de docentes >5 años de experiencia	56,27	57,14	33,68	0,00	100,00
Porcentaje de docentes que trabaja en un ámbito profesional	42,58	37,50	31,32	0,00	100,00
Importante para la contratación de docentes: experiencia práctica	0,88	1,00	0,33	0,00	1,00
Importante para la contratación de docentes: experiencia en el aula	0,91	1,00	0,28	0,00	1,00
La observación en el aula es muy importante en la evaluación docente	0,65	1,00	0,48	0,00	1,00
La programación didáctica es muy importante en la evaluación docente	0,65	1,00	0,48	0,00	1,00
La evaluación por parte de los estudiantes es muy importante para la evaluación docente	0,75	1,00	0,44	0,00	1,00
Los comentarios informales de estudiantes y docentes son muy importantes para la evaluación docente	0,34	0,00	0,47	0,00	1,00
La evaluación por pares es muy importante para la evaluación docente	0,34	0,00	0,48	0,00	1,00
Casi todos o todos los docentes participaron en actividades de formación profesional el año anterior	0,55	1,00	0,50	0,00	1,00
Colaboración con el sector privado					
Más de una vez al año: recopila datos sobre el empleo o la satisfacción de los empleadores	0,59	1,00	0,49	0,00	1,00
Más de una vez al año: se comunica con las empresas locales sobre sus necesidades	0,54	1,00	0,50	0,00	1,00
El sector privado participa en el diseño de habilidades de los estudiantes	0,71	1,00	0,45	0,00	1,00

(la tabla continúa en la siguiente página)

Tabla 4A.1 Estadísticas descriptivas *(continuación)*

Panel A. Categorías de factores condicionantes de la calidad	*Media*	*Mediana*	*D.E.*	*Mín.*	*Máx.*
El sector privado tiene acuerdos de prácticas con la IES	0,90	1,00	0,29	0,00	1,00
El sector privado tiene acuerdos con la IES para contratar a los graduados del programa	0,39	0,00	0,49	0,00	1,00
El sector privado tiene acuerdos para formar al plantel docente	0,36	0,00	0,48	0,00	1,00
El sector privado arrenda o suministra equipamiento al programa para uso de los estudiantes	0,51	1,00	0,50	0,00	1,00
A cargo de las relaciones con el sector privado participa: miembro de la junta directiva	0,84	1,00	0,36	0,00	1,00
A cargo de las relaciones con el sector privado: quienquiera que tenga disponibilidad	0,07	0,00	0,26	0,00	1,00
La IES forma a estudiantes o se coordina con empresas para organizar entrevistas de trabajo	0,83	1,00	0,37	0,00	1,00
La IES tiene acuerdos con empresas privadas para contratar a los graduados	0,50	0,00	0,50	0,00	1,00
La IES gestiona un centro de empleo	0,63	1,00	0,48	0,00	1,00
La IES facilita información sobre el mercado laboral	0,81	1,00	0,39	0,00	1,00
El programa tiene personal asignado para recopilar datos sobre el empleo de los graduados	0,76	1,00	0,43	0,00	1,00
Otras prácticas					
Acreditación de alta calidad	0,19	0	0,39	0	1
La prueba de conocimientos generales o específicos es requisito de admisión	0,58	1,00	0,49	0,00	1,00
La entrevista es requisito de admisión	0,52	1,00	0,50	0,00	1,00
La puntuación mínima en el promedio académico de la educación secundaria o prueba nacional de acceso es requisito de admisión	0,64	1,00	0,48	0,00	1,00
La IES tiene un órgano de gobierno distinto del rectorado o decanato	0,89	1,00	0,32	0,00	1,00
Panel B. Otras características de los programas, instituciones y estudiantes					
Antigüedad de la IES	38,01	32,00	31,33	1,00	300,00
Número de ciudades donde la IES ofrece el programa	4,04	1,00	14,79	1,00	401,00
El porcentaje de estudiantes a tiempo completo es mayor que la mediana	0,47	0,00	0,50	0,00	1,00
Porcentaje de estudiantes >25 años es mayor que la mediana	0,47	0,00	0,50	0,00	1,00
Porcentaje de estudiantes mujeres es mayor que la mediana	0,47	0,00	0,50	0,00	1,00

(la tabla continúa en la siguiente página)

Tabla 4A.1 Estadísticas descriptivas *(continuación)*

Panel B. Otras características de los programas, instituciones y estudiantes	*Media*	*Mediana*	*D.E.*	*Mín.*	*Máx.*
Los estudiantes de primer año tienen carencias matemáticas	0,81	1,00	0,39	0,00	1,00
Los estudiantes de primer año tienen carencias de lectura	0,69	1,00	0,46	0,00	1,00
Los estudiantes de primer año tienen carencias de expresión oral	0,56	1,00	0,50	0,00	1,00
Los estudiantes de primer tienen carencias de escritura	0,67	1,00	0,47	0,00	1,00
Panel C. Resultados					
Tasa de deserción (%)	14,06	10,00	13,08	0,00	75,00
Tiempo adicional para graduarse (%)	18,56	16,67	27,14	-60,00	200,00
Casi todos los graduados trabajan en el sector formal	0,58	1,00	0,49	0,00	1,00
Salario promedio anual (primer puesto de trabajo) – (dólares PPA)	10.434,86	9763,74	3242,97	5000,88	22782,06

Fuente: Dinarte *et al.* (2021).
Nota: La tabla presenta las estadísticas descriptivas de las principales variables utilizadas en el análisis. El panel a presenta las variables de cada una de las categorías de factores condicionantes de la calidad. Los paneles b y c resumen las estadísticas de otras características y de los principales resultados utilizados en el análisis, respectivamente. La muestra utilizada en esta tabla se ha ceñido a los programas incluidos en las estimaciones. Las variables son binarias a menos que se indique lo contrario. D.E. = desviación estándar; IES = institución de educación superior; Máx. = máximo; Mín. = mínimo; PPA = paridad del poder adquisitivo; ET = enseñanza y tecnología.

Tabla 4A.2 Resumen de los resultados

Categorías	*Factores condicionantes de la calidad*	*Tasa de deserción*	*Duración del programa*	*Empleo formal*	*Salarios*
Infraestructura	Internet disponible para el plantel docente y los estudiantes				
	Tiene suficientes materiales para las prácticas				
Formación y plan de estudios	El plan de estudios es fijo				
	Enseña competencias numéricas				
	Ofrece créditos para títulos más largos				
	Ofrece clases de nivelación durante el programa				
	La tesina o el proyecto de investigación es un requisito para graduarse				
Costos	Costos anuales de matrícula, dólares PPA 2019 (centenas)				
	Beca de la IES como posible fuente de financiación				
Vínculo con el sector privado	La IES gestiona un centro de empleo				
	El sector privado arrenda/suministra equipamiento para uso de los estudiantes				
	La IES tiene acuerdos con empresas para contratar graduados				
Plantel docente	La evaluación del plantel docente incluye evaluación por pares				
	La programación didáctica es muy importante para la evaluación docente				
	Porcentaje de docentes que trabaja en un ámbito profesional				
	Porcentaje de docentes mujeres				
	Porcentaje de docentes con >5 años de experiencia				
	Porcentaje de docentes <40 años				
Otras prácticas	La prueba de conocimientos generales o específicos es requisito de admisión				
	La entrevista es requisito de admisión				
	La IES tiene un órgano de gobierno distinto del rectorado o decanato				

Fuente: Cálculos del Banco Mundial, basados en Dinarte *et al.* (2021).

Nota: La tabla presenta un resumen de los resultados sobre las correlaciones entre los factores condicionantes de la calidad y los resultados académicos y laborales del programa. El color verde indica que la característica «mejora» el resultado, mientras que el rojo indica que la característica lo «empeora». IES = institución de educación superior; PPA = paridad del poder adquisitivo.

Anexo 4B. Factores condicionantes de la calidad de los programas de ciclo corto, por tipo de institución de educación superior

Gráfico 4B.1 Tasa de deserción y factores condicionantes de la calidad

	Tipo de administración	
Factores condicionantes de la calidad	*Privada*	*Pública*
La evaluación por pares es importante para la evaluación docente		
La IES tiene un órgano de gobierno distinto del rectorado o decanato		
El plan de estudios es fijo		
Porcentaje de docentes que trabaja en el sector privado		
Programas	750	430
Tasa promedio de deserción	13,8	15,5

Fuente: Cálculos del Banco Mundial, basados en Dinarte *et al.* (2021).
Nota: El gráfico presenta un resumen de los factores condicionantes de la calidad que se correlacionan con las tasas de deserción, separados por tipo de administración. El verde indica que la característica «mejora» el resultado, mientras que el rojo indica que la característica lo «empeora». IES = institución de educación superior.

Gráfico 4B.2 Tiempo adicional para graduarse y factores condicionantes de la calidad

	Tipo de administración	
Factores condicionantes de la calidad	*Privada*	*Pública*
Porcentaje de docentes con >5 años de experiencia		
La prueba de conocimientos generales o específicos es requisito de admisión		
La tesina o el proyecto de investigación es requisito para graduarse		
Observaciones	770	382
TAG promedio	16,6	21,5

Fuente: Cálculos del Banco Mundial, basados en Dinarte *et al.* (2021).
Nota: El gráfico presenta un resumen de los factores condicionantes de la calidad que se correlacionan con el porcentaje de tiempo adicional para graduarse con respecto a la duración teórica del programa, separados por tipo de administración. El verde indica que la característica «mejora» el resultado, mientras que el rojo indica que la característica lo «empeora». TAG = tiempo adicional para graduarse.

Gráfico 4B.3 Empleo formal y factores condicionantes de la calidad

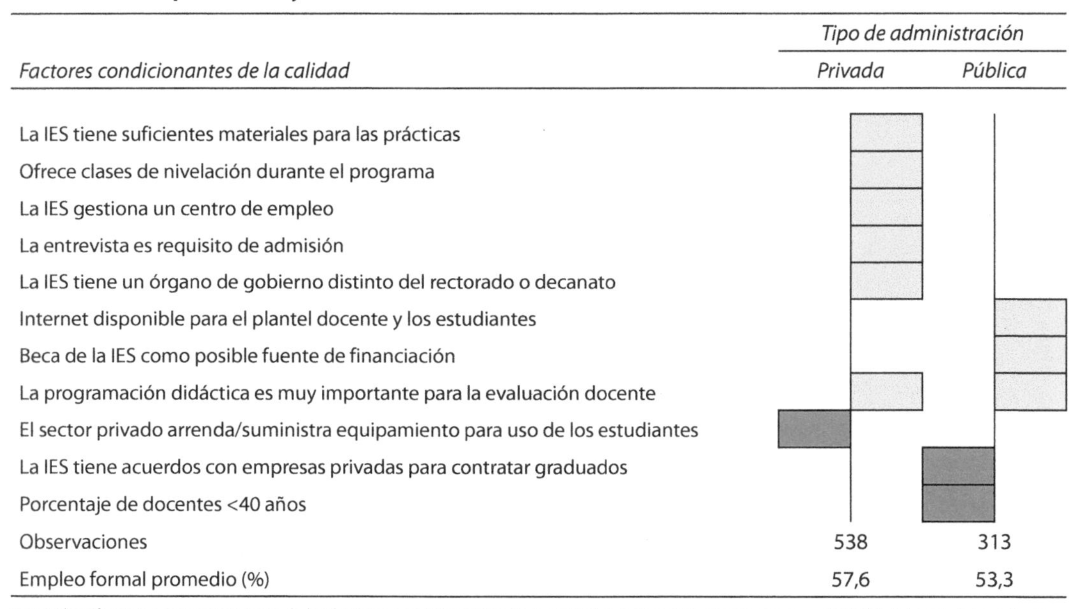

Nota: El gráfico presenta un resumen de los factores condicionantes de la calidad que se correlacionan con la probabilidad de que los graduados obtengan un empleo en el sector formal, separados por tipo de administración. El verde indica que la característica «mejora» el resultado, mientras que el rojo indica que la característica lo «empeora». IES = institución de educación superior.

Gráfico 4B.4 Salarios y factores condicionantes de la calidad

Factores condicionantes de la calidad	*Tipo de administración*	
	Privada	*Pública*
Tiene suficientes materiales para las prácticas		
Costo anual de la matrícula, dólares PPA 2019 (centenas)		
Ofrece clases de nivelación durante el programa		
Ofrece créditos para títulos más largos		
La IES gestiona un centro de empleo		
Porcentaje de docentes con >5 años de experiencia		
La puntuación mínima en el promedio académico de la educación secundaria o prueba nacional de acceso es requisito de admisión		
Enseña competencias numéricas		
La prueba de conocimientos generales o específicos es requisito de admisión		
La IES tiene acuerdos con empresas para contratar graduados		
Programas	783	419
Salario promedio	9.918 USD	10.498 USD

Fuente: Cálculos del Banco Mundial, basados en Dinarte *et al.* (2021).
Nota: El gráfico presenta un resumen de los factores condicionantes de la calidad que se correlacionan con los salarios, separados por tipo de administración. El verde indica que la característica «mejora» el resultado, mientras que el rojo indica que la característica lo «empeora». IES = institución de educación superior; PPA = paridad del poder adquisitivo.

Notas

1. Las autoras reconocen con agradecimiento el extraordinario apoyo a la investigación de Gabriel Suárez y Angélica Sánchez.
2. En diciembre de 2020, el equipo de investigación tuvo acceso a datos a nivel individual sobre salarios y empleo de Ecuador y la República Dominicana. Solo Brasil concedió acceso en tiempo para la redacción de este libro. Los resultados de los tres países se exponen en el documento de referencia de Dinarte *et al.* (2021)
3. En el informe *Out of School and Out of Work*, De Hoyos, Popova y Rogers (2016) comparan América Latina con otras regiones y estiman que ALC es la región con más concentración de «ninis» entre los hogares en el 40 % inferior de la distribución de ingresos.
4. Véanse Melguizo *et al.* (2017); y Ferreyra *et al.* (2020), un documento de referencia para este libro.
5. Véanse, entre otros, Bailey (2015); Cellini y Grueso (2020); Deming *et al.* (2015); Denning (2017); Dynarski y Scott-Claytton (2013); y Bettinger *et al.* (2017).
6. Dobbie y Fryer (2013) recopilaron datos sobre el funcionamiento interno de 39 centros educativos semiprivados; los autores correlacionan estos datos con la eficacia escolar y constatan que las medidas de insumos recopiladas tradicionalmente no se correlacionan con la eficacia escolar. Véase también Hanushek (1997) y Krueger (2003).
7. Véase Dutz, Almeida y Packard (2018), que demuestran con teoría económica y datos de Argentina, Brasil, Chile, Colombia y México que los trabajadores menos calificados pueden beneficiarse de la adopción de tecnologías tendentes a mejorar la productividad de trabajadores calificados.
8. Véanse específicamente los estudios de Bettinger *et al.* (2017), y Cellini y Grueso (2020).
9. Jaggars y Xu (2016) analizan la relación entre cuatro características de diseño de cursos en línea y las calificaciones que obtienen los estudiantes de dichos cursos, y observan que la calidad de la interacción interpersonal en línea se relaciona positivamente con las calificaciones.
10. Bailey (2015) define el modelo «al estilo bufé» de los colegios comunitarios como uno en el que se permite que los estudiantes naveguen por itinerarios académicos a menudo complejos y escasamente definidos, y con una mínima supervisión.
11. Calcagno y Long (2009) utilizan datos de los colegios comunitarios de Florida y observan que las clases de nivelación pueden promover la persistencia temprana en la educación. Sin embargo, el artículo concluye que es necesario hacer un mayor esfuerzo para estimar el impacto de las clases de nivelación sobre los estudiantes menos preparados que obtienen una calificación muy por debajo del límite mínimo establecido para cursar estudios de nivel universitario. Los autores también señalan que las futuras investigaciones deberían centrarse en las políticas y prácticas institucionales y en las estrategias en el aula, para explorar las diferencias en los efectos de las clases de nivelación según el diseño de los programas.
12. Véase Denning (2017). El autor también documenta que los estudiantes marginales de los colegios comunitarios que cursan estudios gracias a la reducción de la matrícula registran tasas de graduación similares a las de los estudiantes promedio de los colegios comunitarios.
13. Por ejemplo, los resultados de Dynarski y Scott-Clayton (2013).

14. Véase Marx y Turner (2019); sus resultados son novedosos porque identifican por separado los efectos de las ayudas y de los préstamos en el rendimiento a corto plazo.
15. Por ejemplo, los resultados de Bettinger *et al.* (2017).
16. Véase Kane y Staiger (2012); Murnane y Ganimian (2014); y Araujo *et al.* (2016).
17. Véase Saavedra (2009).
18. Por ejemplo, Bettinger y Long (2005), Allgood, Walstad y Siegfried (2015), y Porter y Serra (2020) demuestran que los modelos de conducta pueden tener un impacto positivo sobre los resultados de los estudiantes (de programas universitarios).
19. Véase De Vlieger, Jacob, y Stange (2020).
20. Como se ha señalado en los capítulos 1 y 3, este proceso varía según los países de la EPCCBM.
21. En el capítulo 1 se analizan brevemente los procesos de acreditación en los distintos países.
22. Véanse Belloni, Chernozhukov, y Hansen (2014a, 2014b), y Ahrens, Hansen, y Schaffer (2020).
23. Véase Bailey (2015).
24. Véase Daniel, Mittag y Bornmann (2007).
25. Otros estudios sobre el caso de Estados Unidos concluyen que las evaluaciones de los estudiantes sobre el rendimiento docente no son eficaces para predecir la eficacia de los docentes, como muestran De Vlieger, Jacob y Stange 2020. En línea con estos datos, los resultados de este estudio sugieren que las evaluaciones de los estudiantes sobre los docentes no son relevantes para la tasa de deserción.
26. Entre las características adicionales, los programas que manifiestan admitir estudiantes con grandes carencias en matemáticas también declaran mayores tasas de deserción que los que no observan esta laguna de conocimientos. Los programas más largos y los impartidos por instituciones públicas también registran mayores tasas de deserción. Por último, el hecho de que la mayoría de estudiantes sean mujeres se asocia con tasas de deserción más altas.
27. Las características más importantes de los programas se analizan en el capítulo 3.
28. Bettinger y Long (2005) observan que el hecho de contar con docentes mujeres en las primeras clases que cursan los estudiantes influye en la probabilidad de que estudiantes mujeres cursen más horas lectivas o se especialicen en determinadas áreas de estudio.
29. En un documento de referencia para este libro, Ferreyra *et al.* (2020) constatan que las contribuciones de los PCC en Colombia son mayores en el caso de programas impartidos por instituciones selectivas y especializadas. Hoxby (2009) obtiene un resultado similar en términos de selectividad a partir de datos de programas universitarios en Estados Unidos.
30. Véanse Almeida *et al.* (2012), y Betcherman, Olivas y Dar (2004).
31. Véase Almeida *et al.* (2012).
32. Curiosamente, los programas que manifiestan admitir estudiantes con carencias de contenidos matemáticos declaran obtener mejores resultados de empleo. Es posible que los programas que son más conscientes de las carencias académicas de los estudiantes (y las reconocen) hagan más por solucionarlas y, como resultado, ayuden a sus estudiantes a obtener un empleo más formal.

33. Barrera-Osorio y Bayona-Rodríguez (2019) estiman que los salarios de los graduados de las universidades más prestigiosas de Colombia son más altos.
34. Véase Bettinger y Long (2005).
35. Véase Almeida *et al.* (2012), y Betcherman, Olivas y Dar (2004).
36. Al igual que en el caso del empleo formal, los programas impartidos por universidades tienden a informar sobre salarios más bajos entre sus graduados (en promedio). De nuevo, esto podría deberse a que las universidades son conservadoras a la hora de informar sobre los resultados de los graduados o a que las universidades invierten menos esfuerzo en los resultados de sus graduados de PCC que las instituciones no universitarias.

Referencias

Ahrens, A., C. B. Hansen, y M. E. Schaffer. 2020. "lassopack: Model Selection and Prediction with Regularized Regression in Stata." *The Stata Journal* 20 (1): 176-235.

Allgood, S., W. B. Walstad, y J. J. Siegfried. 2015. "Research on Teaching Economics to Undergraduates." *Journal of Economic Literature* 53 (2): 285-325.

Almeida, R., J. Arbelaez, M. Honorati, A. Kuddo, T. Lohmann, M. Ovadiya, L. Pop, M. L. Sánchez Puerta, y M. Weber. 2012. "Improving Access to Jobs and Earnings Opportunities: The Role of Activation and Graduation Policies in Developing Countries." Documentos de debate y notas sobre protección social 67610, Banco Mundial, Washington, DC.

Araujo, M. C., P. Carneiro, Y. Cruz-Aguayo, y N. Schady. 2016. "Teacher Quality and Learning Outcomes in Kindergarten." *Quarterly Journal of Economics* 131 (3): 1415-53.

Bailey, T. R. 2015. *Redesigning America's Community Colleges: A Clearer Path to Student Success*. Cambridge, MA: Harvard University Press.

Barrera-Osorio, F., y H. Bayona-Rodríguez. 2019. "Signaling or Better Human Capital: Evidence from Colombia." *Economics of Education Review* 70: 20-34.

Belloni, A., V. Chernozhukov, y C. Hansen. 2014a. "High-Dimensional Methods and Inference on Structural and Treatment Effects." *Journal of Economic Perspectives* 28 (2): 29-50.

Belloni, A., V. Chernozhukov, y C. Hansen. 2014b. "Inference on Treatment Effects after Selection among High-Dimensional Controls." *Review of Economic Studies* 81 (2): 608-50.

Betcherman, G., K. Olivas, y A. Dar. 2004. "Impacts of Active Labor Market Programs: New Evidence from Evaluations with Particular Attention to Developing and Transition Countries." Documentos de debate y notas sobre protección social 29142, Banco Mundial, Washington, DC.

Bettinger, E. P., L. Fox, S. Loeb, y E. S. Taylor. 2017. "Virtual Classrooms: How Online College Courses Affect Student Success." *American Economic Review* 107 (9): 2855-75.

Bettinger, E. P., y B. T. Long. 2005. "Do Faculty Serve as Role Models? The Impact of Instructor Gender on Female Students." *American Economic Review* 95 (2): 152-57.

Calcagno, J. C., y B. T. Long. 2009. "Evaluating the Impact of Remedial Education in Florida Community Colleges: A Quasi-Experimental Regression Discontinuity

Design." Resumen de NCPR. Centro Nacional de Investigación Postsecundaria, Universidad de Columbia, Nueva York.

Carranza, J. E., y M. M. Ferreyra. 2019. "Increasing Higher Education Access: Supply, Sorting, and Outcomes in Colombia." *Journal of Human Capital* 13 (1): 95-136.

Cellini, S., y H. Grueso. 2020. "Assessing Student Learning in Online Short-Cycle Programs in Colombia." Banco Mundial, Washington, DC.

Daniel, H. D., S. Mittag, y L. Bornmann. 2007. "The Potential and Problems of Peer Evaluation in Higher Education and Research." En *Quality Assessment for Higher Education in Europe*, editado por A. Cavalli, 71-82. Londres: Portland Press.

De Hoyos, R., A. Popova, y H. Rogers. 2016. "*Out of School and Out of Work: A Diagnostic of Ninis in Latin America*." Documento de trabajo sobre investigación de políticas 7548, Banco Mundial, Washington, DC, https://openknowledge.worldbank.org/handle/10986/23723.

De Vlieger P., B. Jacob, y K. Stange. 2020. "Measuring Instructor Effectiveness in Higher Education." En *Productivity in Higher Education*, editado por C. Hoxby y K. Stange. University of Chicago Press.

Deming, D. J., C. Goldin, L. F. Katz, y N. Yuchtman. 2015. "Can Online Learning Bend the Higher Education Cost Curve?" *American Economic Review* 105 (5): 496-501.

Denning, J. T. 2017. "College on the Cheap: Consequences of Community College Tuition Reductions." *American Economic Journal: Economic Policy* 9 (2): 155-88.

Dinarte, L., M. M. Ferreyra, M. Bassi, y S. Urzúa. 2021 "What Makes a Program Good? Evidence from Short Cycle Higher Education Programs in Latin America and the Caribbean." Banco Mundial, Washington, DC.

Dobbie, W., y R. G. Fryer, Jr. 2013. "Getting Beneath the Veil of Effective Schools: Evidence from New York City." *American Economic Journal: Applied Economics* 5 (4): 28-60.

Dutz, M. A., R. K. Almeida, y T. G. Packard. 2018. *The Jobs of Tomorrow: Technology, Productivity, and Prosperity in Latin America and the Caribbean*. Directions in Development, Information and Communication Technology. Washington, DC: Banco Mundial, https://openknowledge.worldbank.org/handle/10986/29617.

Dynarski, S., y J. Scott-Clayton. 2013. "Financial Aid Policy: Lessons from Research." No. W18710, Oficina Nacional de Investigación Económica, Cambridge, MA.

Ferreyra, M. M., C. Avitabile, J. Botero, F. Haimovich, y S. Urzúa. 2017. *At a Crossroads: Higher Education in Latin America and the Caribbean*. Washington, DC: Grupo Banco Mundial.

Ferreyra, M. M., T. Melguizo, A. Franco, y A. Sánchez. 2020. "Estimating the Contribution of Short-Cycle Programs to Student Outcomes in Colombia." Documento de trabajo sobre investigación de políticas 9424, Banco Mundial, Washington, DC.

Hanushek, E. A. 1997. "Assessing the Effects of School Resources on Student Performance: An Update." *Educational Evaluation and Policy Analysis* 19 (2): 141-64.

Hoxby, C. M. 2009. "The Changing Selectivity of American Colleges." *Journal of Economic Perspectives* 23 (4): 95-118.

Kane, T. J., y D. O. Staiger. 2012. "Gathering Feedback for Teaching: Combining High-Quality Observations with Student Surveys and Achievement Gains." Documento de investigación, Proyecto MET, Bill & Melinda Gates Foundation, Seattle, WA.

Krueger, A. B. 2003. "Economic Considerations and Class Size." *Economic Journal* 113 (485): F34–F63.

Marx, B. M., y L. J. Turner. 2019. "Student Loan Nudges: Experimental Evidence on Borrowing and Educational Attainment." *American Economic Journal: Economic Policy* 11 (2): 108-41.

Melguizo, T., G. Zamarro, T. Velasco, y F. J. Sanchez. 2017. "The Methodological Challenges of Measuring Student Learning, Degree Attainment, and Early Labor Market Outcomes in Higher Education." *Journal of Research on Educational Effectiveness* 10 (2): 424-48.

Murnane, R. J., y A. Ganimian. 2014. "Improving Educational Outcomes in Developing Countries: Lessons from Rigorous Impact Evaluations." Documento de trabajo WP20284 de NBER, Oficina Nacional de Investigación Económica, Cambridge, MA.

Porter, C., y D. Serra. 2020. "Gender Differences in the Choice of Major: The Importance of Female Role Models." *American Economic Journal: Applied Economics* 12 (3): 226-54.

Saavedra, J. E. 2009. "The Returns to College Quality: A Regression Discontinuity Analysis." Universidad de Harvard, Cambridge, MA.

Smith Jaggars, S., y D. Xu. 2016. "How Do Online Course Design Features Influence Student Performance?" *Computers & Education* 95: 270-84.

SNIES 2019. Sistema Nacional de Información de la Educación Superior. Disponible en https://snies.mineducacion.gov.co/portal/ESTADISTICAS/Bases-consolidadas/. Consultado en noviembre de 2020.

CAPÍTULO 5

Política para cumplir la promesa de los programas de ciclo corto

Inventario

Para terminar, este capítulo retoma la motivación inicial del libro: la necesidad apremiante de América Latina y el Caribe (ALC) de contar con capital humano calificado.[1] Esta necesidad, que ya era inaplazable tras el final de la «década dorada» de la región, ahora es claramente urgente. La pandemia del COVID-19 ha acelerado cambios estructurales que ya se estaban produciendo en la economía, lo que pone de manifiesto el tipo de habilidades —analíticas, técnicas, socioemocionales e interpersonales— que son necesarias en el mundo actual. En la crisis actual y sus efectos, los medios de vida de muchas personas dependen precisamente de la adquisición de dichas habilidades —y de adquirirlas rápidamente—.

¿Pueden los programas de ciclo corto (PCC) dotar a las personas de este tipo de habilidades? Los datos presentados en este libro arrojan varios motivos para la esperanza:

- En promedio, los PCC obtienen buenos resultados. Los estudiantes que se gradúan son más numerosos que los de programas universitarios. Los graduados de PCC obtienen mejores resultados en el mercado laboral (empleo, empleo formal y salario) que los graduados de educación secundaria y, sorprendentemente, que los estudiantes que desertan de programas universitarios. Estos resultados son dignos de mención dado que, en promedio, los PCC acogen a más estudiantes desfavorecidos y menos tradicionales que los programas universitarios.
- Aunque los retornos mincerianos de los títulos universitarios (su prima salarial con respecto a los títulos de educación secundaria, tras tener en cuenta las características de los estudiantes) son mayores que los de PCC, los primeros han disminuido desde principios de los años 2000 en la mayoría de los países de ALC. En cambio, los retornos mincerianos de los PCC han aumentado en varios países durante el mismo periodo. Además, los retornos

mincerianos de los PCC completos son mayores que los de programas universitarios incompletos, un resultado de gran importancia dado que menos de la mitad de los estudiantes de títulos universitarios terminan sus estudios.

- Incluso si se tiene en cuenta su costo, algunos PCC ofrecen un alto retorno, mayor que el de algunos programas universitarios. Existe una fuerte demanda de graduados de PCC —mayor que la de graduados universitarios—, especialmente en las áreas de informática, tecnología y negocios.
- La disponibilidad local de los PCC favorece que algunos estudiantes se matriculen en ellos y les ofrece una alternativa mejor que los programas universitarios. Los principales retornos de los PCC recaen en los estudiantes desfavorecidos, que son en su mayoría hombres, poco preparados y que no viven en grandes entornos urbanos. Si no hubiera PCC, esos estudiantes cursarían programas universitarios, probablemente de baja calidad. Además, la mejora del mercado laboral local para los graduados de los PCC facilita que las mujeres desfavorecidas, que de otro modo no cursarían estudios superiores, se matriculen en los PCC.
- Según la información facilitada por los directores de programas a través de la Encuesta de Programas de Ciclo Corto del Banco Mundial (EPCCBM), en promedio, los PCC de la región logran un buen equilibrio de formación teórica y práctica. Contratan a docentes con experiencia en el sector privado y tienen una baja proporción de estudiantes por docente. Evalúan periódicamente el rendimiento del plantel docente y le brindan formación. Disponen de una infraestructura adecuada. Colaboran con el sector privado de múltiples maneras; por ejemplo: valoran sus necesidades, solicitan su opinión sobre los graduados y suscriben acuerdos de prácticas. Los PCC también ayudan a los estudiantes a buscar trabajo de varias maneras: facilitan información, organizan entrevistas de trabajo y gestionan centros de empleo.
- Según el análisis estadístico efectuado a partir de los datos de la EPCCBM, algunos programas adoptan prácticas que se asocian con mejores resultados académicos y laborales, tras tener en cuenta las características de los estudiantes. Los programas cuyos graduados tienen salarios más altos y una mayor tasa de empleo formal, por ejemplo, tienden a tener suficiente equipamiento para las prácticas, enseñan competencias numéricas y ofrecen clases de nivelación durante el programa. Admiten a los estudiantes basándose en exámenes y entrevistas, y son impartidos por instituciones que tienen una junta directiva distinta del rectorado o decanato.
- La oferta de PCC es dinámica, más que la de programas universitarios. La creación y suspensión de programas se asocia con los patrones de la actividad económica local, lo que sugiere que los PCC podrían adaptarse a ellos. En promedio, los PCC actualizan sus planes de estudio con frecuencia a fin de responder a la economía local. Dado que son flexibles, ágiles y están en sintonía con las necesidades de la economía local, tienen el potencial de responder de forma rápida y creativa a la emergencia actual.

Al mismo tiempo, los datos de este libro plantean varios motivos para la cautela:

- Aunque los PCC tienen buenos resultados promedio, y algunos incluso tienen retornos muy altos, hay otros que tienen retornos muy bajos. Para una estudiante desinformada, esta gran variación supone un riesgo importante. Existe una variación similar en las prácticas que siguen los programas. Si bien algunos programas adoptan prácticas adecuadas y recomendables, otros en cambio no siguen su ejemplo. La variación en los retornos y las prácticas se agudiza porque la actual supervisión y regulación del sector suele centrarse en los insumos (como el plantel docente y la infraestructura) y no en los resultados.
- La mayoría de los PCC no ofrecían clases en línea antes de la pandemia y seguramente debieron adaptarse con gran dificultad a la oferta en línea en medio de la pandemia. Además, los datos indican que la oferta en línea de PCC antes de la pandemia solo era eficaz cuando reunía ciertas características (como la enseñanza en tiempo real y el aprendizaje basado en proyectos). Además, la enseñanza en línea de las habilidades prácticas, que suelen enseñarse en laboratorios o talleres, puede resultar bastante problemática.
- Aunque los PCC se crean para responder a la actividad económica local, los nuevos programas también responden a consideraciones de tipo económico, lo que hace temer que las instituciones puedan crear programas de baja calidad solo porque son rentables. La preocupación es mayor cuando la autoridad reguladora no examina cuidadosamente la creación de programas y los resultados de estos de manera periódica para identificar aquellos que son de baja calidad.
- Es posible que el programa promedio se centre demasiado en la formación de los estudiantes en lugar de apostar por el empleo, tal vez por considerar que los estudiantes valoran más la formación que el empleo. Si bien actualmente algunos programas prestan más atención al empleo por razones de reputación, el programa promedio no hará hincapié en los resultados laborales a menos que reciba los incentivos para hacerlo; por ejemplo, incentivos de una autoridad reguladora que examine periódicamente los resultados de los estudiantes en el mercado laboral.
- El principal motivo de la deserción académica son las limitaciones económicas, que pueden haberse agravado aún más durante la pandemia. Aunque los Gobiernos se enfrentan a una limitación presupuestaria severa en estos momentos, abordar la financiación de los PCC es fundamental dada la urgente necesidad de trabajadores calificados.
- Aunque los programas afirman ofrecer un itinerario de acceso a los programas universitarios, en la práctica estos itinerarios académicos son extremadamente limitados. En consecuencia, puede que los estudiantes perciban los PCC como un «callejón sin salida» académico y se matriculen en programas universitarios. Sin embargo, la decisión de cursar un programa universitario puede no ser la más adecuada para todos los estudiantes, como demuestra el hecho de que más de la mitad de los estudiantes de programas universitarios desertan.

En resumen, aunque los PCC resulten prometedores, también tienen deficiencias. Es posible que estas deficiencias hayan contribuido a la persistente estigmatización por la que los estudiantes consideran a los PCC como la opción de educación superior de menor valor. Sin embargo, en lugar de descartar los PCC —como se ha hecho en el pasado— se sugiere el uso de políticas para abordar sus deficiencias y cumplir su promesa—. Se trata de analizar las razones por las que los PCC no cumplen su promesa y abordarlas directamente.[2] Dado que las deficiencias se han visto probablemente agravadas por los fallos de las políticas, en el resto de este capítulo se analizan cuatro grandes categorías de políticas que tienen potencial para mitigarlas: información, financiación, supervisión y regulación, y vías para el desarrollo de habilidades. En el cuadro 5.1 se presenta el marco teórico en el que se basa la intervención gubernamental en los mercados de educación superior y se justifican estas cuatro categorías de políticas.

Ante múltiples deficiencias, se necesitan múltiples herramientas políticas. En otras palabras, no todas las deficiencias se solucionarán simplemente facilitando información a los estudiantes o brindándoles una financiación más generosa. Además, confiar en una herramienta para resolver un problema puede agravar otros. Por ejemplo, una financiación más generosa puede no solo aumentar la demanda de los PCC, como se desea, sino también fomentar la aparición de proveedores de baja calidad. Para abordar este efecto no deseado sería necesario recurrir a las políticas de financiación y regulación de forma complementaria.

Cuadro 5.1 ¿Por qué deberían las autoridades responsables del diseño de las políticas intervenir en los mercados de educación superior?

En el mejor de los casos, la educación superior desarrolla el potencial de las personas y satisface las necesidades de habilidades de la economía. Sin embargo, si las instituciones de educación superior y los estudiantes se abandonan a los mercados, dicho potencial no puede cristalizar por varios *fallos del mercado*, como se analiza a continuación.

Las *externalidades* surgen porque la decisión de los estudiantes de cursar educación superior beneficia a la sociedad en su conjunto, pero no tiene en cuenta tales consecuencias. Por ejemplo, un título de educación superior no solo proporciona mayores ingresos y oportunidades para los estudiantes, sino que también beneficia a la sociedad —por ejemplo, al convertir a los estudiantes en mejores ciudadanos y en progenitores más implicados—. Al no tener en cuenta este beneficio social, es posible que los estudiantes adquieran menos educación de la que conviene a la sociedad.

Puede que algunos estudiantes no dispongan de los recursos económicos necesarios para acceder a la educación superior. Estas *limitaciones de liquidez* no solo perjudican a la equidad entre las personas, sino también a la eficiencia económica, ya que la economía no logra desarrollar todo su potencial productivo. Aunque el mercado de créditos, en principio, podría mitigar las limitaciones de liquidez a corto plazo, dicho mercado es imperfecto. Los préstamos a estudiantes suelen carecer de la garantía o el aval que exigen los prestamistas,

continúa en la siguiente página

Cuadro 5.1 ¿Por qué deberían las autoridades responsables del diseño de las políticas intervenir en los mercados de educación superior? *(continuación)*

ya que los estudiantes solicitan un préstamo para financiar una inversión consagrada a sí mismos. Por tanto, si los estudiantes no devuelven el préstamo, el banco no puede apropiarse de ellos del mismo modo que puede embargar una casa, por ejemplo, cuando no se paga una hipoteca.

Como la educación superior ofrece «productos» complejos, cuya naturaleza y calidad son difíciles de evaluar, el mercado está plagado de *asimetrías informativas*. Considérese, por ejemplo, una estudiante interesada en biología que intenta elegir un programa orientado al sector privado. Puede que la estudiante no sepa qué programa específico, entre los muchos disponibles, ofrece tal formación. Incluso después de localizar unos cuantos programas de este tipo, es posible que no sea capaz de diferenciarlos, porque, por ejemplo, las instituciones no proporcionan información sobre los salarios y las perspectivas de empleo de los graduados del programa. Incluso si la estudiante sabe qué programas ofrecen puestos de trabajo muy bien pagados, puede que no esté claro si esto se debe a que los programas atraen a estudiantes muy bien preparados o a que ofrecen una formación excelente. E incluso si toda esta información existe y es de fácil acceso, cabe la posibilidad de que la estudiante no sea capaz de comprenderla y utilizarla. Además, la estudiante puede sobrestimar sus perspectivas en un programa al no darse cuenta, por ejemplo, de que está mal preparada o no es apta para él.

En un mercado eficaz, los programas son muy rentables cuando las habilidades que desarrollan son relativamente escasas en el mercado laboral. En consecuencia, al menos algunos estudiantes se decantan por dichos programas, lo que permite satisfacer las necesidades de la economía. Las asimetrías informativas sobre los retornos y las características de los programas quiebran este círculo virtuoso. Además, hay otro tipo de asimetrías informativas que pueden impedir que los estudiantes accedan a puestos de trabajo bien remunerados, aunque elijan programas de alta rentabilidad: puede que las vacantes solo se anuncien a una red reducida de estudiantes e instituciones de educación superior (IES); puede que algunas IES no promocionen a sus graduados en el mercado laboral o puede que los estudiantes no puedan demostrar su dominio de las habilidades necesarias. Esto último ocurre, por ejemplo, cuando una estudiante que posee las habilidades correspondientes carece de una credencial que las certifique, lo que complica tanto la búsqueda de empleo como la posible obtención de un título más largo.

Los mercados de educación superior hacen gala de una *competencia imperfecta*. Como crear y gestionar una IES es costoso, este hecho por sí solo puede concentrar la oferta en torno a unos pocos proveedores con gran poder de mercado, sobre todo en localidades pequeñas que solo pueden albergar a unos pocos proveedores. Las barreras legislativas al establecimiento de las instituciones determinan la concentración real. Si las barreras son escasas y el establecimiento de nuevas instituciones y programas es sencillo, el mercado será más competitivo. No obstante, el hecho de que las IES ofrezcan *productos diferenciados* (en aspectos como la ubicación geográfica, el tipo de programa y el área, el enfoque del plan de estudios, el rigor académico y las conexiones con el mercado laboral) les confiere un cierto grado de

continúa en la siguiente página

Cuadro 5.1 ¿Por qué deberían las autoridades responsables del diseño de las políticas intervenir en los mercados de educación superior? *(continuación)*

poder de mercado, incluso cuando existe un número elevado de participantes. Por ejemplo, en América Latina y el Caribe la mayoría de los estudiantes cursan estudios de educación superior cerca de su lugar de residencia, lo que concede a las IES locales un considerable poder de mercado. Además, los Gobiernos subsidian generosamente los costos de matrícula en las IES públicas, pero rara vez ofrecen ayuda económica a los estudiantes de las IES privadas, con lo que dotan a las IES públicas de un considerable poder de mercado. Además, desde principios de los años 2000 la matrícula de la educación superior ha crecido drásticamente en la región y ha atraído a un «nuevo» grupo de estudiantes, de bajos ingresos y escasa preparación académica (Ferreyra *et al.* 2017), que antes estaba subrepresentado en el sistema. Este grupo de estudiantes, que tiene poca información o no está familiarizado con la educación superior, invita a la aparición de instituciones y programas de baja calidad y altos precios, por lo que merece una atenta atención reguladora.

Estos fallos del mercado justifican la intervención política, especialmente en los ámbitos de la información, la financiación, la supervisión y la regulación, y las vías para el desarrollo de habilidades.

Este capítulo sostiene que la información a nivel de programa es necesaria para las autoridades responsables del diseño de las políticas —que deben regular y supervisar los programas— y para los estudiantes —que han de tomar decisiones con conocimiento de causa—. No basta con la mera provisión de información, sino que hay que implicar directamente a los estudiantes para que reciban y procesen la información. En la actualidad, los subsidios por estudiante en las instituciones de educación superior (IES) públicas son más cuantiosos para estudiantes de programas universitarios que para los de PCC. Además, en las IES privadas no se conceden ayudas económicas a los estudiantes de PCC. Estas prácticas deben corregirse para restablecer la equidad y promover la adquisición de habilidades. La supervisión y la regulación deben eliminar los programas de menor calidad y promover un entorno en el que solo se ofrezcan «buenos» programas. Es necesario implantar itinerarios académicos flexibles que faciliten la adquisición de habilidades por bloques o módulos, al término de los cuales los estudiantes puedan obtener credenciales que conduzcan a la obtención de un título, y promover el aprendizaje permanente. En general, el objetivo de las políticas debe ser crear un sistema en el que la información a nivel de programa se difunda y sirva tanto a los estudiantes como a las autoridades responsables del diseño de las políticas, y en el que estas supervisen atentamente todos los programas e intervengan activamente para eliminar los de menor calidad. Conscientes del escrutinio al que se enfrentan por parte de los estudiantes y los responsables políticos, en este entorno, los programas se esforzarían por ofrecer un buen producto.

Si bien la implantación de estas políticas plantearía dificultades en cualquier contexto, la situación actual es aún más compleja, ya que la pandemia del

COVID-19 ha afectado profundamente a la educación superior en ALC (cuadro 5.2). No obstante, su implantación es crucial porque las habilidades son fundamentales. El análisis siguiente acerca de las políticas se refiere a principios generales; el diseño y la implantación de políticas específicas escapan al alcance de este libro. El objetivo final es que, desde el punto de vista de las políticas, se preste más atención a un tipo de programa que puede no haber figurado de forma destacada en el programa político más reciente, pero que puede resultar claramente útil en el contexto actual y posterior.

Información

La información sobre los programas es crucial para los estudiantes, las autoridades responsables del diseño de las políticas y la economía en su conjunto. Los estudiantes no pueden elegir «buenos» programas si no conocen sus características y resultados. Las autoridades responsables del diseño de las políticas no pueden supervisar y regular el sector sin conocer su rendimiento. La economía no

---

Cuadro 5.2 El impacto de la pandemia del COVID-19 sobre la educación superior en ALC

El COVID-19 ha provocado importantes disrupciones en la educación superior en América Latina y el Caribe (ALC). La mayoría de los Gobiernos cerraron las instituciones de educación superior (IES) a partir de marzo de 2020. El efecto inmediato fue la suspensión de la mayoría de las clases, y solo unas pocas instituciones adoptaron métodos de aprendizaje en línea. Aunque la mayoría de las IES implantaron el aprendizaje a distancia en los meses siguientes, unos 27 millones de estudiantes no han asistido a clases presenciales desde hace aproximadamente un año.

A pesar de los limitados recursos, la mayoría de los Gobiernos de la región se esforzaron por prestar apoyo a la educación superior durante la pandemia. Por ejemplo, han proporcionado soluciones de conectividad a los estudiantes, han desarrollado programas de enseñanza a distancia por televisión y radio, han aportado recursos adicionales a las IES para impartir clases en línea, y han aumentado las ayudas económicas a los estudiantes. Sin embargo, la transición hacia la enseñanza en línea no ha sido nada fácil. Antes de la pandemia, la educación superior en ALC había hecho un uso muy limitado de la tecnología para la enseñanza y el aprendizaje. La tecnología es cara en ALC y no es accesible para muchos estudiantes y docentes, lo que siempre ha sido un obstáculo importante para que las IES inviertan en la educación a distancia. Durante la pandemia, las desigualdades en el acceso de los estudiantes a la tecnología han sido notables y han exacerbado las desigualdades preexistentes en el acceso y la calidad de la educación. La calidad de la educación se ha visto aún más afectada, ya que las instituciones, los docentes y los estudiantes han tenido que adaptarse bruscamente, con pocos recursos y escasa formación, a la modalidad en línea. Aunque el 90 % de los docentes cree en la importancia de integrar la tecnología en la

continúa en la siguiente página

Cuadro 5.2 El impacto de la pandemia del COVID-19 sobre la educación superior en ALC *(continuación)*

enseñanza, solo el 25 % se siente plenamente preparado para utilizar las herramientas digitales en sus clases. Los programas que requieren prácticas en laboratorios o talleres se han visto aún más afectados, dadas las limitadas alternativas disponibles para que los estudiantes desarrollen habilidades prácticas.

También se prevé que se vean afectados el acceso a y el egreso de la educación superior. Los estudiantes de educación secundaria no han asistido a clase durante muchos meses, lo que ha provocado grandes disrupciones en el aprendizaje, los exámenes de egreso, la graduación y la transición general hacia la educación superior. Asimismo, muchos estudiantes y familias han sufrido graves dificultades económicas, lo que ha llevado a muchos estudiantes a desertar. En el caso de las IES privadas, que atraen a cerca de la mitad de los estudiantes de educación superior en ALC y representan el grueso de la oferta de educación superior en varios países, las pérdidas de ingresos en concepto de costos de matrícula podrían provocar un recorte a corto plazo del plantel docente, personal administrativo y de la oferta académica, así como el cierre de muchas IES a medio y largo plazo. Las limitaciones presupuestarias, que ya eran importantes antes de la pandemia, se han endurecido aún más. A falta de recursos adicionales, los sistemas públicos de educación superior tendrán que mejorar su eficiencia, posiblemente, reduciendo el plantel docente y el personal administrativo, ajustando la variedad y la duración de los programas, y reasignando recursos de la investigación y el apoyo a los estudiantes al aprendizaje en línea y la tecnología. Algunos de estos cambios podrían ser beneficiosos a largo plazo, pero los ajustes a corto plazo supondrán sin duda un reto.

a. Este cuadro se basa en los resultados de Becerra, Alonso, y Frías (2021).

---

puede obtener las habilidades avanzadas que necesita a menos que quienes las ofrecen (es decir, los estudiantes de educación superior) sepan qué habilidades se demandan en el mercado laboral. Supongamos, por ejemplo, que el mercado laboral necesita más científicos de datos que gestores turísticos. En un mercado eficaz, los científicos de datos tendrían sueldos más altos que los gestores turísticos. Con esta información, al menos algunos estudiantes se convertirían en científicos de datos. Sin información salarial, es posible que demasiados estudiantes se conviertan en gestores turísticos. En este caso, ni los estudiantes obtendrían el salario más alto posible ni las empresas obtendrían las habilidades requeridas: es decir, sería una situación perjudicial para todas las partes interesadas. La información es, por tanto, fundamental para el buen funcionamiento de los mercados educativo y laboral.

En ALC, la gran dispersión en los retornos de los PCC y los programas universitarios, así como el estigma de los PCC, indican que los estudiantes probablemente ignoran los buenos resultados promedio de los PCC, particularmente con respecto a un programa universitario incompleto. Incluso si conocen estos resultados, pueden creer que se graduarán en un programa universitario si se matriculan en uno. Sin embargo, los estudiantes deben conocer algunos datos fundamentales a la hora de tomar sus decisiones: en ALC, las probabilidades de finalizar un programa universitario son menos del 50 % (capítulo 1); son menores para los estudiantes de bajos ingresos y poco preparados que para los demás;[3] y no todos los graduados de un programa universitario obtienen mejores resultados que los graduados de un PCC (capítulo 2). Además, es posible que los estudiantes ignoren no solo los retornos de los programas, sino también su contenido. Es fácil imaginar lo que hace un gestor contable, pero no necesariamente lo que hace una especialista en ciberseguridad o un técnico en logística.

Estas cuestiones son aún más graves en ALC, donde los estudiantes eligen una especialización académica justo al comienzo de sus estudios (capítulo 1). Si bien es posible cambiar de especialización, eso implicaría empezar casi de cero, ya que los créditos no se transfieren fácilmente entre especializaciones debido al reducido número de clases de educación general. Además, los estudiantes de ALC suelen cursar estudios superiores una sola vez en su vida. En consecuencia, la mayoría de los estudiantes toman una decisión tan importante sobre su especialización una sola vez y cuando aún son muy jóvenes. La falta de información sobre el contenido y los retornos de los programas, así como las percepciones poco realistas sobre su preparación para los distintos programas, ciertamente pueden llevar a los estudiantes a tomar malas decisiones.

Para mitigar estos problemas es necesario que los estudiantes tengan acceso a información a nivel de programa, inclusive el contenido del programa, los costos y las opciones de financiación, los resultados promedio en el mercado laboral, las características personales del estudiante graduado promedio (por ejemplo, la preparación académica promedio), y los requisitos para que los estudiantes tengan éxito (por ejemplo, una buena formación en matemáticas). La información a nivel de programa debería facilitarse en la educación secundaria —al menos dos o tres años antes de la graduación— para que los estudiantes tengan tiempo suficiente para tomar estas importantes decisiones. La información debe llegar no solo a los estudiantes, sino también a las familias, quienes podrían tener que hacer considerables sacrificios económicos en favor de estos, y a los docentes de secundaria, quienes conocen a los estudiantes y pueden ayudarles a procesar la información. El tratamiento de la información es especialmente importante porque los estudiantes podrían experimentar una «sobrecarga de información» debido a un exceso de información o podrían no saber cómo interpretarla, especialmente en el caso de los estudiantes con progenitores menos formados.

La selección de los resultados y las métricas a nivel de programa sobre los que sería posible informar no es sencilla. Hay varias posibilidades: la tasa de graduación, el tiempo transcurrido hasta la obtención del título, los logros de aprendizaje (p. ej., las puntuaciones en un examen de egreso o de licencia), los resultados en el mercado laboral a corto plazo, los resultados en el mercado laboral a largo plazo y las contribuciones de valor agregado a uno o varios de estos resultados. Algunas de estas métricas pueden manipularse con bastante facilidad. Un programa puede, por ejemplo, reducir los estándares de graduación para aumentar las tasas de graduación. Desde esta perspectiva, son preferibles los resultados del mercado laboral, así como los resultados de aprendizaje acreditados por una tercera parte (por ejemplo, las puntuaciones en una prueba nacional de egreso). Sin embargo, entre los resultados del mercado laboral, los resultados a corto y a largo plazo pueden ofrecer perspectivas diferentes. Por ejemplo, un programa puede brindar mejores expectativas de empleo justo después de la graduación que 10 o 15 años más tarde. En términos más generales, las diferentes métricas pueden ser contradictorias entre sí, como documentan Ferreyra *et al.* (2020) para Colombia en su documento de referencia para este libro, así como otros investigadores para Estados Unidos y ALC.[4] Hasta cierto punto, la información que se publica depende del material disponible. Sin embargo, incluso si todos los resultados y métricas posibles fueran accesibles y se divulgaran, es posible que los estudiantes aún necesiten ayuda para interpretarlos.

Por su simplicidad y facilidad de interpretación, los *rankings* son una forma atractiva de presentar información a nivel de programa. Sin embargo, por las mismas razones descritas en el párrafo anterior, los *rankings* pueden alterarse fácilmente si se eligen diferentes métricas. Incluso si se construyera un índice de múltiples indicadores (como varios resultados académicos y laborales) y se creara un *ranking* basado en el mismo, este sería susceptible a la ponderación otorgada a cada indicador en el índice. Justamente porque los *rankings* afectan al comportamiento de las IES y los estudiantes,[5] las autoridades responsables del diseño de las políticas deberían abstenerse de crearlos. Si bien es cierto que terceras partes pueden elaborar *rankings*, los estudiantes deberían al menos conocer su contenido y sus distintas aristas.[6]

Por supuesto, una cuestión importante es quién proporcionaría la información a nivel de programa que sustenta todas las políticas relacionadas con la información. La elaboración de esta información requiere datos a nivel de estudiante sobre los salarios, el empleo y el programa de educación superior completado. En países como Chile y Perú, los Gobiernos recopilan la información pertinente y la ponen a disposición del público, a nivel de programa, en un sitio web. Sin embargo, esta circunstancia es poco frecuente en el resto de ALC. Los datos relevantes suelen proceder de múltiples organismos gubernamentales (por ejemplo, el Ministerio de Educación o el Ministerio de Trabajo) y, por tanto, están sujetos a importantes problemas de coordinación. De hecho, el equipo de investigación que preparó este libro se topó con múltiples casos de este tipo de problemas. En muchos países no se recopila esta información, y los países que lo hacen optan por no divulgarla, ya sea a nivel de programa o de IES.

Los Gobiernos cuentan con una ventaja innata a la hora de recopilar la información pertinente, ya que pueden imponer a las IES la obligación de comunicarla y pueden solucionar los problemas de coordinación interinstitucional. Sin embargo, podrían optar por no hacerlo, quizá por razones de economía política. Los empleadores privados podrían recopilar al menos una parte de la información, por ejemplo, a través de rastreadores web. Además, los «buenos» programas tienen incentivos para rastrear y publicitar los resultados de sus graduados, especialmente si sus ingresos dependen de los costos de matrícula, como es el caso de las instituciones privadas. Asimismo, aunque los programas de baja calidad tienen incentivos para presentarse (falsamente) como «buenos», esta situación podría evitarse al exigir una auditoría externa de la información autodeclarada (los *boot camps* de codificación en Estados Unidos ya han implantado esta práctica). Por lo tanto, aunque las soluciones privadas para la provisión de información son posibles, los Gobiernos tienen una ventaja insuperable a la hora de recopilar la información y, en última instancia, la necesitan con fines de regulación.

No obstante, hay que mencionar que la recopilación de toda la información pertinente y la facilidad de acceso a la misma no tiene por qué influir en las decisiones de los estudiantes. Los datos indican que el tipo de información que se proporciona, a quién y cómo, es muy importante (cuadro 5.3). Las intervenciones indirectas, como la publicación de información en un sitio web, el envío de un correo electrónico o el envío de mensajes de texto a los estudiantes, no suelen alterar su conducta. Estas intervenciones son impersonales y no implican directamente a los estudiantes; es posible que no vean la información ni la consideren útil o fiable. En cambio, las intervenciones que requieren un contacto personal, que son directas e intensivas, afectan a las decisiones de los estudiantes.

Cuadro 5.3 ¿Qué se sabe sobre las intervenciones en materia de información?

La mayoría de las intervenciones informativas que se documentan en la literatura han tenido como objetivo proporcionar a los futuros estudiantes información relacionada con el acceso a la universidad. Los expertos parecen discrepar sobre la eficacia de las intervenciones informativas para influir en la conducta de los estudiantes, aunque parte del desacuerdo puede deberse a la falta de consenso sobre lo que constituye una intervención informativa. Las intervenciones varían en cuanto a la información facilitada (por ejemplo, la existencia y las características de los programas), el momento en que se facilita (con cuánta antelación antes del final de la educación secundaria) y la forma de hacerlo (si se trata de una intervención indirecta o directa). Las intervenciones indirectas consisten en enviar información por correo a los estudiantes (Hoxby y Turner 2013; Gurantz *et al.* 2021; Bergman, Denning y Manoli 2019; Hyman 2020), captar su atención (Castleman, Deutschlander y Lohner 2020; Oreopoulos y Petronijevic 2019) o publicar información en un sitio web (como en el caso de la provisión de información gubernamental, estudiado por Hurwitz y Smith 2018 y Baker 2020). En cambio, las intervenciones directas involucran a los estudiantes de forma personal e intensiva, por ejemplo, mediante sesiones de orientación periódicas (Bettinger y Baker 2014; Oreopolous y Ford 2019; Bettinger y Evans 2019; Mulhern 2020).

En general, los datos demuestran que las intervenciones indirectas no afectan a la conducta (Page y Scott-Clayton 2016), mientras que las intervenciones directas sí lo hacen. Sin embargo, hay que tener en cuenta algunos matices.

continúa en la siguiente página

Cuadro 5.3 ¿Qué se sabe sobre las intervenciones en materia de información? *(continuación)*

Aunque la mera publicación de información en un sitio web no es eficaz, los sitios web interactivos que adaptan la información al perfil de los estudiantes e imitan la función de los orientadores son eficaces (por ejemplo, Naviance en Estados Unidos, según se analiza en Mulhern 2021). Además, enviar información por correo a los estudiantes es eficaz cuando el mensaje se personaliza y se dirige a estudiantes específicos que lo consideran creíble y relevante, y cuando también se envía a «personas influyentes» cercanas a los estudiantes (como en el experimento HAIL de la Universidad de Michigan, documentado en Dynarski *et al.* 2020).

Algunos estudios han analizado los efectos que tiene la provisión de información específica sobre una especialización académica o un programa. Los investigadores que utilizan un diseño experimental han observado que la información indujo a los estudiantes a cambiar a opciones de mayor retorno en Chile (Hastings, Neilson y Zimmerman 2015) y Estados Unidos (véase Conlon 2019 para universidades con programas de cuatro años y Baker *et al.* 2018 para los colegios comunitarios). En Chile, la provisión de información también genera una mayor persistencia en la educación (Hastings, Neilson y Zimmerman 2015).

Algunas intervenciones recientes en la República Dominicana y Perú han facilitado a los estudiantes de educación secundaria vídeos que les enseñan el valor y los retornos de la educación (véase J-PAL 2017 para Perú). Las intervenciones han reducido las tasas de deserción entre estudiantes de bajo rendimiento y han influido en el área de estudio de los estudiantes de alto rendimiento. Estas intervenciones se han ampliado en Perú y la República Dominicana, y recientemente se han aplicado en Chile.

La calidad de la información que se facilita es fundamental. Como se ha comentado en el texto principal, un sistema de información ideal mantendría un registro de todos los programas de educación superior existentes en un país y sus características básicas, como la duración y el costo. También llevaría la cuenta de todos los estudiantes de educación superior —en particular, de los que se gradúan— y haría un seguimiento de sus resultados en el mercado laboral, de tal modo que sea posible calcular los retornos promedio a nivel de programa y las tasas de empleo. Lo ideal sería que los países contaran con plataformas de divulgación (por ejemplo, sitios web como www.mifuturo.cl y www.ponteencarrera.pe de Chile y Perú, respectivamente) donde se pudiera consultar fácilmente la información a nivel de programa. Aunque la recopilación de datos y la divulgación no afectan a la conducta por sí solas, aportan los datos necesarios para las intervenciones que sí lo hacen.

Las sesiones frecuentes con orientadores son un ejemplo, al igual que los sitios web interactivos (como Naviance en Estados Unidos) que adaptan la información a cada estudiante, a sus progenitores y a los orientadores. Los estudiantes suelen sobrestimar la rentabilidad de los programas que eligen, no conocen programas similares que ofrecen un mayor retorno y, en general, están mal informados sobre los retornos de las distintas áreas de conocimiento y los programas. Sin embargo, cambian sus preferencias ante intervenciones bien diseñadas, como indican los datos de Estados Unidos y Chile.

Hay casos en los que ni siquiera una intervención bien diseñada logra influir en las decisiones de los estudiantes. Es posible que los estudiantes mantengan su elección de un programa con un retorno relativamente bajo solo porque es local o porque ofrece algo que ellos valoran (por ejemplo, un horario conveniente, enseñanza en línea, servicios de cuidados infantiles *in situ*, un lugar tranquilo para estudiar).[7] Otra posibilidad es que los estudiantes simplemente no tengan otras opciones, como es el caso de los que viven en municipios pequeños o medianos (capítulo 3), o que no puedan permitirse nada más caro. Como se comenta más adelante en este capítulo, en última instancia, el deber de la autoridad reguladora es garantizar que las opciones disponibles sean buenas y que los estudiantes tengan los medios económicos para elegir entre ellas.

A pesar de estas reservas, la información a nivel de programa sigue siendo necesaria. Tal como se ha subrayado al principio de este capítulo, no resolverá todos los problemas, pero sí varios de ellos, sobre todo si se combina con la regulación y la financiación. El primer paso es recopilar datos pertinentes. La propia necesidad de las autoridades responsables del diseño de las políticas de obtener información a nivel de programa puede servir para encaminar los esfuerzos de recopilación de datos, ya que no es posible supervisar los programas individuales sin conocer sus resultados. En términos más generales, el objetivo es crear una cultura de educación superior basada en la información, en la que esta se facilite y se consulte para tomar decisiones consecuentes, y en la que los proveedores, sabiendo que están siendo supervisados por los estudiantes y las autoridades responsables del diseño de las políticas, se esfuercen por ofrecer un buen producto.

Financiación

Las autoridades responsables del diseño de las políticas de todo el mundo subsidian la educación superior por razones de eficiencia y equidad. Dado que la educación superior beneficia a la sociedad en su conjunto, la subsidian para alentar a las personas a cursarla con el fin de desarrollar el nivel óptimo de capital humano que necesita la economía. También la subsidian porque si se abandonara a los estudiantes a sus propios recursos, muchos no podrían permitirse cursar estudios superiores. Para subsidiar la educación superior, pueden hacer transferencias a las IES y a los estudiantes, o pueden intervenir en el mercado de préstamos a estudiantes para proporcionar, garantizar o subsidiar los préstamos estudiantiles. En ALC, las autoridades responsables del diseño de las políticas subsidian a las IES públicas, conceden pocas o ninguna ayuda a las IES privadas o a sus estudiantes, y a veces intervienen en el mercado de préstamos a estudiantes, que es muy reducido, al menos en los países de la EPCCBM.[8]

Actualmente, la financiación de la educación superior en ALC no es equitativa y a menudo es regresiva. No es equitativa en las IES públicas, donde los subsidios anuales por estudiante en los PCC son inferiores, en promedio, a los de programas universitarios (capítulo 1). La diferencia en los subsidios es aún mayor si se considera el total de los subsidios, a lo largo de toda la duración del programa, ya que los PCC son más cortos que los programas universitarios.

Esta situación no es equitativa por varios motivos. Los estudiantes de PCC son más desfavorecidos que los de programas universitarios y, por tanto, tienen mayores necesidades económicas. Los PCC tienen tasas de deserción más bajas que los programas universitarios, lo que significa que se destina un mayor subsidio a los estudiantes que tienen más probabilidades de desertar. Además, entre los estudiantes de programas universitarios, los que se gradúan proceden de familias de ingresos más altos que aquellos que desertan; por lo tanto, necesitan los subsidios aún menos.[9]

La financiación de los PCC tampoco es equitativa entre estudiantes de IES privadas. En ALC, en promedio, estos estudiantes representan el 48 % del total de la matrícula de PCC y, en su mayoría, pagan de su propio bolsillo los costos de matrícula (capítulo 1). Aunque las IES públicas son muy atractivas por sus generosos subsidios por matrícula, es posible que muchos estudiantes tengan razones legítimas para elegir las IES privadas. Por ejemplo, puede que las IES públicas locales estén saturadas, no oferten un programa de interés para los estudiantes u oferten programas de baja calidad. En consecuencia, subsidiar a los estudiantes de PCC en IES públicas y no hacerlo en las privadas crea desigualdades. Un aspecto fundamental es que, dado que las IES públicas quizá no tengan capacidad suficiente para hacer una posible ampliación de PCC, las IES privadas pueden ser indispensables para absorber el aumento de la demanda.[10] En otras palabras, la readaptación profesional y formación complementaria a gran escala de la mano de obra necesaria en la situación de emergencia actual solo puede ser posible si se subsidia a los estudiantes de las IES públicas y privadas.

El hecho de que los subsidios a estudiantes de IES privadas puedan ir a parar a programas de baja calidad sigue siendo motivo de preocupación. Naturalmente, los fondos públicos podrían ir a parar a programas de baja calidad impartidos no solo en IES privadas sino también en las públicas. Para evitar este problema es necesario que la financiación y la regulación se complementen —con una supervisión rigurosa en *todos* los programas— para identificar los programas de baja calidad y evitar que reciban fondos públicos.

Dadas las actuales limitaciones presupuestarias, no es realista considerar financiación adicional para la educación superior. En lugar de ello, el aumento de los subsidios a estudiantes de PCC requiere un gasto público más eficiente en la educación superior, lo que incluye una reasignación de los fondos entre los estudiantes de educación superior en función de sus ingresos y el tipo de programa. Restaurar la equidad en la financiación de la educación superior sería importante en cualquier circunstancia, pero resulta fundamental en este momento, ya que la pandemia del COVID-19 ha afectado a las personas de forma desigual y ha profundizado la ya elevada y persistente desigualdad en la región.

Las limitaciones presupuestarias, junto con la necesidad de ampliar los PCC, indican que los recursos públicos por sí solos quizá no sean suficientes. La ampliación de los préstamos estudiantiles —cuya cobertura actual es baja— proporcionaría recursos adicionales. Los préstamos condicionados a los ingresos, concedidos por entidades públicas o privadas, son una opción que vale la pena explorar. Con estos préstamos, los estudiantes pagan una vez que empiezan a trabajar, pero solo hasta donde lo permitan sus ingresos. Este tipo de préstamo, por el momento, es casi inexistente en ALC.[11] No obstante, los proveedores de *boot camps* de la región ya ofrecen préstamos condicionados a los ingresos de los estudiantes, ya que financian la formación de los mismos y solo empiezan a cobrar cuando los estudiantes empiezan a trabajar.[12]

Hay otra opción de financiación que podría operar a través del sistema de protección social. Dada la actual preocupación de las autoridades responsables del diseño de las políticas respecto a la protección del empleo, conceder un subsidio al empleo condicionado a que los empleados asistan a un PCC cumpliría tanto con los objetivos de empleo como con los de capital humano. Se trata de una opción similar a las conocidas transferencias monetarias condicionadas (TMC), por las que los hogares reciben una transferencia monetaria siempre que cumplan con determinadas condiciones, como la escolarización de los menores. Las TMC bien diseñadas y practicadas han conseguido aumentar la asistencia y la matrícula escolar.[13]

En términos más generales, la pandemia ha puesto de manifiesto la necesidad de rediseñar los sistemas de protección social para incluir financiación destinada al desarrollo de habilidades, ya que las habilidades son el mecanismo de seguro por excelencia.[14] Por ejemplo, la financiación de los PCC puede utilizarse como una herramienta anticíclica —o un estabilizador automático— que aumenta durante las recesiones a medida que un mayor número de personas, en particular las que no tienen empleo, requieren readaptación profesional o formación complementaria. Dado que algunas áreas de conocimiento (como la ciencia y la tecnología) tienen un mayor costo que otras, el uso eficiente de los fondos públicos permitiría una financiación por estudiante diferente según el área. En vista de que las IES privadas no suelen crear programas en áreas de alto costo (capítulo 3), este sistema de financiación ampliaría la oferta de estos programas de alto costo, pero de gran valor.

Independientemente de la forma de financiación de los PCC, cabe la posibilidad de que las autoridades responsables del diseño de las políticas solo quieran destinar recursos a los PCC si estos son rentables. El cuadro 5.4 ilustra cómo podrían evaluar la relación costo-eficacia a partir de los datos de los programas.

Supervisión y regulación

Habrá quien crea que, una vez que los estudiantes reciban y procesen la información adecuada a nivel de programa, actuarán como consumidores informados, y tomarán «buenas» decisiones que controlarán el mercado y eliminarán la necesidad de supervisión y regulación. Por muy atractivo que pueda parecer esto, no es correcto. El mercado de los PCC —y, en general, el de la educación superior— no es totalmente competitivo, ya que los proveedores suelen tener poder de mercado y muchos estudiantes tienen pocas o ninguna opción (véase el cuadro 5.1). Estos «fallos de mercado» son particularmente significativos entre los

Cuadro 5.4 ¿Cuál es la relación costo-eficacia de los PCC?

A la hora de distribuir los fondos entre los proyectos, las autoridades responsables del diseño de las políticas deben decidir si un proyecto concreto es rentable; es decir, si sus beneficios son mayores o iguales que sus costos. Considérese, por ejemplo, el caso de una autoridad responsable del diseño de las políticas que se plantea la posibilidad de subsidiar totalmente los programas de ciclo corto (PCC), para, al menos, algunos estudiantes. ¿Son rentables los PCC? Como se ha expuesto en el capítulo 2, la respuesta a esta pregunta no es sencilla por dos razones. En primer lugar, requiere información sobre los costos del programa. En segundo lugar, requiere medir los beneficios del programa desde el punto de vista del Gobierno.

Para ilustrar de qué manera podrían analizar los Gobiernos la relación costo-eficacia de los PCC, el análisis de este cuadro se basa en datos de la Encuesta de Programas de Ciclo Corto del Banco Mundial (EPCCBM), incluidos los datos a nivel de programa, de acuerdo con la información facilitada por los directores de programas (capítulo 4). Se consideran dos definiciones de los beneficios de los PCC. La primera es el aumento de la productividad de los trabajadores, medida por los salarios. La segunda es el aumento de los ingresos fiscales debido a los salarios más altos que perciben los trabajadores como resultado de completar un PCC.

Para la primera definición, el programa es rentable si el aumento promedio de los ingresos a lo largo de la vida derivado del programa (con respecto a un título de graduado de educación secundaria) es mayor que el costo del programa. Es decir, el programa es rentable si ofrece un valor presente neto positivo o una prima con respecto a un título de graduado de educación secundaria. Los cálculos asumen que los costos de los programas en las instituciones de educación superior (IES) privadas son iguales a los costos de matrícula y que los costos de los programas en las IES públicas se pueden estimar por los costos promedio de matrícula que cobran los programas privados del país. Según estos cálculos, los PCC son rentables, en promedio, en todos los países de la EPCCBM (véase la tabla B5.4.1).

Tabla B5.4.1 Valor presente neto de los PCC, desde la perspectiva de las autoridades responsables del diseño de las políticas

	Brasil	*Colombia*	*RD*	*Ecuador*	*Perú*
1. Valor presente neto promedio para PCC	$ 125,551.40	$ 115,623.20	$ 144,872.50	$ 132,518.70	$ 78,272.44
2. Valor presente neto promedio para títulos de ES	$ 76,241.70	$ 81,468.18	$ 78,261.04	$ 93,024.07	$ 72,881.87
3. Prima promedio PCC	$ 49,309.70	$ 34,155.02	$ 66,611.46	$ 39,494.63	$ 5,390.57
4. Prima promedio PCC con respecto a ES	64.7%	41.9%	85.1%	42.5%	7.4%

Fuente: Cálculos del equipo de investigación, basados en datos de la Encuesta de Programas de Ciclo Corto del Banco Mundial y SEDLAC (2018).

Nota: El valor presente neto de un programa es el valor presente descontado de los salarios de los graduados del programa menos los costos de matrícula. En la tabla, (3) = (1) - (2); (4) = (3) / (2) * 100. Como los costos de matrícula están subsidiados en las instituciones de educación superior públicas, con el objetivo de representar el costo para la autoridad responsable del diseño de las políticas se imputan los costos promedio nacionales en las instituciones de educación superior privadas. Los cálculos asumen lo siguiente (a) la estudiante completa el programa a tiempo; (b) la tasa de descuento es del 10 %; y (c) los valores se descuentan a la edad de 18 años. Todos los valores se expresan en dólares estadounidenses (PPA 2019).

ES = educación secundaria; PCC = programa de ciclo corto; PPA = paridad del poder adquisitivo.

continúa en la siguiente página

Cuadro 5.4 ¿Cuál es la relación costo-eficacia de los PCC? *(continuación)*

Para la segunda definición, las tasas fiscales constituyen una pieza fundamental. Por simplicidad, se asume la misma tasa fiscal para los trabajadores de todos los niveles de ingresos. Según esta definición, por defecto, hay menos programas rentables en comparación con la primera definición. Por ejemplo, si un programa produce un aumento del 30 % en los salarios a lo largo de la vida y la tasa fiscal es del 10 %, los ingresos fiscales solo aumentarán un 3 %. No cabe duda de que es menos probable que un aumento de los ingresos fiscales del 3 % supere el costo del programa que un aumento salarial del 30 %. Por lo tanto, es posible que muchos programas que son, en promedio, rentables según la primera definición no lo sean según la segunda. Sin embargo, cualquier programa que no sea rentable según la primera definición tampoco lo será según la segunda. La primera definición permite a la autoridad responsable del diseño de las políticas descartar programas que no serían rentables desde el punto de vista fiscal o de la productividad.

El principal inconveniente de estos cálculos es que no incluyen otros beneficios del programa, como los beneficios de salud para las personas y sus familias, o los efectos positivos para la comunidad. Estos tipos de beneficios son especialmente difíciles de medir. Por lo tanto, los cálculos pueden considerarse como el límite inferior de los retornos netos totales de los PCC.

PCC, habida cuenta de los estudiantes que admiten. Además, la suposición de que estos estudiantes desfavorecidos tendrían el tiempo y la capacidad para hacer seguimiento de los programas y las instituciones es bastante inverosímil. Por lo tanto, la supervisión y la regulación son fundamentales, no solo en aras del buen funcionamiento del mercado, sino también en aras de la equidad.[15]

Una de las principales deficiencias de los PCC es su gran variación en la calidad, que supone un riesgo para los estudiantes y puede explicar gran parte del estigma de los PCC. La regulación de los PCC y la obligación de rendir cuentas son fundamentales para la existencia de un mercado de PCC competitivo en el que solo se oferten programas de alta calidad o, al menos, en el que todos los programas estén por encima de un umbral mínimo de calidad. En principio, los buenos sistemas de regulación y de garantía de la calidad deberían llevar a cabo las siguientes tareas:

- Autorizar únicamente la creación de programas de alta calidad. El diagnóstico de nuevos programas debe basarse no solo en el plan de estudios y la formación propuestos, sino también en las actividades propuestas para colaborar con el sector privado, promover el empleo de los graduados, competir con programas similares y, tal vez, ofrecer ayuda económica a los estudiantes. También debería basarse en el historial de la institución con programas anteriores y en los resultados previstos de los graduados en el mercado laboral. El objetivo del diagnóstico sería evitar que los programas con perspectivas claramente deficientes lleguen a formar parte de la oferta.

- Establecer unos estándares mínimos que los programas deben cumplir. Por ejemplo, un programa debería proporcionar a una estudiante un aumento salarial estimado con respecto a lo que habría ganado sin el título, neto de los costos de matrícula. La recopilación de datos sobre los salarios recientes de los graduados del programa, y sobre el reembolso de los préstamos, en su caso, es fundamental para comprobar si se cumplen estos estándares. Este enfoque en los estándares mínimos (el criterio de «no hacer daño») se ha propuesto recientemente para la obligación de rendir cuentas en el contexto de la educación superior en Estados Unidos.[16]
- Supervisar los programas periódicamente, no solo cada 5 o 10 años como suele hacerse para la acreditación o la renovación de licencias, sino anualmente para detectar los problemas a tiempo y permitir que los programas realicen los ajustes necesarios. La supervisión anual se centraría en los resultados y «señalaría» los programas que no cumplen con los estándares mínimos para hacer un seguimiento más pormenorizado. Otro resultado importante que hay que supervisar es el retorno neto del programa, que se refiere a si los costos de matrícula de un programa son demasiado altos con respecto a sus resultados.
- Publicar los resultados de las evaluaciones periódicas. Esto ayudaría a los estudiantes de los programas «señalados» a tomar decisiones según corresponda (para intensificar sus propios esfuerzos de búsqueda de empleo, por ejemplo, o cambiar de programa). También ayudaría a los programas «no marcados» a publicitar su condición. En términos más generales, incentivaría a los programas a obtener buenos resultados cada año por el bien de su propia reputación, lo que a su vez atraería o retendría estudiantes.
- Suspender los programas de bajo rendimiento. Esto evitaría que los estudiantes se matricularan en dichos programas y que se destinaran fondos públicos a los mismos.

Es importante destacar que los estándares mínimos descritos anteriormente se basan en los resultados. Esto no significa que los insumos relevantes (como el número de docentes o la infraestructura) o las prácticas (como el apoyo a la búsqueda de empleo) deban excluirse de las evaluaciones periódicas o la garantía de la calidad. Más bien, refleja un enfoque en el objeto de interés primordial desde el punto de vista del estudiante —los resultados esperados— y proporciona incentivos para que los programas ajusten los insumos y las prácticas para alcanzar los resultados deseados.

A la hora de elegir los resultados con fines reguladores, podría argumentarse que los resultados del mercado laboral son demasiado limitados porque los estudiantes quizá tengan otras razones de valor no pecunario para cursar determinados programas (véase la introducción y el capítulo 2 de este libro). Si bien estas razones adicionales son legítimas, el enfoque regulador en los resultados del mercado laboral atiende al propio objetivo de los PCC, que consiste en proporcionar habilidades para el mercado laboral en un corto periodo de tiempo. Este enfoque es aún más importante cuando las IES reciben financiación pública y/o atraen a estudiantes desfavorecidos, como se argumenta más adelante.

En cuanto a los criterios de regulación, el mero establecimiento de estándares mínimos podría parecer demasiado laxo. Al mismo tiempo, podría ser difícil evaluar los programas de forma más detallada, distinguiendo, por ejemplo, los programas muy buenos de los excelentes. La identificación de los peores programas debería ser más sencilla y facilitaría la suspensión de los programas que se sitúan en la cola más baja de la distribución de la calidad; es decir, los que perjudican a los estudiantes y quizás contribuyen en mayor medida al estigma de los PCC. Para ilustrar el impacto que podrían tener los estándares mínimos, considérese el promedio de los retornos netos a lo largo de la vida de los programas presentados en el capítulo 2 para Chile y Colombia. Si, por ejemplo, solo se autorizara la oferta de los programas con retornos positivos, habría que suspender una parte importante de los PCC (12 % y 53 % en Chile y Colombia, respectivamente).

Las evaluaciones basadas en los resultados pueden parecer injustas para los programas que tienen estudiantes particularmente desfavorecidos desde el punto de vista económico o académico. Al mismo tiempo, reducir el estándar de resultados para tener en cuenta la desventaja de los estudiantes sería perjudicial para los estudiantes a los que más importan los estándares. Los estándares mínimos son preferibles a otros más matizados, como los que se basan en el valor agregado, precisamente porque los estándares mínimos no requieren ajustes basados en las características de los estudiantes. En efecto, exigir que un programa no perjudique económicamente a los estudiantes es razonable, independientemente de su desventaja inicial. Si hay que hacer algún ajuste en función de las características de los estudiantes, lo mejor sería comparar cada programa con otros «similares» —por ejemplo, programas de la misma área, en una zona geográfica comparable y que admitan estudiantes con características similares—, lo que equivale a comparar los programas en función de su valor agregado. Las evaluaciones simuladas que se han llevado a cabo en Estados Unidos demuestran que «la demografía no es el destino», ya que existe una gran variación en los resultados incluso entre los programas que acogen estudiantes desfavorecidos. Aunque estos programas tienen resultados inferiores al promedio, algunos de ellos están muy por encima del promedio.[17]

La supervisión y la regulación son fundamentales cuando los programas reciben fondos públicos —financiación directa a la IES o indirecta a través de las ayudas económicas a los estudiantes— para evitar que el dinero vaya a parar a programas de baja calidad. También son fundamentales cuando los proveedores de PCC gozan de algún tipo de poder de mercado, lo cual es bastante frecuente. Los programas en municipios pequeños o incluso medianos, donde hay pocas opciones, tienen poder de mercado porque están sujetos a poca competencia. Los programas con matrícula subsidiada con fondos públicos también gozan de poder de mercado al restar valor a sus competidores y absorber la demanda de estudiantes que no pueden permitirse otras opciones. Los programas sin subsidios por matrícula que admiten estudiantes desfavorecidos, no familiarizados con la educación superior, también gozan de poder de mercado, ya que pueden cobrar matrículas desproporcionadamente altas. El cuadro 5.5 ilustra cómo ha afectado la regulación (o falta de ella) de las IES que reciben financiación pública a los PCC de menor calidad en Estados Unidos.[18]

El dinamismo y la «rotación» del mercado de los PCC (capítulo 3) podrían plantear problemas para la rendición de cuentas, ya que quizá sea difícil garantizar la calidad o provisión de información cuando se crean, suspenden y modifican programas con frecuencia. La evaluación meticulosa de los programas que se crean y las evaluaciones anuales detalladas permitirían abordar algunos de estos problemas. Así es como abordan estas cuestiones —en un contexto diferente, pero también dinámico— las entidades autorizadoras de las escuelas semiprivadas más eficaces en Estados Unidos.[19] Además, una buena regulación beneficia a

Cuadro 5.5 Supervisión y regulación: el caso de las instituciones con ánimo de lucro en Estados Unidos

Al igual que en América Latina y el Caribe (ALC), muchos programas de educación superior en Estados Unidos presentan resultados insatisfactorios. Las instituciones de educación superior (IES) con ánimo de lucro imparten muchos de estos programas. Con el fin de proteger los cuantiosos recursos federales dedicados a la financiación de la educación superior, así como los propios recursos de los estudiantes y las familias, el Gobierno estadounidense ha intentado regular las IES.[a] Las instituciones con ánimo de lucro han sido objeto de especial preocupación porque cuestan más y, sin embargo, generan menores ingresos, un mayor nivel de endeudamiento y tasas de amortización de los préstamos más bajas que los programas comparables de otras instituciones, incluso cuando se controlan los factores de confusión o desconcertantes (Cellini y Koedel 2017; Armona, Chakrabarti y Lovenheim 2020; Cellini y Turner 2019; Gaulke, Cassidy, y Namingit 2019; Cellini y Chaudhary 2014; Cellini, Darolia y Turner 2020).

Regulaciones anteriores lograron limitar las actividades de los programas e IES de bajo rendimiento. A principios de la década de 1990, muchos programas e IES con bajas tasas de amortización para estudiantes perdieron el derecho a recibir ayuda federal para estudiantes o tuvieron que cerrar (Darolia 2013; Looney y Yannelis 2019; Cellini, Darolia y Turner 2020). La mayoría de los estudiantes desplazados, a su vez, se trasladó a colegios comunitarios locales (Cellini, Darolia y Turner 2020).

Las IES con ánimo de lucro crecieron rápidamente durante principios de los años 2000 gracias a la creciente popularidad de la educación en línea y a la laxitud de la supervisión federal. El número de matrículas aumentó aún más durante la «gran recesión», ya que su publicidad resultaba atractiva para trabajadores y muchos cursaron programas en línea para reciclarse. Para tratar de mitigar su impacto negativo, a mediados de los años 2010 el Gobierno federal impuso sanciones a varias instituciones y cerró otras. Además, restringió la captación intensiva de estudiantes por parte de las IES con ánimo de lucro, creó el sitio web *College Scorecard* para

continúa en la siguiente página

Cuadro 5.5 Supervisión y regulación: el caso de las instituciones con ánimo de lucro en Estados Unidos *(continuación)*

difundir información sobre los resultados de las instituciones, y estableció la «regla de empleo remunerado» (en inglés, *Gainful Employment Rule*) para obligar a las universidades a rendir cuentas.[b] Las autoridades responsables del diseño de las políticas y autoridades académicas hicieron hincapié en la importancia de proporcionar información para ayudar a los estudiantes a tomar mejores decisiones, quizá con el fin de establecer unos estándares mínimos de calidad y eliminar la cola más baja de la distribución de la calidad (Deming y Figlio 2016). En consecuencia, entre 2010 y 2016, la matrícula con ánimo de lucro disminuyó y se cerraron algunas grandes cadenas. Aunque la regla de empleo remunerado nunca llegó a aplicarse por completo, es posible que haya supuesto una amenaza que llevó a muchos programas de bajo rendimiento a cerrar (Kelchen y Liu 2019).

Como la mayoría de estas regulaciones se eliminaron o no se aplicaron en años posteriores, la matrícula con ánimo de lucro se recuperó. Durante la pandemia del COVID-19, la matrícula de las entidades con ánimo de lucro ha crecido un 3 % con respecto al descenso del 9 % de la matrícula de los colegios comunitarios. Dado que las instituciones con ánimo de lucro ya impartían la mayoría de sus programas en línea antes de la pandemia, se han adaptado fácilmente a la enseñanza en línea total y no han sufrido las pérdidas de matrícula que han registrado los programas presenciales. Además, han continuado gastando más en publicidad que los colegios comunitarios (Vázquez-Martínez y Hansen 2020). En general, la experiencia de Estados Unidos con las IES con ánimo de lucro demuestra que la supervisión y la regulación pueden mejorar la oferta de la educación superior, pero solo en la medida en que las normas estén diseñadas y se implanten de manera adecuada.

a. Este cuadro se basa en gran medida en Matsudaira y Turner (2020), y Cellini (2020).
b. *College Scorecard* es una herramienta en línea con información a nivel de institución sobre costos y resultados (https://collegescorecard.ed.gov/). La regla de empleo remunerado identifica los programas que conducen a ganancias que no permiten que las personas reembolsen los préstamos estudiantiles.

las nuevas IES de alta calidad. Dado que las nuevas IES no tienen una reputación que las preceda, el reconocimiento público de aquellas que son de alta calidad les permite captar estudiantes y fomenta el establecimiento de IES y la creación de programas de alta calidad.

En buena medida, las principales herramientas reguladoras que se utilizan en la actualidad para las instituciones y los programas de educación superior en ALC son la garantía de la calidad y la acreditación. Estas herramientas tienen un papel importante, especialmente cuando están bien diseñadas y se implantan convenientemente. Sin embargo, no deben emplearse para sustituir la supervisión periódica (por ejemplo, anual), junto con la divulgación de información y la disposición a desplegar la «primera línea de defensa» —es decir, suspender los programas con peor rendimiento— según sea necesario. Una de las tareas más importantes que ha de llevar a cabo la autoridad reguladora es la suspensión de los peores programas. Los países de ALC han lidiado con problemas de regulación durante los últimos años, como se ilustra en el cuadro 5.6.

Vías para el desarrollo de las habilidades

Uno de los motivos que pueden llevar a los estudiantes a no elegir los PCC es que los consideren un «callejón académico sin salida», dada la dificultad de las transferencias hacia un programa universitario. Por ejemplo, aunque la mayoría de los directores de programas entrevistados para la EPCCBM informan de que sus programas ofrecen créditos para títulos más largos, los datos administrativos demuestran que la mayoría de los estudiantes de PCC no cursan ni finalizan dichos títulos (capítulo 1).

Cuadro 5.6 Supervisión y reforma de la regulación: iniciativas recientes en ALC

Los sistemas de educación superior de América Latina y el Caribe (ALC) han registrado un crecimiento drástico y complejo durante los últimos 30 años (véase el capítulo 1). Las tasas de matrícula se han triplicado aproximadamente durante los últimos 30 años, y muchas nuevas instituciones de educación superior (IES) —incluidas las que ofrecen títulos de PCC— se han incorporado al mercado.

Este crecimiento de la matrícula atiende a un factor importante: las iniciativas públicas encaminadas a reducir la carga financiera que soportan los estudiantes de educación superior. Chile es un ejemplo de este tipo de iniciativas. A principios de los años 2000, los nuevos programas de préstamos estudiantiles impulsaron un rápido crecimiento de la matrícula en Chile. Sin embargo, con el tiempo surgió una preocupación generalizada debido a las altas tasas de interés, los deficientes mecanismos de garantía de la calidad y el desajuste entre las habilidades producidas por el sistema de educación superior y las demandadas por el mercado. Para hacer frente al descontento generalizado que generaban estos problemas, en 2016 el Gobierno chileno puso en marcha una importante reforma de la financiación, que tiene como elemento central la gratuidad de la educación superior (véase el capítulo 3). Pocos años después de la puesta en marcha de este nuevo sistema, los considerables costos fiscales y los problemas de diseño técnico, junto con los problemas preexistentes no resueltos por la gratuidad —como los relacionados con la garantía de la calidad y la desconexión entre la oferta y la demanda de habilidades— se perfilan como obstáculos para un sistema de educación superior inclusivo y de alta calidad.

Otro factor que explica el rápido crecimiento de la educación superior en algunos países es la falta de un marco normativo moderno y actualizado para las IES. Este fue el caso de Perú. Durante varios años, la ausencia de un marco normativo moderno, cohesionado y eficaz permitió la incorporación rápida y algo desordenada de muchas nuevas IES y programas; algunos de ellos, de dudosa calidad. A partir de 2014, el Gobierno puso en marcha una serie de reformas con el objetivo de mejorar la calidad de la oferta de la educación superior. Estas incluyen la concesión de licencias a las IES —condicionadas a unos estándares mínimos—, y un nuevo sistema de acreditación institucional más eficaz. La implantación de la reforma ha sido bastante lenta, en parte debido al gran número de IES que han solicitado una licencia. La

continúa en la siguiente página

Cuadro 5.6 Supervisión y reforma de la regulación: iniciativas recientes en ALC *(continuación)*

concesión de licencias a las universidades concluyó en enero de 2021, mientras que las de otras IES (incluidos los proveedores de PCC) sigue en curso. A mediados de 2020 se habían cerrado más de 13 universidades, 37 IES habían recibido cuantiosas sanciones y muchas IES habían sido penalizadas por ofrecer programas no autorizados.[a] Todavía es demasiado pronto para evaluar el impacto a largo plazo de estas reformas.

a. Véase https://www.sunedu.gob.pe/sunedu-seis-anos-reforma-universitaria-servido-para-construir-sistema-universitario-diferente-ordenado-sin-ilegalidad/

La creación de itinerarios académicos más ágiles y flexibles entre los PCC y los títulos universitarios mitigaría la percepción de los PCC como un «callejón sin salida» y reduciría su estigma. Aún más importante: los itinerarios académicos flexibles facilitarían el aprendizaje permanente al dejar de hacer hincapié en los títulos y centrarse en las habilidades. Con los itinerarios académicos flexibles, una estudiante recibe una credencial cuando completa un bloque o módulo de adquisición de habilidades (como el primer año en la universidad o una serie de clases relacionadas con las tecnologías informáticas). Podría completar los bloques de forma flexible, según lo permitan sus obligaciones laborales o familiares. Una vez que ha completado el conjunto de bloques necesarios, podría optar a un título final (por ejemplo, un PCC o un título universitario). De este modo, el propio PCC se convierte en un bloque de formación para la obtención de un título universitario.

Crear itinerarios académicos flexibles es más fácil en la teoría que en la práctica. Surgen dos obstáculos principales. El primero es que, cuando una graduada de un PCC solicita admisión en un programa universitario, este último debe confiar en que la estudiante superó los objetivos de aprendizaje en el PCC. El segundo es que los programas en cuestión —PCC y programa universitario— podrían no ser lo suficientemente flexibles. El primer problema puede resolverse mediante exámenes en los que la estudiante demuestre que está preparada para el programa universitario. También puede resolverse mediante acuerdos institucionales entre los dos programas o las IES. Sin embargo, un simple acuerdo no es suficiente. En Estados Unidos, muchos estados cuentan con una equivalencia de créditos entre colegios comunitarios y las instituciones que imparten programas de cuatro años, pero las transferencias de estudiantes solo tienen éxito en algunos de ellos; es decir, en los estados donde las instituciones emisoras y receptoras se coordinan convenientemente.[20] Otra solución al primer problema es el uso de «descriptores» estandarizados, similares a los utilizados en los países de la Unión Europea, que establecen parámetros generales y resultados de aprendizaje previstos por tipo de programa (por ejemplo, PCC y programas universitarios) con el fin de garantizar la aceptación de títulos entre instituciones.[21]

Demostrar que la estudiante no solo ha completado un bloque, sino que también ha adquirido las habilidades correspondientes, es relativamente sencillo cuando esta acumula bloques en la misma institución o en instituciones afines. En otros casos, la reputación de la entidad certificadora (ya sea una IES o una empresa privada), junto con información detallada sobre las habilidades adquiridas, son posiblemente las mejores soluciones factibles. En Estados Unidos existen múltiples acuerdos de este tipo (cuadro 5.7). Entre ellos se encuentran las credenciales acumulables, que permiten a los estudiantes «acumular» certificados o títulos para obtener una credencial más avanzada, y las insignias digitales, que

Cuadro 5.7 Itinerarios académicos flexibles en Estados Unidos

Los itinerarios académicos flexibles han sido —al menos, en la teoría— una característica del sistema de educación superior de Estados Unidos durante varias décadas. Antes de describirlos, conviene presentar algunas definiciones. Una *credencial* es un documento concedido por un organismo autorizado que certifica que una persona ha alcanzado unos resultados de aprendizaje y unas habilidades específicas conforme a un estándar determinado. Este amplio concepto incluye títulos, licencias, certificados, insignias y certificaciones profesionales o técnicas. Un *certificado* es una credencial que «certifica» o documenta el conocimiento experto y específico a una ocupación determinada. El programa correspondiente suele durar entre unos meses y un año, y es posible que no conceda créditos para seguir estudiando. Por otro lado, un *título técnico* también se centra en ocupaciones específicas, pero requiere clases adicionales sobre el área de estudio y educación general (por ejemplo, matemáticas, inglés y ciencias); además, suele conceder créditos para seguir estudiando. Los certificados pueden servir para iniciarse en un área de conocimiento o adquirir conocimientos adicionales y especializados en el caso de quienes ya tienen experiencia en el área. En el campo de la radiología, por ejemplo, el certificado de nivel inicial forma a personas como técnicos en radiodiagnóstico con un alcance limitado, mientras que el certificado para la obtención de imágenes por resonancia magnética (IRM) forma a personas con conocimientos previos que aspiran a especializarse en IRM. En cambio, el título técnico en tecnología radiológica califica a las personas en varias especialidades radiológicas, como la resonancia magnética y la radioterapia, e incluye prácticas clínicas.

Tal vez el itinerario más conocido sea el de las *transferencias* desde los colegios comunitarios hacia las instituciones con programas de cuatro años. Bailey, Jaggars y Jenkins (2015) documentan que más de dos tercios de los estados de Estados Unidos han adoptado políticas para facilitar estas transferencias, de modo que los graduados de colegios comunitarios puedan acceder a las universidades como estudiantes de tercer año. Aunque las transferencias son bastante ágiles en algunos estados, no lo son tanto en otros, donde a menudo se pide a los estudiantes transferidos que cursen clases de primer o segundo año porque la especialización académica no acepta las clases del colegio comunitario. Los datos sugieren que las políticas no son suficientes para que las transferencias tengan éxito. Lo más importante es la coordinación entre los colegios comunitarios y las instituciones con programas de cuatro años.

continúa en la siguiente página

Cuadro 5.7 Itinerarios académicos flexibles en Estados Unidos *(continuación)*

El reciente enfoque «título primero» descompone un título universitario en certificados e «invierte» el plan de estudios al cambiar el orden de las clases. Mientras que el plan de estudios habitual comienza con clases generales y avanza hacia otras más específicas y prácticas, el plan de estudios invertido o «del revés» comienza con clases más prácticas. Los estudiantes obtienen un certificado por haberlas completado y continúan con las clases más generales. De este modo, los estudiantes que interrumpen o no finalizan sus estudios, al menos, obtienen una credencial. Considérese, por ejemplo, un título universitario en tecnología aplicada. Según el enfoque de «título primero», el título comprende la siguiente secuencia de certificados: certificado en programación informática, certificado en desarrollo de interfaces de usuario y certificado en desarrollo web. Los dos últimos certificados forman parte de los cursos de educación general y de las asignaturas optativas que normalmente se imparten al principio. Al completar el primer certificado se obtiene una credencial; al completar el primero y el segundo se obtiene un título técnico; y al completar los tres se obtiene un título universitario. Este enfoque se ha puesto en práctica en: *Brigham Young University–Pathway Worldwide*, *Champlain College* y *Western Governors University* (Gilbert y Horn 2019).

Las *credenciales acumulables* son certificados o credenciales tradicionales que pueden «acumularse» para obtener calificaciones y ayudar a una persona en su trayectoria profesional. Normalmente, las credenciales proceden de una institución de educación superior, pero también pueden ser concedidas por las empresas. El ejemplo más común es el de una persona que ya tiene un certificado o un título técnico y regresa a un colegio comunitario para obtener más formación o credenciales. Los denominados títulos técnicos «acumulables» están diseñados para ser cursados de forma ordinaria o por la acumulación de credenciales específicas. En el caso de los títulos acumulables de *Wisconsin Technical College System*, Kiddo (2017) observa que las personas que eligen la opción de acumulación y obtienen primero un certificado tienden más a completar su título final que las que eligen el itinerario ordinario. *Tennessee Transfer Pathways* crea itinerarios académicos bien definidos en múltiples áreas, lo que permite a los estudiantes obtener certificados de los colegios comunitario o el sector privado a lo largo de su formación hasta la obtención de un título universitario o un título técnico. Bailey y Belfield (2017) analizan los retornos de los certificados acumulables y no hallan efectos. Sin embargo, Meyer, Bird y Castleman (2020) aportan datos más recientes —a partir de datos posteriores a la «gran recesión»— que demuestran que en Virginia una segunda credencial para adultos tiene efectos amplios y positivos en el empleo y los salarios. Hasta ahora, 17 estados han asignado fondos para que las universidades desarrollen itinerarios académicos de credenciales acumulables, y muchos estados ya los han implantado.

Las *insignias digitales* son similares a los títulos tradicionales en papel, pero utilizan tecnologías digitales y suelen representar competencias o conocimientos que no aparecen en un expediente académico, como habilidades de compilación de datos o trabajo voluntario. Por ello, a veces se conocen como «microcredenciales». Por ejemplo, una insignia digital de habilidades de liderazgo se asocia con metadatos que describen el contenido de la habilidad y nombran a la autoridad certificadora. La insignia puede publicarse en línea, en plataformas de trabajo o en las redes sociales. Las insignias pueden ser concedidas por instituciones, organizaciones o particulares, que colaboran con otra organización encargada de mostrar y

continúa en la siguiente página

Cuadro 5.7 Itinerarios académicos flexibles en Estados Unidos *(continuación)*

verificar las insignias. Algunos ejemplos de insignias digitales son *Open Badges* de IMS Global y *Acclaim Platform* de Credly.[a]

Las insignias digitales han surgido en gran medida por la necesidad de establecer coincidencias entre las personas y las empresas en función de habilidades y no de títulos. A veces funcionan como credenciales acumulables y se pueden considerar para la obtención de un título. Tras mantener numerosas conversaciones con empleadores locales sobre las carencias de habilidades, *Colorado Community College System* ofrece insignias digitales para habilidades como la prensa taladradora, las técnicas manuales de mecanizado y el torneado con control numérico por computadora, que pueden acumularse para la obtención de un título técnico. IBM concede insignias digitales (para habilidades como el pensamiento creativo, el análisis de datos y la gestión de programas) que pueden utilizarse para obtener certificados y títulos, incluidos los títulos universitarios de primer y segundo ciclo en la Universidad del Nordeste. Además, IBM se ha asociado con la Universidad de Louisville para crear *IBM Skills Academy*, que se centra en el aprendizaje digital y las habilidades tecnológicas.[b]

a. Para obtener más información sobre las insignias digitales, véase, por ejemplo, https://internal.cccs.edu/academic-affairs/academic-initiatives/digital-badges/.

b. Véase, por ejemplo, https://internal.cccs.edu/academic-affairs/academic-initiatives/digital-badges/ y https://www.forbes.com/sites/michaeltnietzel/2019/05/06/four-reasons-why-the-university-of-louisvilles-ibm-skills-academy-is-a-very-smart-move/?sh=7e02715c14f5.

proporcionan una certificación digital de que una persona posee una determinada habilidad (por ejemplo, habilidades de liderazgo), aunque no la haya adquirido mediante una formación formal. Una solución reciente es el enfoque «título primero» (en inglés, *certificate-first*), que consiste en impartir primero las clases más prácticas de un programa durante el primer año y expedir el certificado correspondiente, y a continuación acometer la enseñanza del contenido más general y teórico. El enfoque «título primero» es un ejemplo de cómo los programas universitarios pueden ser más flexibles para dar cabida a los estudiantes de PCC sin perder rigor ni calado.

En cuanto al segundo obstáculo a los itinerarios académicos flexibles —a saber, la rigidez de los programas en cuestión—, es posible que se haya considerado a los PCC como los principales culpables al no facilitar dos itinerarios académicos diferentes; es decir, la incorporación al mercado laboral y la continuación de los estudios para la obtención de un título universitario. Sin embargo, el problema no reside en los PCC, sino en los programas universitarios, que no son lo suficientemente flexibles como para dar cabida a los estudiantes de los PCC; por ejemplo, con una estructura de bloques o con un enfoque «título primero», como se ha descrito anteriormente. La experiencia de dar la máxima flexibilidad a los PCC se ha probado y ha resultado insuficiente en los colegios comunitarios de Estados Unidos. De hecho, los estudiantes de los colegios comunitarios suelen elegir clases que les permitan transferirse a una institución con programas de cuatro años, ya que el 80 % de los estudiantes de colegios comunitarios manifiesta su intención de transferirse. Sin embargo, solo el 31 % de dichos estudiantes se transfiere, y menos de la mitad finaliza un título universitario.[22] Entre el 69 % restante, muchos desertan sin obtener un título y tras acumular clases que habrían sido útiles si se hubieran transferido, pero que por sí solas tienen poco valor en el mercado.

La gran flexibilidad del plan de estudios «al estilo bufé» de los colegios comunitarios, que permite a los estudiantes elegir y acumular clases a voluntad, no parece ser de utilidad. De hecho, algunos de los colegios comunitarios más exitosos de Estados Unidos evitan deliberadamente este enfoque y, en su lugar, ofrecen «itinerarios académicos guiados» similares a los que suelen ofrecer los PCC en ALC (capítulo 3).[23] Además, los datos de la EPCCBM sugieren que los planes de estudio estructurados y la formación de los PCC contribuyen de forma positiva a la graduación de los estudiantes (capítulo 4), lo que quizás explique que la tasa de graduación de los PCC sea mayor que la de estudiantes de programas universitarios en la región. A la vista de estas observaciones, y teniendo en cuenta el éxito global de los PCC, los itinerarios académicos flexibles podrían tener más éxito si se hiciera hincapié en la flexibilidad por parte de los programas universitarios en lugar de los PCC. De hecho, es posible que no todos los programas requieran la misma flexibilidad, por lo que, en este sentido, no sería conveniente adoptar un enfoque de «criterio universal».

Cuando se trata de itinerarios académicos, se suele considerar la vía que discurre desde los PCC hacia los programas universitarios. Sin embargo, también debería considerarse la vía en sentido opuesto, sobre todo para estudiantes que no completan un programa universitario. En este caso, los PCC podrían funcionar como una «vía de salida» que permitiría a los estudiantes obtener un título de PCC al abandonar la educación superior, en lugar de hacerlo sin ningún tipo de credencial. La noción de «vía de salida» parece especialmente prometedora, dado que los mercados laborales de los graduados de PCC son mejores que los de programas universitarios incompletos (capítulo 1).

Para promover el aprendizaje permanente, los programas no solo deben ser flexibles, sino también cortos. En la actualidad, es posible que algunos programas sean simplemente demasiado largos. Sobre todo, teniendo en cuenta la urgencia actual de formar capital humano calificado, simplificar los programas —rediseñarlos y acortarlos— es una forma sencilla y poco costosa de flexibilizar y aumentar el atractivo de la educación superior. El cuadro 5.8 ilustra algunas innovaciones recientes en el diseño de planes de estudio.

El estigma de los PCC

Los PCC cargan con el estigma de representar la opción menos valorada con respecto a los programas universitarios. Es raro que el sueño de un estudiante sea graduarse en un PCC, o que el sueño de una madre o un padre sea ver a sus hijas o hijos graduarse en un programa de PCC. Los PCC se consideran como la opción que hay que tomar cuando no se puede acceder a la mejor —un programa universitario—.

Cuadro 5.8 ¿Qué se debe enseñar y cómo?

A medida que el foco de atención de la educación superior se desplaza de los títulos a las habilidades, surge un nuevo interrogante: ¿cómo pueden identificar los programas las habilidades específicas que deben enseñar?, ¿cómo pueden enseñar las habilidades de manera eficiente y eficaz, de modo que los graduados se desempeñen al más alto nivel en sus puestos de trabajo? Una de las respuestas a esta pregunta procede de la Encuesta de Programas de Ciclo Corto del Banco Mundial (EPCCBM). Los directores de programas manifestaron que colaboran con las empresas para evaluar sus necesidades y, en ocasiones, cooperan con ellas en el diseño del plan de estudios y la evaluación de los estudiantes. Otra respuesta proviene de Estados Unidos, donde algunos colegios comunitarios emplean un esquema de «itinerarios académicos guiados» en sus planes de estudio.[a] Esto implica un «mapeo de programas»; es decir, la identificación de las competencias que necesitan los graduados para tener éxito en el mercado laboral o en sus estudios futuros, la relación entre dichas competencias y las habilidades y, por último, el diseño de las áreas de estudio, los métodos de enseñanza y las actividades para desarrollar las habilidades. En este enfoque, las clases individuales no son elementos aislados, sino etapas en un itinerario coherente. El plantel docente dedica menos tiempo a impartir contenidos y más a guiar las actividades (por ejemplo, el aprendizaje basado en proyectos y la enseñanza basada en casos) que fomentan la motivación de los estudiantes y se centran en las competencias. El aprendizaje basado en proyectos es un ejemplo concreto del «aprendizaje experimental» en el que ha sido pionera la Universidad del Nordeste a través de su modelo «*co-op*». En este modelo, los estudiantes dividen su tiempo entre el aula y el trabajo, con gran fluidez entre ambos componentes, logrando deliberadamente que cada uno repercuta en el otro.[b]

De forma similar, *McKinsey Generation* adopta un enfoque específico, basado en tareas, para sus programas de desarrollo de la mano de obra.[c] El enfoque identifica las actividades más importantes que requiere el puesto de trabajo en cuestión y diseña un plan de estudios que enseña las habilidades necesarias para desempeñarlas al más alto nivel. Lo más importante es que se trata de actividades que distinguen a los trabajadores de alto rendimiento de los de bajo rendimiento; es decir, los que tienen éxito en el mercado laboral frente a los que fracasan. Por ejemplo, la tarea fundamental de un desarrollador web es diseñar interfaces fáciles de usar. Esto requiere conocimientos técnicos, como la codificación en Java y la gestión de bases de datos, así como habilidades conductuales, como la evaluación de las necesidades de los usuarios, la gestión de comentarios de los mismos y la entrega de versiones iterativas en los plazos previstos. Por eso, la formación basada en tareas pone en práctica estas habilidades de manera repetida hasta que los estudiantes las adquieren al máximo nivel posible.

a. Bailey, Jaggars y Jenkins (2015).
b. Véase https://www.northeastern.edu/experiential-learning/.
c. Véase https://www.mckinsey.com/about-us/new-at-mckinsey-blog/15000-lives-transformed-and-counting. Estos programas son cortos y no se consideran PCC.

Habida cuenta de los datos presentados en este libro, ¿se trata de un estigma justificado? En otras palabras, ¿refleja dicho estigma una realidad? En este capítulo se han destacado algunos motivos de peso para valorar favorablemente los PCC, lo que implica que el estigma es inmerecido. Al mismo tiempo, los PCC tienen deficiencias que podrían justificar el estigma. Además, los estudiantes podrían percibir los PCC como limitados, dado que se centran en ocupaciones específicas, a diferencia de la formación presuntamente más amplia y teórica que ofrecen los programas universitarios. Esta preocupación se acentúa cuando los estudiantes creen que solo disponen de una oportunidad para acceder a la educación superior y al aprendizaje avanzado.

Si los estudiantes evalúan los programas de educación superior en función de quién se matricula en ellos, el estigma de los PCC podría estar relacionado con el hecho de que los estudiantes relativamente desfavorecidos eligen los PCC. Los estudiantes más aventajados podrían interpretar este hecho como una prueba de que estos programas son menos exigentes y satisfactorios que los programas universitarios; es decir, que son la opción menos valorada. Además, es posible que las políticas hayan contribuido inadvertidamente al estigma. Cabe la posibilidad de que, sobre todo en los países con fácil acceso a programas universitarios con «matrícula cero» en las IES públicas, los estudiantes se inclinen naturalmente por ellos. En otras palabras, las políticas de admisión y financiación de los programas universitarios frente a los PCC en las IES públicas pueden incentivar a los estudiantes a elegir los programas universitarios en lugar de los PCC. Al dedicar más recursos y atención a los programas universitarios, las autoridades responsables del diseño de las políticas pueden haber contribuido a la percepción de que los PCC son una opción menos valiosa.

Las políticas descritas en este capítulo deberían ayudar a mitigar el estigma de los PCC. Facilitar información sobre los PCC y los programas universitarios y ayudar a los estudiantes a procesarla, restablecer la equidad en la financiación de la educación superior, agilizar los itinerarios académicos y el aprendizaje permanente, y regular los PCC para garantizar la oferta de programas de calidad debería ayudar. Sin embargo, tal vez también sea necesaria una nueva mentalidad para la educación superior; una mentalidad que valore la variedad de la oferta para que cada estudiante pueda encontrar su opción idónea, como subrayan Ferreyra *et al.* (2017). El objetivo de las autoridades responsables del diseño de las políticas no debería ser maximizar el número de graduados de programas universitarios, sino maximizar el número de personas altamente calificadas, a través de programas universitarios o de PCC. Del mismo modo, el objetivo de los estudiantes no debería ser obtener un título universitario a cualquier precio, sino graduarse en el programa que mejor se adapte a sus necesidades, preparación académica, intereses y objetivos.

Cuadro 5.9 Combatir el estigma de un título: la experiencia de Alemania

En 1999, 31 países europeos firmaron en Bolonia una declaración titulada *El Espacio Europeo de Educación Superior*, cuyo objetivo era establecer títulos de educación superior comparables en Europa de cara al 2010, al tiempo que se aumentaba la calidad de los programas para mejorar la empleabilidad de los graduados. El llamado «proceso de Bolonia» introdujo una estructura de títulos de dos ciclos (grado y postgrado); la oferta de títulos universitarios de primer y segundo ciclo abarca casi todas las áreas y especializaciones, y los programas suelen durar entre seis y cuatro semestres, respectivamente.

En Alemania, la reforma se llevó a cabo para que tanto las universidades tradicionales como las escuelas profesionales, conocidas como «universidades de ciencias aplicadas», pudieran impartir ambos tipos de programas. Los programas universitarios se diseñaron de forma que ofrecieran habilidades relevantes para el mercado laboral europeo. El problema, sin embargo, fue la aparición de un estigma que afectaba a los títulos universitarios, que se percibían como inferiores a los títulos de postgrado (máster).

El sector privado desempeñó un papel importante en la lucha contra este estigma. Para ayudar a eliminarlo, en 2004 la asociación alemana para el comercio y la industria, el centro para el desarrollo de la educación superior y la confederación de asociaciones patronales de Alemania emprendieron la iniciativa conjunta *Bachelors Welcome*. El objetivo era presentar los programas universitarios como una opción profesional atractiva, capaz de ofrecer buenos puestos de trabajo de nivel inicial y perspectivas profesionales posteriores. Por medio de una declaración conjunta, estas organizaciones apoyaron las reformas introducidas por el proceso de Bolonia y trataron de potenciar el estatus de los programas universitarios, destacando su orientación práctica, su menor duración y su relevancia internacional. La declaración fue firmada originalmente por los directores de RR. HH. de 15 empresas líderes, y fue refrendada y ampliada durante los siguientes años. En 2012, 62 empresas alemanas de renombre firmaron una nueva declaración denominada *Bologna@Germany*, en la que reafirmaban su compromiso de colaborar con las instituciones de educación superior (IES) en la ampliación de los programas universitarios y abogaban por un mayor contenido práctico y un mayor acceso para un grupo diverso de estudiantes.

El sector privado podría desempeñar un papel fundamental a la hora de eliminar el estigma de los PCC si reafirmara enérgicamente que existe una demanda de las habilidades desarrolladas por los PCC. El cuadro 5.9 ilustra de qué forma la participación del sector privado en las campañas de comunicación pública puede aumentar el atractivo de un determinado tipo de título. Además, es posible que durante los últimos años hayan surgido aliados fortuitos de los PCC: por ejemplo, el decreciente interés de los estudiantes por los programas largos. Muchos de los directores de programas entrevistados para la EPCCBM destacaron que a los estudiantes ya no les interesan los años de formación, sino las credenciales a corto plazo con un empleo inmediato.

Dadas estas nuevas preferencias, los PCC podrían resultar atractivos para un segmento de la población mucho más amplio y variado que el de sus actuales estudiantes.

En última instancia, no habrá nada que ayude más a eliminar el estigma de los PCC que su éxito rotundo. La crisis actual podría ser la ocasión para que los PCC lo consigan.

Conclusiones

Hay motivos para ser optimistas con respecto a los PCC, pero también para ser prudentes. Un diseño de políticas concienzudo podría mitigar las deficiencias de los PCC y contribuir a desarrollar todo su potencial. Facilitar y divulgar información, corregir las desigualdades de financiación, exigir responsabilidades a los programas en función de los resultados, suspender los programas de menor rendimiento y promover itinerarios académicos flexibles son ejemplos de estas políticas.

Los PCC aparecieron en la escena de la educación superior de ALC relativamente tarde y no han tenido un papel destacado en una región en la que los programas universitarios son considerados como la mejor solución —y quizás la única— para la movilidad social y económica. No obstante, los PCC pueden ser sumamente útiles, no solo para superar la crisis de empleo y producción generada por la pandemia del COVID-19, sino también para preparar a los individuos para el mundo laboral actual, un mundo cuya configuración se ha visto acelerada por la pandemia. El éxito en esta coyuntura generaría una percepción pública distinta de los PCC, que ya no serían la opción menos valorada, sino la opción idónea para muchas personas en un momento de gran necesidad. Ahora es el momento de los PCC. Si no es ahora, ¿cuándo?

Notas

1. Los autores reconocen con agradecimiento el extraordinario apoyo a la investigación de Angélica Sánchez y Gabriel Suárez.
2. En un contexto distinto, las mejores entidades autorizadoras de los centros de educación semiprivados de Estados Unidos han adoptado una filosofía similar al eliminar los motivos plausibles por los que algunas personas aborrecen los centros de educación semiprivados (Pearson, S. 2020. "5 Things We Learned in D.C. about How to Advance Charter Schools." Blog, Education Next, septiembre).
3. Ferreyra *et al.* (2017); Carranza y Ferreyra (2019); Ferreyra *et al.* (2020), documento de referencia para este libro.
4. Minaya y Scott-Clayton (2019), y Riehl, Saavedra y Urquiola (2019).
5. Deming y Figlio (2016) presentan datos sobre cómo los *rankings* institucionales —en particular, los elaborados por U.S. News y World Report—, conllevan medidas estratégicas por parte de las instituciones y afectan a las solicitudes de los estudiantes.
6. Antes de que se publicara *College Scorecard*, el propósito inicial de la administración de Obama era utilizar dicha información para calificar a las universidades y asignar

financiación en función del rendimiento. Consideraciones como las que aquí se exponen provocaron que se desecharan tales propósitos, y se optara, en cambio, por publicar *College Scorecard* sin más.

7. Véanse Carrell y Kurlaender (2019), y Hastings, Neilson, y Zimmerman (2015) para datos sobre la importancia de los atributos con valor no pecunario de los programas en Estados Unidos y Chile, respectivamente.
8. Chile es una excepción ya que subsidia a los estudiantes de IES privadas y tiene un gran mercado de préstamos estudiantiles.
9. Ferreyra *et al.* (2017), Carranza y Ferreyra (2019), y Ferreyra *et al.* (2020), documento de referencia para este libro, documentan la variación de las tasas de deserción por ingresos y preparación académica.
10. En Estados Unidos, por ejemplo, los Gobiernos estatales y locales hacen transferencias a las IES públicas. Además, el Gobierno federal brinda ayuda económica a los estudiantes de todas las IES —públicas y privadas— mediante becas y préstamos directos.
11. Son excepciones: los préstamos Ingresa de Chile y los préstamos ICETEX de Colombia. Sin embargo, estos últimos cubren una fracción muy pequeña de la población estudiantil de PCC (véase el capítulo 1).
12. Véase, por ejemplo , https://www.soyhenry.com/ y https://www.laboratoria.la/en.
13. Véase la revisión de Baird *et al.* (2014), y las referencias citadas en dicho trabajo.
14. Véanse Beylis *et al.* (2020), y Silva *et al.* (2021).
15. Ferreyra y Liang (2012), Deming y Figlio (2016).
16. Véase la propuesta de rendición de cuentas en educación superior de Matsudaira y Turner (2020). Una de las preocupaciones radica en que una política de estándares mínimos podría crear un problema de selección adversa según el cual algunos programas de alta calidad estimada no se ofertan para evitar su cierre en el futuro, mientras que otros de baja calidad estimada se ofertan para obtener beneficios antes de que la autoridad reguladora los cierre. Una cuidadosa evaluación de los programas antes de autorizar su oferta debería mitigar este problema; por ejemplo, así es como actúan las autoridades reguladoras de los centros de educación semiprivados. Véase Ferreyra y Kosenok (2018) para un análisis de la junta de centros de educación semiprivados del distrito de Columbia, así como https://dcpcsb.org/.
17. Matsudaira y Turner (2020).
18. Sería interesante saber si los resultados de los PCC mejoran cuando existen disposiciones reguladoras como los estándares mínimos. Para obtener datos empíricos novedosos y contundentes sobre esta cuestión, sería necesario disponer de información longitudinal y de una taxonomía transnacional de las regulaciones. Actualmente no se dispone de estos datos. No obstante, este estudio aporta datos sobre los retornos, que también podrían emplearse en el futuro para analizar esa cuestión.
19. Por ejemplo, la junta de centros de educación semiprivados de Washington, DC es la única entidad que autoriza los centros de educación semiprivados en la ciudad (https://dcpcsb.org/). Para presentar la solicitud de un centro semiprivado, la candidatura debe incluir un exhaustivo plan empresarial y académico, así como múltiples entrevistas con la entidad autorizadora. Solo un tercio de las solicitudes reciben el visto bueno. Cada año, la entidad autorizadora lleva a cabo una revisión anual exhaustiva de cada centro, de acuerdo con unas directrices bien definidas contenidas en un marco de evaluación del rendimiento. Además, la entidad autorizadora visita los

centros varias veces al año. A partir de la evaluación anual, la entidad autorizadora clasifica los centros semiprivados en tres niveles y publica todas las evaluaciones.

20. Bailey, Jaggars y Jenkins (2015).
21. Véase http://ecahe.eu/w/index.php/Dublin_Descriptors, así como el capítulo 1.
22. Véase https://ccrc.tc.columbia.edu/Community-College-FAQs.html
23. Bailey *et al.* (2015).

Referencias

Armona, L., R. Chakrabarti, y M. Lovenheim. 2020. "Student Debt and Default: The Role of For-Profit Colleges." Informe sobre personal no. 811, Banco de la Reserva Federal de Nueva York.

Bailey, T. R., y C. Belfield. 2017. "Stackable Credentials: Do They Have Labor Market Value?" Documento de trabajo no. 97 de CCRC, Centro de Investigación de Colegios Comunitarios, Universidad de Columbia, Nueva York.

Bailey, T., S. Jaggars, y D. Jenkins. 2015. *Redesigning America's Community Colleges: A Clearer Path to Student Success*. Cambridge, MA: Harvard University Press.

Baird, S., F. H. Ferreira, B. Özler, y M. Woolcock. 2014. "Conditional, Unconditional and Everything in Between: A Systematic Review of the Effects of Cash Transfer Programmes on Schooling Outcomes." *Journal of Development Effectiveness* 6(1): 1-43.

Baker, D. J. 2020. "'Name and Shame': An Effective Strategy for College Tuition Accountability?" *Educational Evaluation and Policy Analysis* 42 (3): 393-416.

Baker, R., E. Bettinger, B. Jacob, y I. Marinescu. 2018. "The Effect of Labor Market Information on Community College Students' Major Choice." *Economics of Education Review* 65: 18-30.

Becerra, M., J. Alonso, y M. Frias. 2021. "COVID-19 Response. Latin America and the Caribbean: Tertiary Education." Banco Mundial. Washington, DC.

Bergman, P., J. T. Denning, y D. Manoli. 2019. "Is Information Enough? The Effect of Information about Education Tax Benefits on Student Outcomes." *Journal of Policy Analysis and Management* 38 (3): 706-31.

Bettinger, E. P., y R. B. Baker. 2014. "The Effects of Student Coaching: An Evaluation of a Randomized Experiment in Student Advising." *Educational Evaluation and Policy Analysis* 36 (1): 3-19.

Bettinger, E. P., y B. J. Evans. 2019. "College Guidance for All: A Randomized Experiment in Pre-College Advising." *Journal of Policy Analysis and Management* 38 (3): 579-99.

Beylis, G., R. Fattal-Jaef, R. Sinha, M. Morris, y A. Sebastian. 2020. *Going Viral: COVID-19 and the Accelerated Transformation of Jobs in Latin America and the Caribbean*. Estudios sobre América Latina y el Caribe del Banco Mundial. Washington, DC: Banco Mundial.

Carranza, J. E. y M. M. Ferreyra. 2019. "Increasing Higher Education Access: Supply, Sorting, and Outcomes in Olombia." *Journal of Human Capital* 13 (1): 95-136.

Carrell, S. y M. Kurlaender. 2019. "Estimating the productivity of community colleges in paving the road to four-year college success." En *Productivity in Higher Education*, editado por C. Hoxby y K. Stange, K. Chicago: University of Chicago Press.

Castleman, B. L., D. Deutschlander, y G. Lohner. 2020. "Pushing College Advising Forward: Experimental Evidence on Intensive Advising and College Success." Serie de documentos de trabajo sobre educación nacional no. 20326, Instituto Annenberg, Universidad de Brown, Providence, RI.

Cellini, S. R. 2020. "The Alarming Rise in for-Profit College Enrollment." Brookings, Publicación del blog Brown Center Chalkboard, www.brookings.edu/blog/brown-center-chalkboard/2020/11/02/the-alarming-rise-in-for-profit-college-enrollment/.

Cellini, S. R., y L. Chaudhary. 2014. "The Labor Market Returns to a For-Profit College Education." *Economics of Education Review* 43: 125-40.

Cellini, S. R., R. Darolia, y L. J. Turner. 2020. "Where Do Students Go When For-Profit Colleges Lose Federal Aid?" *American Economic Journal: Economic Policy* 12 (2): 46-83.

Cellini, S. R., y C. Koedel. 2017. "The Case for Limiting Federal Student Aid to For-Profit Colleges." *Journal of Policy Analysis and Management* 36 (4): 934-42.

Cellini, S. R., y N. Turner. 2019. "Gainfully Employed? Assessing the Employment and Earnings of For-Profit College Students Using Administrative Data." *Journal of Human Resources* 54 (2): 342-70.

Conlon, J. J. 2019. "Major Malfunction: A Field Experiment Correcting Undergraduates' Beliefs about Salaries." *Journal of Human Resources* 0317-8599R2.

Darolia, R. 2013. "Integrity versus Access? The Effect of Federal Financial Aid Availability on Postsecondary Enrollment." *Journal of Public Economics* 106: 101-14.

Deming, D. J., y D. Figlio. 2016. "Accountability in US Education: Applying Lessons from K-12 Experience to Higher Education." *Journal of Economic Perspectives* 30 (3): 33-56.

Dynarski, S., C. J. Libassi, K. Michelmore, y S. Owen. 2020. "Closing the Gap: The Effect of a Targeted, Tuition-Free Promise on College Choices of High-Achieving, Low-Income Students." Documento de trabajo 25349, Oficina Nacional de Investigación Económica, Cambridge, MA.

Ferreyra, M. M., C. Avitabile, J. Botero, F. Haimovich, y S. Urzúa. 2017. *At a Crossroads: Higher Education in Latin America and the Caribbean.* Washington, DC: Banco Mundial.

Ferreyra, M. M., T. Melguizo, A. Franco, y A. Sánchez. 2020. "Estimating the Contribution of Short-Cycle Programs to Student Outcomes in Colombia." Documento de trabajo sobre investigación de políticas 9424, Banco Mundial, Washington, DC.

Ferreyra, M. M., y G. Kosenok. 2018. "Charter School Entry and School Choice: The Case of Washington, DC." *Journal of Public Economics* 159: 160-82.

Ferreyra, M. M., y P. J. Liang. 2012. "Information Asymmetry and Equilibrium Monitoring in Education." *Journal of Public Economics* 96 (1-2): 237-54.

Gaulke, A., H. Cassidy, y S. Namingit. 2019. "The effect of post-baccalaureate business certificates on job search: Results from a correspondence study." *Labour Economics*, 61, 101759.

Gilbert, C. G., y M. B. Horn. 2019. "A Certificate, Then a Degree." Publicación de blog, https://www.educationnext.org/certificate-then-degree-programs-help-tackle-college-completion-crisis/.

Gurantz, O., J. Howell, M. Hurwitz, C. Larson, M. Pender, y B. White. 2021. "A National-Level Informational Experiment to Promote Enrollment in Selective Colleges." *Journal of Policy Analysis and Management* 40 (1): 453-79.

Gurantz, O., M. Pender, Z. Mabel, C. Larson, y E. Bettinger. 2020. "Virtual Advising for High-Achieving High School Students." *Economics of Education Review* 75: 101974.

Hastings, J., C. A. Neilson, y S. D. Zimmerman. 2015. "The Effects of Earnings Disclosure on College Enrollment Decisions." No. 21300, Oficina Nacional de Investigación Económica, Cambridge, MA.

Hoxby, C., y S. Turner. 2013. "Expanding College Opportunities for High-Achieving, Low Income Students." Documento de análisis, 12, 014, Instituto para Investigaciones en Política Económica de la Universidad de Stanford, Stanford, CA.

Hurwitz, M., y J. Smith. 2018. "Student Responsiveness to Earnings Data in the College Scorecard." *Economic Inquiry* 56 (2): 1220-43.

Hyman, J. 2020. "Can Light-Touch College-Going Interventions Make a Difference? Evidence from a Statewide Experiment in Michigan." *Journal of Policy Analysis and Management* 39 (1): 159-90.

J-PAL. 2017. "Decidiendo para un futuro mejor", https://www.poverty-action.org/sites/default/files/DFM-Policy-Brief.pdf.

Kelchen, R., y Z. Liu. 2019. "Did Gainful Employment Regulations Result in College and Program Closures? An Empirical Analysis." Documento de trabajo, https://kelchenoneducation.files.word- press.com/2019/11/kelchen_liu_nov19.pdf.

Kiddoo, S. 2017. Exploring Associate Degree Outcomes of Stacked Credential Models at Two-Year Colleges. Tesis doctoral, Universidad de Wisconsin–Madison. ProQuest Dissertations Publishing.

Looney, A., y C. Yannelis. 2019. "The Consequences of Student Loan Credit Expansions: Evidence from Three Decades of Default Cycles." Documento de trabajo no. 19-32, Junta de la Reserva Federal de Filadelfia, Filadelfia, PA.

Matsudaira, J. D., y L. J. Turner. 2020. "Towards a Framework for Accountability for Federal Financial Assistance Programs in Postsecondary Education." Estudios Económicos de Brookings, Brookings Institution, Washington, DC.

Meyer, K., K. A. Bird y B. L. Castleman. 2020. "Stacking the Deck for Employment Success: Labor Market Returns to Stackable Credentials." Documento de trabajo no. 20-317, Instituto Annenberg, Universidad de Brown, Providence, RI.

Minaya, V. y J. Scott-Clayton. 2019. "Labor market outcomes and postsecondary accountability: Are imperfect metrics better than none?" En *Productivity in Higher Education*, editado por C. Hoxby y K. Stange. Chicago: University of Chicago Press.

Mulhern, C. 2020. "Beyond Teachers: Estimating Individual Guidance Counselors' Effects on Educational Attainment." Manuscrito inédito, RAND Corporation.

Mulhern, C. 2021. "Changing College Choices with Personalized Admissions Information at Scale: Evidence on Naviance." *Journal of Labor Economics* 39 (1): 219-62.

Oreopoulos, P., y R. Ford. 2019. "Keeping College Options Open: A Field Experiment to Help All High School Seniors through the College Application Process." *Journal of Policy Analysis and Management* 38 (2): 426-54.

Oreopoulos, P., y U. Petronijevic. 2019. "The Remarkable Unresponsiveness of College Students to Nudging and What We Can Learn from It." No. 26059, Oficina Nacional de Investigación Económica, Cambridge, MA.

Page, L. C., y J. Scott-Clayton. 2016. "Improving College Access in the United States: Barriers and Policy Responses." *Economics of Education Review* 51: 4-22.

Riehl, E., J. E. Saavedra y M. Urquiola. 2019. "Learning and Earning: An Approximation to College Value Added in Two Dimensions." En *Productivity in Higher Education*, editado por C. Hoxby y K. Stange. Chicago: University of Chicago Press.

Silva, J., L. Sousa, T. Packard, y R. Robertson. 2021. *Crises and Labor Markets in Latin America and the Caribbean: Lessons for an Inclusive Recovery from the COVID-19 Pandemic*. Washington, DC., Banco Mundial.

Vásquez-Martínez, A., y M. Hansen. 2020. "For-Profit Colleges Drastically Outspend Competing Institutions on Advertising." Brookings, Publicación del blog Brown Center Chalkboard, https://www.brookings.edu/blog/brown-center-chalkboard/2020/05/19/for-profit-colleges-advertising/.

Auditoría Ambiental

Declaración sobre los beneficios para el medio ambiente

El Banco Mundial ha asumido el compromiso de reducir su huella ambiental. Por lo tanto, sacamos provecho de las opciones de publicación electrónica y de las tecnologías de impresión a demanda, instaladas en centros regionales de todo el mundo. Esto permite reducir las tiradas y las distancias de los envíos, con lo que disminuyen el consumo de papel, el uso de productos químicos, las emisiones de gases de efecto invernadero y los desechos. Seguimos las normas recomendadas por Green Press Initiative para el uso del papel. La mayoría de nuestros libros están impresos en papel certificado por el Consejo de Administración Forestal (FSC), y casi todos contienen entre un 50 % y un 100 % de papel reciclado. Las fibras recicladas del papel de nuestros libros no están blanqueadas, o bien se ha utilizado un blanqueo totalmente libre de cloro (TCF) o procesado sin cloro (PCF) o mejorado sin cloro elemental (EECF). Para obtener más información sobre la filosofía ambiental del Banco, visite http://www.worldbank.org